Why We Do Th

我们为什么
控制不了自己
诱惑的科学

〔英〕杰克·刘易斯 Jack Lewis　著

曾早垒　王远双　译

重庆大学出版社

目录 <u>contents</u>

第一章

初　始

启蒙运动带给我们科学的方法，以及解决人类疑问的实证答案，在此之前，意见领袖们无一例外都是对人们加以宗教规劝或哲学阐释的男性。他们共同的爱好就是仔细观察人类行为，并竭尽全力回答"人应当如何度过一生""宇宙的本质""生命的意义""人死后会怎样"等诸如此类难以回答的问题。长期以来，他们都在艰苦卓绝地思考，究竟什么才是"好"的人生，什么又是"坏"的人生。如果考虑到所有其他因素，这些意见领袖们确实做出了很卓越的工作，他们指出人类的本质中，究竟什么造成了社会问题，又有哪些因素提升了我们的生活质量。

　　哲学家们追求灵感，通过反复的推导和演绎，建立起绝对真理；又通过与同道中人的辩论，对自己的结论加以验证。而宗教人士则从外面的世界寻求灵感，仰望天空，以期得到神谕。

哲学家自有其二元的评判体系：良好的行为被称作美德，而导致糟糕结果的则是恶行。全球信仰人数最多的宗教关注的却是人类禁止的行为：这些行为影响了人们对上帝的景仰，可称之为罪恶。如今，被称为罪行[1]的行为越来越多，越来越多。

圣格里高利大帝（公元590—604年任教皇）不仅仅让我们可以感受到格里高利圣咏的美妙，还耗费了大量时间对"七宗罪"进行阐释。本书依据其所列举的"恶行"[2]，来讨论科学如何看待这些问题。以此书为参考，有以下三个主要原因：

首先，基督教恰好是我最熟悉的信仰体系，因为我正好在二十世纪八九十年代成长于伦敦西部。虽然我出生于一个无神论/不可知论的家庭，但在整个童年时期，我仍然唱了不少赞美诗。我所就读的英格兰教会小学与中学，在清晨集会时都要唱诵。作为孩子，我甚至还自愿加入当地教堂的唱诗班。在永远寒冷彻骨、香气弥漫的礼拜堂里，在我度过的若干时辰中，从

---

1 原书中的"sins"（原罪/罪行）是宗教为了规范教徒行为提出的，与我国法律定义的"罪行"并不一致，更多时候属于"恶行""恶习"，为符合中文语境及上下文的流畅，本书中将交替使用"罪行""恶行""恶习"。——编者注

2 本书将交替使用"七宗罪"和"恶行"这两个词。

来没有被那些故事[1]打动，但却非常感激有机会能定期和教众一起在教堂里唱诗。事实上，当我有机会接触基督教信仰体系，唱诵着那些自己并不相信的圣诗时，生命中最超验的时刻出现了，就如在众多声音中听到了唯一的呼唤。让我真正地洞见了宗教在构建当地民众共同体时所发挥的有效作用。

其次，纠缠在一起的七宗罪广为各行各业的人们所知，有很大一部分要归功于1995年上映的连环杀手惊悚片《七宗罪》[2]，由布拉德·皮特、摩根·弗里曼、格温妮丝·帕特洛以及凯文·斯派西主演。即便不是基督教文化背景的人群，大多数人也知晓七宗罪，虽然在范围限定上有争议。那么就继续吧，继续讨论，不必遮遮掩掩。

最后，从科学的角度而言，数字7很奇妙。当涉及人类记忆局限时，7就是某个"魔法数字"。普林斯顿大学的乔治·A.米勒（George A.Miller）于1956年发表的心理学论文《神奇的数字7，±1或2》指出，对普通人而言，在任何时段内，同时在头脑中记住10条不

1　但我确实被一首诗里的信息打动，那是我儿时家里，妈妈挂在洗手间门背后的一首诗，我读过了不止千万遍。每一个字，我都深信不疑。详见附录。

2　如果你还没看过这部影片，我强烈推荐——非常经典！

同的指令，几乎不可能，比如记住宗教十诫。教皇格里高利也许早在千年前，就参透了这一奥秘，在总结了各种人类的原罪诱惑之后，将其归结为更易于掌控的数量——7。

我们应当考虑到造成归结为"恶行"的各种行为背后的神经原因。我们会一次次地看到，在适度的情况下，人类遇到的7种常见诱惑中的每一种，都是可以接受的。如果这些恶行都被消除的话，可能我们人类也很难存活下来了。

例如，傲慢可以是健康的，也可以是不健康的，取决于个体如何表现。过于以自我为中心，会以错误的方式给人带来困扰；但不以自我为荣，也会带来问题。对物种的永久存续而言，保持一定的色欲，显然是至关重要的；但如果色欲支配了一切决策，就会带来巨大的痛苦。暴食使得我们的祖先得以在狩猎时代的食物匮乏期存活下来；但今天却因为造成人类过度肥胖，而使无数人丧失性命，生活质量下降。懒惰是一种邪恶的力量，使得人们推卸责任；但有时又必不可少，使我们能从疾病中恢复，或是不会任其发展下去。甚至嫉妒、贪婪和暴怒都有其好坏各半的属性。

物种的退化

从各种先知的时代开始，其话语孕育出了世界上最流行和影响最广泛的宗教，人类的知识开始成指数倍增长。里程碑之一就是对生命起源进行真实的、以实证为基础的理解。人类不再是由全能全知的上帝创造。人类发展到今天就是一个逐渐进化的过程。这一认识上的主要突破包括对于生物有机体细胞模型DNA的认知：人类细胞由父辈遗传给下一代，当基因被复制后，就会代代相传，当然也会出现不可避免的小错误。通常情况下，这些小错误并不会影响有机体的繁衍进程，但有时也不一定。如果出现了不可避免的错误，意外的变化就可能恰好给予下一代超越竞争者的优势，重新改写的DNA组合也更有可能遗传给下一代。许多这样偶然的基因混合进展，造成了各种不同的结果，经过漫长且无法想象的时光，长颈鹿最终将其脖子大大地延长了，使得它们能触及其他动物无法触及的高处树枝；达尔文雀进化出了特别的喙，使得它们能吃到加拉帕哥斯群岛上其他鸟类无法吃到的食物。人类最终进化成用两条腿走路，而不是四肢着地，这是灵长类基因密码调整的结果，这一进化有助于长途奔跑和将双手解放出来使用工具，价值不可估量。这一变化大大提高了我们的狩猎能力，使我们存活的时间更长，可以将双足行走的基因传递给下一代。

这是一个成百上千万年的进化过程，一个逐渐将海洋生物塑造成人类的进程。我们智人不过是一个偶然发生的DNA错误复制的结果，却发展出了独特的大脑构建能力。

用两条腿直立行走只不过是个开始。在35万—20万年前，我们祖先的大脑开始扩张，随着一代又一代的进化，其速度比以往任何时候都要迅速。特别是位于前额后的大脑额叶前皮质，其面积的增长能够对我们人类的多种行为加以更多支持，其功能远远胜过与人同样大小的动物。额叶前皮质支持多种新的认知能力，使人类能进行更多有创意的思考，促进人与人之间更复杂的交流与合作，更准确地对未来加以判断，并最终决定如何将自己的意愿与环境加以结合。但更大的脑容量意味着更大的头颅，随之而来就产生了一个大问题。

大脑袋的婴儿能够存活下来，只可能因为它们恰巧更早离开了母体（对我们这种大小和复杂程度的灵长类而言）。人类婴儿的大脑仅在出生后第一年，大小就翻了倍。如果这样的增长发生在母体内，你敢想象吗？早日脱离母体，保全了母子性命，但却让人类新生儿与非人的灵长类生物相比，更加无助。与其他灵长类幼子相比，人类幼子需要花费更长的时间来发展生存所需的基本技能。如果幼子需要更多地依赖他人才得以存活，那么其在相当长的时间内，发展与他人相处的社交技能的压力也就越大。许多物种都是群体合作，但人类物种最终能主宰整个地球，是因为我们有能与大量同类合作的独特能力；我们既能与陌生人合作，也能与血亲配合。

大脑各种特定功能的出现，有助于人类之间长期有效的合作，这是一种积极的正反馈循环。更大的脑容量使我们需要与他人合作，这样才能在性成熟前的长期脆弱阶段存活下来，最终将自身基因传递给下一代；但同时，更大的脑容量也提供了条件（就额外增长的脑容量而言），使人类发展出更复杂的社交技巧，让我们能够在如此之长的时间内与许多不同的个体相处。[1]这一循环周而复始，代代相传，最终使得我们的大脑容量是同为灵长类亲戚的大猩猩以及倭黑猩猩脑容量的3倍，而我们和猩猩的DNA有98.5％的相似之处。

更大脑容量的优势

1　对这一现象的另一种解释是，人类这一物种需要更多额外的时间，以便能充分地对更大的大脑进行掌控，这就使得我们更依赖长期的群体合作，并且助推了相对复杂的社交技巧的发展。

更大的脑容量让我们祖先拥有了更强的思考能力，并发展出之前地球上从未有过的独特能力。例如，语言能力使我们祖先能构建起相对广泛和稳固的群体，在几十年的时间内彼此合作，同时极大地促进了知识的积累与交换。言语使社会纽带可以通过闲聊得以稳固，而无须像近亲黑猩猩和倭黑猩猩一样，要花费大部分闲暇时间为彼此梳理毛发。而且言语也大大加快了各种新技能的发展与习得，并让人知道这些新知的奥义。

总而言之，没有语言，大猩猩还是能够学会如何使用工具——比如使用坚果钳和海绵块，只需要观察别人如何使用即可。但是通过语言来指导新手，可以更加灵活和细致地传递信息，帮助人类掌握更复杂的技巧，且能代代相传。

经历了成千上万年的狩猎与采集，我们祖先之前用以获取肉食的矛斧、吊索和弓箭，变成了铲子、镰刀和犁。农业和动物养殖使得食物的持续来源更有保障，也避免为寻找新的资源而不时迁徙的麻烦。这样相对稳定的生活方式带来了颠覆性的改变。一旦人类发现自己可以一代接一代地生存在同一个地方，他们就会运用自己强大的大脑来思考如何配置资源。例如，动物如果可以带上犁的话，是不是就能不仅仅提供肉类和毛皮了呢？将动物用于载重、灌溉系统和其他创新型活动，使得耕种范围更加广大、生产力提升、物产丰盛。随着余粮的增加（游牧民族的祖先无法做到随身携带），自然产生了对储存、计算、分发和各种各样其他新系统的需求。这也促进了城市和文明的发展，也再一次按下了社会快速前进的按钮：马力之后是蒸汽动力，以及随后以此推动的电力，直至最终的核动力。在我们还未意识到这沧海一粟的历史性变化时，我们就已置身于无所不在的电脑和智能手机之中了。

大脑最不可思议之处在于其适应压力的能力，不论是自然环境，还是人造环境。神经可塑性（更多解释请参见第385页的术语表）描述的就是这样一种进程：我们或多或少会进行某些有序且密集的活动，只要持续一定时间，该活动就会导致大脑纤维产生物理变化。这些改变会使我们在下一次进行同样的活动时采取更有效的技巧。这样的进程使我们能通过错误与实践磨砺技艺，也使大脑能采用越来越复杂的方式对环境加以塑造。我们可以在地面、水下、空中建立各种有用的空间，可以让河流改道，在山体掘洞，不一而足。反过来，我们长期以来所塑造的环境也对我们的大脑进行了改变，改变后的大脑又可以获取新的技能，对环境再次进行改造，改造后的环境又再影响大脑，大脑再去改变环境，就这样循环往复。

　　需要记住的一点是，只有发展了大脑所具备的大范围社交这一特质，物流、工程、科学、金融和建筑等行业才能实现共同创新，否则这些行业也绝不可能塑造我们目前所居住的星球，以满足人类的需要。要实现大脑的这一特质，就必须在理解他人的过程中，体会到言外之意，体察他人的情绪、意图和额外的动机。我们日益丰富的情感储备有助于我们调整自己的行为，以期在自我需求和身边人的需求之间达到平衡。如果平衡成功，就能够使我们长期与更大的合作群体保持团队关系（在本书统称"内圈"），这种合作关系超越了血缘关系，而血缘联结的初衷也是为了保证成员对抗各种威胁而形成的纽带。共同合作有利于对抗其他人类竞争对手（在本书统称"外圈"）所带来的饥饿、掠夺和攻击。

　　在某种程度上而言，圈子越大，获益越多。人际圈通常稳定在150人左右。从全世界的历史范围来看，这个数量正是人类合作的最佳群体人数。该数据同时也反映出人脑所能容纳的社交信息局限，不仅仅涉及自己的关系，还涉及他人的信息。与其他灵长类物种相比，我们之所以能够与他人保持更广泛的群体合作关系，可能是因为自身能力的增长并不仅囿于个人经验，还来自他人的经验。我们会八卦他人的信息以换取信任，也会夸大自己的社交能力，虽然通过这些方式我们也能在社交中有所受益，但如果社交群体超过150人的话，最后可能就无法记清楚谁是谁了。这就会使我们很难保持群体和谐的社交关系。要想保持超过150人的人类合作关系稳定的话，就只能依靠老天爷了。

迷雾中的容颜

人类行为中导致彼此堕落的行为非常普遍，七宗罪无非是这些行为中7种最极端的表现而已。如果每个人都能抵御这7种诱惑，社交摩擦一定会更少，合作会更多，就能实现多赢局面。问题在于，人类的本性就是喜欢凭喜好改变规则。一定规模群体中总是有某些人，试图去挑战欺瞒社会体系。然而，只要人们相信，打破规则最终会得不偿失，对僭越者的惩罚也足够严厉的话，那些以身试法的人数自然会降至最低。当需要大规模推行某些行为准则时，神的概念就出现了。据可靠观点来看[1]，相信上帝或其他神灵[2]是类似于我

1　引自迈克尔·舍默（Michael Shermer）的大作《相信的大脑》（*The Believing Brain*）。

2　或者以其他形式出现，比如法力无边、无所不知的超自然生物。

们这类生物所不可避免的。鉴于大脑中的某些基本机制能够使我们感知，理解甚至预测周围世界即将发生的事件，那么相信超自然力量也就不可避免了。后见之明是一件很棒的事情。

大脑最重要的机制是容量无限，能够注意到外界事物的各种模块，其运行机制如下：大脑在感知到信息时会同步确认信息模块，并利用这些模块进行预测，并随之升级内部模型，以判断其预期是否与现实相符。当发现预期与内部模型不符时，大脑就会宕机，升级自己的内部模型，理解世界的运转方式，修正大脑机制，使得下一轮预测可以运转得更有效。反过来，如果现实与大脑内部预测模式吻合的话，内部的特定模式就会再次得以强化。这些信息模块锁定和预测机制能帮助我们预见未来。并不是依靠什么千里眼之类的超自然感官，而是通过更有效地锁定信息，从而提升对即将发生事情的预测能力。

我们来看几个例子。信息可以在不同的时间范围内传递，可以是几秒，也可以是几天。例如，假设你正打算安全渡河，你远远地观察河流表面的波纹，觉得某处比较浅，可以安全渡过。如果你一路走过去，却发现自己从远处观察到的河流表面并不是合适的渡河点（水并不浅，只不过是涡流），那么下次你看到这样的波纹就会自动忽略了。反之，如果你发现河面下真有石头可以踩着过河，你就知道自己之前对波纹的预测是准确的，那么下次这样信息还会发挥作用。

长时间内的信息传递是由一系列事件组成的。如果A事件总会伴随着发生B事件和C事件，那么我们需要做的就是当A事件发生时，提前准备好应对C事件。例如，A事件是老天爷下起了倾盆大雨，B事件是全身都被淋湿了，那么C事件就是几天后生病了。我们大脑对于世界如何运转的内部机制就是，当A事件临近——天空中黑云压顶时——我们就能够预见到未来，放下手头上的事情，赶快避开B事件（被淋得浑身湿透），以降低C事件（生病）发生的可能性。

我们感知世界的能力包括了无数的预期，例如接下来可能会看到、听到、触摸到、闻到和品尝到什么，无论在怎样的环境下，我们都在其中投入时间，并对其进行全方位感知。理解世界运转的内部头脑机制随着经历而不断得以打磨。对孩子而言，这个世界充满了惊奇。但成年后，我们却对大多数事物见惯不怪。之所以在成年后会有这样的感觉，是因为我们的大脑已经有了丰富的经历，而在童年时期，这些内部机制还在运转。本质上，我们的大脑非常精妙地衍生出了这样的生物机制：对最小的惊奇不为所动。[1] 最终大脑就变得擅长预知接下来要发生的事情了，但这一机制并不完善，常常也会出现预警。

我们内部机制倾向于去归纳总结在什么地方遇到过类似的事情：例如，大脑中有特定区域是专门处理人脸的；这就使得我们具有一种厉害的能力，即便十几年没见，我们也能立刻就认出某人。但这也会让我们容易在他们不在的时候看到他们的脸。比如将头顶上随意飘过的云看成是一张张人脸，就是这一情形的最好说明。在毫无意义的感知信息中辨识出有意义的模块，通常是没什么坏处的，我们辨认信息模块的倾向在今天仍然持续着。毕竟如果某种经历会导致我们祖先灭亡的话，这种倾向也很快就会从我们人类行为中消失。重点就是，除非某个感知失误是致命的，或至少因为某种原因严格受限，无法将这一基因传给下一代，那么这种对世界无害的误读也不会改变。毕竟没有人会因为在云中看到龙的形象而丧命。

让人相信超自然力量的第二个机制在于，我们高度社会化的大脑使我们倾向于为非人类的事物找到代

1　在位于伦敦皇后广场的威康认知神经影像学系任职的卡尔·弗里斯顿（Karl Friston）教授对发展这一理论起到了关键作用。

理。我们强烈倾向于与非人类的动物，甚至是无生命的物体发生联系，就好像它们都是和人相似的代理物。许多人会与自己的宠物交谈，即便金鱼、小猫、马的大脑并不像人类一样，具备掌控语言的特定区域；也就是说，这些宠物并不明白我们说的话。在青春期，我和许多朋友都会给自己的车取个昵称。我们会和这些机械交谈，在寒冷天气无法发动旧车子时，大声呼叫车子的名字。这些将事物拟人的例子并不会给我们的生活带来任何损害。如果要说有什么影响的话，这些和我们的车子闹着玩儿的、单向的对话会给我们带来一丝舒适感，给我们制造了一种幻觉，似乎可以对身处的环境施加某种影响，而事实上不过是在浪费时间罢了。由于并不会带来明显的害处，汽车和宠物的主人会继续从这些"控制的幻觉"中获得情感满足。就像对身体无害的打嗝。

这样的倾向甚至还会导致对几何物体赋予拟人的代理，只要这些物体能够以有意义的方式移动。20世纪40年代有一个很经典的研究，向人们展示了这样一个漫画：一个大三角形慢慢变出一个小三角形和圆。这两个小图形以非常快的速度从大图形上脱离。观察者在描述这个场景时，仿佛这些几何图形都有自己的想法、感觉和意图，给图形赋予了拟人的特点，下面就是最典型的描述："大三角形是个霸王，他拎起了小三角和圆，小图形们很害怕，但很快就想出了办法去欺骗大三角，然后趁势逃离。"

人类要是不能辨识有意义的模型，或是时时刻刻赋予物体拟人的形象，那么迪士尼公司和皮克斯动画工厂早就破产倒闭了。我们大脑中有一块区域专门理解和阐释人类的互动，而我们经常会错误地将这些阐释用于非人类的现象中。

自我安慰

我们的内在机制会给事实上并不存在的事物赋予意义，并且常常利用理解人类互动的神经机制来处理非生命实体，就算是错了，我们也会自我安慰。每次天空划过闪电时（事件A），我都会做好准备迎接头顶上即将响起的炸雷（事件B），所以我非常理解原始人类，在没有任何相关气象知识的情况下，会认为打雷是某位万能神灵在表达不满。同样的情况也出现在地震、火山爆发、洪水、瘟疫和海啸中。这些自然现象都好像在对人类等生物表达愤怒，我们也会很容易将自然界现象与我们和他人之间发生的事件加以联系。确实，甚至有证据表明，宗教信仰与自然灾害在世界某个特定区域发生的频率之间存在着直接关系。宗教应对概念表明，为自然灾害找到某个可以令人接受的解释（尽管完全是虚构的），也可以使人们更好地面对即将来临的厄运的压力。而且，如果你相信神灵在表达对自己所处群体的愤怒，那么你会更容易抛开过去的创伤记忆，因为既然神灵已经发出了警告，那么日子就可以恢复正常了。如果还有某个恰当的权威告诉我们，采取某些手段就可以避免在未来触怒神灵的话，那么依言行事就会让我们感到安心。一想到有可能对神灵未来的某些行为进行控制，就让人心怀安慰，即便事实上并无任何根据。

只有通过科学研究，才能建立起解释这些现象的科学原理，不然的话，解释造成此类事件的唯一权威仍然是想要讨好众神的、想象力丰富人士，可能是占卜者、萨满、巫师或教士。如果当下盛行的宗教信仰系统能够提供令人信服的说辞，甚至更理想的是，能用具体的原因说明即将发生的事件（少作恶、多祈祷），以此来创造出可控制的幻象，消解失控，那么人们自然会感到安心，对宗教的接受度也会增加。即便接下来既定的宗教仪式是完全无效的，只要没有充足的证据证伪，那么仍然可以从无知中获得幸福。正由于这种现象不可能完全得到证明，也就在各种迷信中扮演着至关重要的作用。在没有一丁点儿证据来证伪的情况下，为了安全起见，我们会继续摸木头、向喜鹊敬礼、对着流星许愿。毕竟，你永远都不会知道……

神就是各种观念：能将我们有共同信仰体系、有联系的一大群人团结起来。如果每个人都相信有一位全能的神随时在用警惕的双眼审视着芸芸众生，但凡有行为不端者必然受到严厉惩处，那么每个人自然就会相应地调节自己的言行。宗教并不完美，但只要大多数人相信，那么不论别人是不是抓到他们作奸犯科，全能的神都会知道他们的所作所为，进而惩处他们——于是人们就会尽量去遵循规则。

这套体系的神妙之处就在于，直到死你都不知道自己会受到奖励还是处罚，那么是不是真的有神灵存在也就没那么重要了。普遍的观念认为，有某种全知和超自然神力会最后发放奖惩，所以人都有最终修正自己行为的机会。在天堂和地狱之间抉择，唯一理性的做法就是尽量遵守规则，不论是怎样的规则。

只要每个人唱诵的超自然的赞美诗都相同，那么所有的信众在其短暂的一生里，很有可能会对彼此报以极大信任。共同的信仰能够使我们去完成之前觉得无法完成的任务：不仅仅可以与那些大约150人的"内圈"人士合作——我们的大脑可以判断出他们是否诚实——同时我们也可以和陌生人合作。如果没有共同的信仰，我们就无法判断，"外圈"的人士是否值得信任合作，他们是否会在第一时间占我们便宜。你们当然无须分享同样的信仰体系。只要每个人都能明白他人的神灵，以及加诸其上的宗教约束，那么就算是其他宗教信仰的人也可以信任，也可以在行为模式上达成一致，只要目的都是为了灵魂的救赎。

一旦某种信仰体系得以流行，那么无论其细节最后被证明是如何误导信众的，都会让人最终因为信仰了这一宏大的观念而获益良多。因为能够思考自身存在的大脑总是会不可避免地思考令人担忧的生存问题："我为何会存在？""我如何知道明天的太阳会升起？""我死后会发生什么？"任何声称能够解释人的一生以及生后所有不可知的，以及可怕的命运转折的信仰体系，都有可能给人带来极大的心理安慰。如果这套信仰体系能够给人带来心灵上的宁静，那么即便其中有些矛盾，还不时出现这里那里的不准确，人们也会选择视而不见。在夜晚信徒 [1] 会比非信徒睡得更好，是因为如果缺少任何令人安心的解释，就无法制造可以掌控的幻觉，非信徒生活中的大部分日子就要被未知的恐惧所困扰。

1　对自己灵魂的命运担忧，尽管是非必要的。

话语传播

毫无疑问，人类已经让七宗罪所描述的自然冲动完全失控了，在内圈人群中造成了数万年的混乱。在史前文明未记录的数千年，村庄、氏族或部落长老们肯定掌握了非常有效的办法，知道如何解决内圈中的反社会成员。但一个圈子的解决办法可能与另外一个圈子不同，于是，如何在内圈和外圈之间构建合作，就成了问题。

即便是不同的内圈都遵守类似的规则，但在大多数时候，人类在地球上游荡，传播一生中积累的知识，补充老一辈的智慧，这样的能力却又由于人类的记忆局限以及口口相传的不足而受到阻碍。就像小时候玩过传声筒游戏的人都知道，故事在连续讲述的过程中会发生变化。

由于口头智慧的代际相传并不充分，所以古代人虽然不会一遍遍地重造轮子，却有可能一次次地犯同样的错误。一旦写作技能发展成为对过去时代的精确记录与保存的手段，代际之间的积累得以传承，但仍然需要面对信息获取与传播的问题。要么没法获取所需的书籍，要么教育所赋予的读写特权仅仅属于少数受过教育的精英。之后，教育很快就变成了面对大众的普惠之物，互联网的发明使人类的集体智慧得以广泛传播，但我们很快就发现，自己被湮没在知识的洪流中。最终，我们陷入到了严重的知识嘈杂境况中。现在面对的挑战是如何在信息中去芜存菁。

关键是，自从人类在地球上出现以来，毫无疑问都会通过这样或那样的方式对过往的人类行为加以学习。几个世纪存留下来的，值得去观察的智慧，最终都会在书本中得以展现。虽然科学书籍在事实上最准确，但宗教书籍中却有最棒的故事，因而也更有可能流传更广。正是通过这些故事，信息得以交换和存留。

故事唤起人们的情感，而一连串的事实和指令却无法做到，情感使记忆更深刻，更不容易忘记。而且，每个人都能理解那些结构精妙的叙事，从这个角度来看，宗教书比科学书起到了更好的记录作用。故事模式是我们大脑最能适应的储存信息的方式，即便是我们的"自我"意识，在本质上也基于我们在回忆起过去那些凄美时刻时，对自身的讲述。这一现象又要再一次归结于人类通过交换八卦来保持社会链接的本性，这是历史悠久的讲故事的传统。毕竟，这是人类从钻木取火时代开始，彼此分享信息的主要方式。大家挤在一起，围坐在火堆旁，以驱散寒冷、黑暗和恐惧，渴望用言语交流的最原始欲望促成了人们用故事形式来进行信息交换。

那么，接下来就让我来给你讲个故事吧。

一个故事

在过去二十余年，只要出太阳，我都会放下手里的事情出门，我最喜欢做的一件事就是去伦敦的海德公园玩轮滑。在曲水湖北岸，有一条又长又宽，像停机坪一样的光滑路段。我常常从大理石拱门滑到演讲角。我喜欢听那些聚集在演讲角的人们发表的自由演讲。这么多年来，我听过基督徒与犹太教徒的辩论，穆斯林与印度教和佛教信徒的探讨，马克思主义者与保守主义者的争辩，以及任何你能想得到的辩论。我也发现，自己不仅会关注那些站在盒子上或梯子上的演讲者，很多时候我对那些聚集在周围好奇的旅行者更感兴趣，他们本来只是想停下来看看热闹，却发现自己被这些慷慨激昂的陈词所迷住了。他们困惑不解的表情里也常常露出一丝震惊，也许他们惊讶于这些涉及宗教、政治的煽动性话题，居然没有被当局者禁止。在伦敦，不同信仰、种族和教育背景，以及来自各行各业的人，能聚集在这样一个地方表达自己的观点，在我看来，是一件很棒的事。我喜欢听人们讲述那些过去的美好故事，但是若没有特别的感兴趣的话题，我很少会参与其中。

最近吸引我驻足停留的，是一个基督徒和一位穆斯林之间的热烈辩论。这是两位仪表堂堂、充满魅力、衣着得体的年轻男子，其中一人试图说服另一人，伊斯兰教徒并未屠杀基督徒。他凭着记忆说出了长长的一串阿拉伯语经文（大概花了1分钟才说完），然后他又把刚才的经文用英语复述了一次——仍然是凭着记忆。在最后他用这样的话来结尾，"这段经文里什么地方提到穆斯林有可能杀害了基督徒呢？"围观的50多名人群中，无一回应。当他又一次重复这个问题时，仍然没有人回答。我特别同情他，看上去好像没有人认真听他的演讲似的。我觉得自己有种冲动，要帮助他摆脱着持续沉默的尴尬，于是我代表人群回答说："没有！"

他的脸亮了，开心的眼神朝我的方向追寻到我，在我还没反应过来时，他已经穿过了人群，抓住我的袖子，把我拉了过去。只是轻轻地拽了一下我的胳膊，我就一下子滑到了人群中间。[1]就在这时，我才意识到，头顶上有一个摄像头，正在拍摄他的表演，而现在似乎不管我喜不喜欢，我都成了这场表演中的一部分。

1　对那些最近没有玩轮滑的朋友们，我要提醒你们，轮滑的刹车就在大脚趾下面的位置。要刹车的话只需旋转直立，膝盖和脚踝弯曲即可。我还来不及做好这个动作，所以腰一闪就毫无防备地向前滑到了人群中。

"你是无神论者，对吧？"他说。我心里想，还真是容易被人看出来啊。

"呃……我是一位神经科学家，"我这么回答，希望可以暗示他不必做进一步的解释说明。

"你不信神吧？"看来今天想要用模糊概念可行不通了。

"不信，"我有点犹豫地回答。

"好，那么你就是中立的！"他回应说。

于是他接下来再次引用了整段经文，就像之前一样，分别使用了阿拉伯语和英语。突然我隐约记起这段经文在哪里听过，曾经引起了演讲角的骚乱，我感觉到心脏在怦怦直跳，嘴巴发干。当他翻译完这段经文后，又重复了一遍之前的问题，然后期待地看着我，我老老实实地重复了之前的回答："没有！"

"你看，我的朋友！"他用胜利的口吻向那位基督徒喊道："圣战只会消灭没有信念的人，并不会消灭基督徒！"

你能想象我当时的困境吗？已经公开说明自己是无神论者，却在不经意间让自己陷入了众矢之的。我感到越来越焦虑，向人群中搜寻，看是否有不良企图的迹象，会不会有人想要冲上前来，用实际行动来表示对这一逻辑结论的支持。

要是这番对话发生在世界上的其他任何地方，甚至是在英国的其他地方，我一定都会陷入麻烦。幸好在我看来，这位特别的演讲者试图为和平辩护，这一举动值得称道，因为这是在为基督徒和穆斯林找共同点，对我而言，幸运的是，无神论者并不在今天关注的范围内。

演讲结束，围观者也并没有对我施以暴力，我对人群露出愉快的笑脸，在心里和他们道别："好了，我要离开啦！"然后立马以最高速度滑行，回到公园远处湖边相对安全的地方。轮滑者在人群中如果被拉拽的话，很少会抵抗，但如果我在肾上腺素飙升、全速滑行时，地球上任何一个短跑运动员都不可能追上我。

那天我非常幸运：大多数聚集在演讲角的观众并不是暴徒。他们（大多数时候）都能够控制自己的行为举止，即便听到截然不同的观点也是如此。他们不会刻板地追随某些极端宗教领袖，这些独立个体有足够的智商来运用常识，对某些直接从宗教书中引用的教义（我不知道这些引用实际来源于何处）加以阐释。当天我没有被执行私刑，就证明了我这一观点。

通常我也不会反对与我信仰相左的人。但如果观众中有人从字面上理解教义，认为将我处死才是正确的做法，那么我对这样的宗教也绝不容忍。要是有人认为，某些书籍中的内容允许他们对不同信仰的人举起屠刀的话，那他一定是被严重误导了。多少世纪以来，宗教异见造成了无数伤亡，而科学进步却解答了许多生命中的重大问题，同时也引发了这样的思考：宗教是否已实现其目的？现在正是我们进入后宗教时代的时刻吗？

在一起更健康

虽然世界上的宗教书籍缺乏事实准确性，容易造成字面上的阐释，但其中仍然不乏智慧。在叙事时代，宗教的地位优于科学，是无尽希望的来源，让身处绝望的人保持乐观，而科学事实就没有这样的功效。要获得对宗教信仰体系的有效理解，任何人都应当每周去一次教堂、寺庙、清真寺或犹太教堂，认真听诵经文。我们回到了科学远远落后于宗教的时代。如果某个陌生人以每周一次的规律出现在某个地方，他很快就会被这里的其他人当成"圈内人"，这也能很快让人获得归属感。科学也许能够为生活中的许多重大问题提供答案，但某个陌生人即便走进公开的科学讲堂，在离开建筑物时，仍然会和来时一样，感到不可避免的孤独感。

事实是，那些能够成功建立持久的、合作的、亲密关系的人，更容易在身心健康上获益，甚至能活得更久。而那些远离家庭、朋友和同事的人，常常会感到极度孤单。这不仅仅令人感到悲伤，实际上更容易让人罹患疾病，包括心脏问题和癌症等。

这里起作用的是关系的质量，而不是数量。一个人能有一两个信得过的知己，就能感到足够的互动联系。而只拥有大量虚假和浮于表面友谊的人，常常会感到异常孤单。今天的世界，在线社交不仅仅是面对面社交的补充，也成了许多人整个社交的替代，这点确实值得深思。

人类大脑并没有在进化过程中仅仅是为了更好地获得有价值的资源，强烈驱使我们寻找并维持与他人的关系。确实，通过群体的努力，食物、住所、温暖和保护等要素都更容易获得，但这并不是全部。虽然人类已经证明，群体比个人更容易获得更多，也更轻松；但是对群体的需求不仅仅是建造城邦和政治机构、发明新的艺术形式和驯服他人这么简单。人类作为高度社会化的物种，群体关系是内心平静满足和身心健康的重要先决条件。毕竟，没人是一座孤岛。

在这个后宗教氛围日益浓厚的世界，过去许多用于驯服他人的社会规则和策略已经不再管用。西方国家到处蔓延着对神的不信任，地狱的火被浇灭，天堂的幻想被粉碎，到处都是充满了七宗罪的诱惑。科学足以激励我们去做那些让我们快乐和健康的事情吗？或者，在没有上帝之眼的审视下，魔鬼会在我们的内心掀起风暴吗？

脑科学管用吗？

就我不成熟的观点来看，科学中最棒的当属神经科学。这当然是我的偏见。不像其他的神经科学家更乐于告诉任何愿意倾听的人，我们对大脑一无所知，我恰好认为到目前为止有一个伟大的故事要讲。成百上千位热爱科学的人们合作努力，奉献自己的一生来探寻大脑的奥秘，向我们展现出了真正的宝藏：真知灼见可能最终只是帮助我们更好地了解自己和他人的一张入门券。这一套知识体系已经扩充到这个程度：向我们指出，为何我们会知道不该做什么；是大脑中的哪些特定结构使得我们产生了反社会行为，即那些宗教称之为罪，哲学家们称为恶的行为。大脑远远比我们现在了解的要复杂得多，当然，很多事情都是这样的。

如果说20世纪，脑科学经历了飞速发展，那都是保守的说法。不管你是否相信，20世纪人类对于大脑如何运作的理解有了巨大进步，主要是因为第一、二次世界大战。这些革命性的新思想如果恰好被错过的话，那么我们可能还要再等待几个世纪，毕竟这些思想都是直接从战争里衍生出来的。[1]理论和实践所带来的进步继续激发全球日常新工具的使用，进一步推动了人类对大脑更深区域的研究，而并不必开颅破脑。近一个世纪以来，我们从几乎一无所知的状态进步到可以人造出各种大脑部件，帮助盲人重见光明、聋人恢复听力、帕金森病患者恢复肢体控制能力，这些都已成了家常便饭。

在20世纪末期，使用功能性磁共振成像（fMRI）采集大脑数据的过程大大加快，可以在几秒钟而不是几小时内拍摄整个大脑的快照。[2]这有助于建立更精细的图像，让我们理解人脑的不同功能区域是如何促进人类的各种感官、情感和认知能力发展的。当然，这张

---

1 正是这两次世界大战将无数士兵送进了战地医院，很多人结束生命时，脑袋里还残留着子弹和弹片。枪弹伤通常会对大脑组织中的小部分区域造成伤害。而其他类型的大脑伤害，比如中风和大出血，通常会更混乱，会在某人倒下时连带损伤其他区域。战地双方都有一些聪明仔细又有条理的医生，他们开始注意到，每个士兵在大脑的不同区域受损以后，会持续出现某些功能丧失或保留的情况。这就为理解大脑不同区域的运转方式提供了线索。在战争中，为了战胜敌手才把顶尖的科学人才都汇聚在一起，否则可能要花更长的时间，才能通过超声波、核医学以及核磁共振手段偶然发现这些道理。

2 彼得·曼斯菲尔德教授（Peter Mansfield, 1933—2017年）在这方面引领进展。愿他安息！

图片还远远称不上完备。首先，实际测量的结果仅仅只能粗略估计单个脑细胞可能具有的功能。[1]也就是说，我们目前所掌握的资料非常不充分，无法讲出更多吸引人的内容。

探寻原罪的根源

七宗罪所描述的让人困扰的行为都有可能导致社会隔离，这对个体的健康幸福都会产生深刻的影响。本书的主要目的就是利用当今世界最新研究的脑科学成果，对产生宗教中所说的恶行的原因进行更好的理解。我希望通过更好地理解大脑，在诱惑发生时，我们也许可以找到更好的方法，控制人类的反社会冲动，提升社会和谐度，并借此改善同一社会人群的健康状况及生活质量。

1　我有一位神经科学的朋友，他的实验涉及对单个脑细胞进行测量，他们把那些用fMRI的研究人员称为"血球学家"或"血球猎人"。这是一个贬义词。许多电生理学家认为，由于我们目前对神经元基本网络的功能知之甚少，因此测量由数百万个脑细胞所组成的某个固定大脑模块里的血液氧合变化是没有任何意义的（这一测量工作主要由fMRI完成）。他们说的也许有点道理。但是由于法律和道德伦理的因素，这些实验工作无法在紧急医疗需求时，将电极粘在人脑中，所以这些实验工作大都在老鼠和非人类的灵长类生物身上完成，fMRI就成了我们人类目前能采用的最好的方法。

在这个过程中，我们将审视前人的话语，探寻究竟是什么使得七宗罪成了这样摧毁社会的力量，辨明每个罪恶背后的原因到底给当今社会带来了多少麻烦。我们会在相关的神经科学、心理学、精神病学和医学研究的重点中进行筛选，找到其中最接近每一种致命罪行（傲慢、色欲、暴食、懒惰、贪婪、嫉妒、暴怒）所描述的行为，探寻其背后的成因，借此来理解我们为何会做那些不该做的事情。最终目的是让读者们不论是有神论者、多神论者、还是无神论者，都能找到更好地提升群体和谐的方法，避免群体冲突。

第二章

傲　慢

你签下你的名字，

温柔谦卑；但是你的心

被傲慢、脾气和骄傲所包围。

——威廉·莎士比亚，《亨利八世》

傲慢并不全是坏事。伟大的哲学家亚里士多德甚至认为这是一种美德，而且并非一般的美德，而是"美德的冠冕"。他的推理是这样的：一个骄傲[1]的人觉得自己足以成就一番伟业，因此发现自己有动力去实现它们。这种特殊的自豪感意味着有足够的自信和决心，在努力实现雄心勃勃的目标时不畏惧所面临的挑战。即使在逆境中，它也能使我们下定决心达到我们的目标。亚里士多德的观点也许有可取之处。从发展心理学的角度来看，克服恐惧很可能是我们感到骄傲的主要原因之一。

婴儿在出生后的6至12个月会出现快乐、悲伤、愤怒、恐惧、厌恶、感兴趣和惊讶等基本情绪。骄

1　根据中文语境的不同，本章将交替使用"傲慢"和"骄傲"。——编者注

傲——属于自我意识的情绪的一种——却在更接近神经发育线时才开始产生。大约在两岁的时候，婴儿开始有能力理解自己的行为是好是坏。这个年龄的婴儿收到反馈表明他们一直表现很好时，会表现出骄傲的迹象。相反，当他们意识到自己一直很调皮时，就会表现出特有的羞耻感。

骄傲是一种积极的、强化的感觉。它帮助幼儿在对未知的内在恐惧和探索的自然冲动之间找到平衡。看护人应为孩子的反馈行为提供指导，鼓励他们在安全的情况下接受挑战。孩子们感到的骄傲是克服恐惧、实现目标的一种情感奖励，这样的经历使他们在未来遇到障碍时更有可能坚持下去。骄傲也能激励孩子去探索周围的环境，这有助于他们开发自己的能力。

骄傲是一种特别难以驾驭的情绪，因为适度的骄傲是必要的，但过度骄傲和过度谦卑都会出现问题。回想童年，前一分钟，我们的父母会告诉我们："你要知道，整个世界不是围着你转的。"后一分钟，你的老师会激励你"对自己取得的学习成绩感到自豪"。我们被告知，如果我们这样做，那么我们可能会得到更好的成绩，甚至是一个奖品或其他一些对我们成就的认可。如果我们听从了建议并成功地实现了目标，我们就会被告知："你应该为自己感到骄傲！"所以就可以断定骄傲是件好事吗？当一个成年人无意中听到我们吹嘘我们的胜利时——换句话说，我们敢于表达我们的自豪感时——我们突然发现自己因傲慢而被责骂。你赢不了的。

最终，大多数人都意识到自豪感和向外界展示自豪感有很大的区别。把自豪感作为一种提高比赛水平、克服障碍的工具，是可以接受的；但将这种策略所带来的任何成就吹嘘一番，肯定是不被接受的。通过观察运动员、音乐家、女演员在采访和颁奖典礼上的表现，我们可以发现事实就是如此。要想留给人们好的印象，应该以明显的谦逊态度来接受赞扬——即使你的内心真的"充满了傲慢、坏脾气和骄傲"。

因此，只有当骄傲作为一个被保护得很好的秘密时，它才是一种美德。当我们发现自己是被赞美的对象，但又想要避免失去他人的青睐时，最好的办法是礼貌地谢绝赞美或转移赞美。这很令人困惑，难怪这么多人会出错。但名人难道不是引导社会道德的最佳典范？这确实不是他们所擅长的，但也许宗教能对社会道德的引导有所帮助？

从历史的角度看骄傲

教皇格里高利并不是第一个警告骄傲之罪所带来

的危险的人，他写道："当骄傲这个罪恶的女王，拥有了一颗被征服的心，她会立刻降服于七宗罪。"而在公元前139年左右，就已经出现的《鲁本圣约书》，描述了十种应该不惜一切代价避免的恶行。其中傲慢位列第四，而虚荣（当时被称为夸耀）却位列傲慢之后，仅排第五位。几百年后，在公元375年，孤独的埃瓦格里乌斯，一位花了一生大部分时间在下埃及的沙漠中冥想上帝的僧侣，列出了一份更为集中的八类邪恶思想的清单。这份特别的清单是为了指引他在沙漠修行的僧侣同伴们，如果他们想去天堂，就要在荒野中挥汗如雨，抵御该清单中所列出的各种各样的诱惑。在这份清单中，"傲慢"跌至第八位，"虚荣"跌至第七位。

教皇格里高利完成了对骄傲的思考，在六世纪末出版名为《约伯的摩利亚》（*Moralia in Job*）的书时，虚荣和骄傲已被并入骄傲的罪恶之中。这一恶行因双重罪恶，而被迅速提升到名单的首位。他宣称骄傲不仅是七宗罪中最邪恶的，而且是万恶之源；是罪恶的"女王"，统治着所有的罪恶。

基督教并不是唯一一个鼓励以谦逊对抗骄傲带来的邪恶影响的宗教。骄傲是佛教玛雅哈传统中的五种"精神毒药"之一，它是觉悟的障碍；伊斯兰教的圣训说，穆斯林心中的"哪怕一个骄傲的因子"也足以阻止他们进入天堂；印度教的圣典《巴伽梵歌》中有几段话，警告信徒骄傲是一种不虔诚的特性。至少从公元前六世纪开始，在基督教出现之前，古希腊人就一直在警告傲慢的危险。亚里士多德警告说："年轻人和富人是傲慢的，因为他们拥有一种优越感。"

在古希腊，"hubris"（狂妄自大）并不是像当今时代所使用的那样，描述一种过分夸大的自尊心和极端的傲慢，而是一种禁止恶意羞辱行为的法律。所涉具体行为是指为使对手蒙羞而实施的身体和性暴力行为。他们的文化痴迷于追求荣誉和逃避耻辱，因此傲慢开始于掠夺人们荣誉的犯罪。现在，它仅仅描述了一个相信自己比其他人都好的人。

在古希腊著名的神话中，纳西索斯是仙女和河神结合后所生的极具吸引力的男性后代。这在很大程度上是由于他的虚荣心，尤其是他喜欢没完没了地盯着自己在水池里的倒影，他是如此痴迷于自己的美貌。这个故事中经常被忽视的部分，也是理解为何骄傲之罪具有如此大的破坏性的最相关的部分，是这种自我迷恋阻止了他与他人建立有意义的关系。他对任何表示爱他的人都不屑一顾。

德国主教彼得·宾斯菲尔德在16世纪末的大部分时间都在思考恶魔路西法。1589年，他发表了一份颇具影响力的清单，将路西法归为骄傲之罪。正如故事所述，路西法从一开始就失去了恩典，因为他确信自己比天堂里的其他所有天使都重要，他试图让其他所有的天使都崇拜他。上帝对此感到不高兴，认为这种行为完全不能接受——这是可以理解的。所以路西法和他的亲信们很快被驱逐到地狱的深渊。即使在那时，路西法也觉得"在地狱里当统治者比在天堂里侍奉他人更好"。这再次让我们得出了一个结论：当一个人（或天使）深信自己比其他所有人都优越时，普通的骄傲就会越过这个门槛，成为罪恶的骄傲。

我必须在这里澄清一个重要的观点：每当我提到天使、恶魔或任何其他超自然的角色时，我并不是说它们真的存在。我只是想给故事增添一些趣味；毫无疑问，这与那些最初构思出这些恶魔角色的人有着相似的动机。没有科学证据支持恶魔与魔鬼，天堂或地狱的观点；所以作为一个科学家，对我来说这完全是虚构的。

按照但丁的说法，在审判日到来的时候，那些毕生都在聆听路西法的低语，表现得似乎比别人更有吸引力、更聪明、更重要的人，最终会永远拖着沉重的石板在地狱里游走，以惩罚他们的狂妄自大。言外之意似乎是，如果骄傲的罪人觉得自己太重要而不能在生活中挑起重担，那么对他们来说，死亡后最恰当的惩罚就是做苦工。

虽然科学正在缓慢但坚定地扼杀地狱中永恒惩罚的概念，消除了一种潜在的、有用的威慑力——阻止人们过于自满，但它至少可以解释最初为什么会出现自恋行为。令人高兴的是，宗教所描述的骄傲之罪与科学、心理学和精神病学所称的"自恋"有着惊人的相似之处。

"自恋"一词是100多年前由西格蒙德·弗洛伊德在维也纳精神分析学会的一次会议上最早提出的。它当时的意思和我们今天的意思很不一样，是特指以对待恋人的方式来爱抚自己的身体。如果现在仍然是这样的含义，那么它可能会出现在"色欲"一章。如今，这个定义排除了这种性暗示，而更普遍地指关注自我。从广义上讲，自恋包括一种过度膨胀的自尊心和浮夸感，往往伴随着严重的共情困难，从而导致在与他人进行有意义的联系时出现问题。

回想起纳西索斯在建立亲密关系方面确实存在问题。对像人类这样的高度社交动物来说，这是自恋或骄傲最具腐蚀性的一面。重申一下"初始"章节中的一个关键点，即与他人有联系并被接纳为内圈的一员，是一个人是否幸福的一个强有力的预测因素。在某种意义上被孤立的人，在与任何可能在困难时期为他提供支持的团体——无论是家人、朋友还是当地社区的人——脱节的人都是身心健康受影响最严重的人。由于自恋者无法建立健康的人际关系，这可能是理解他们自己的痛苦以及他们给他人生活带来痛苦的关键。

自恋有两种表现形式：亚临床表现（不至于严重到必须到正式的精神病诊断）和临床表现（具有足够的破坏性，足以被认定为精神病学问题）。在过去的几十年里，这两方面都得到了深入的研究，为人们更好地理解骄傲的罪恶提供了大量的资料。自恋有七种不同的特征：浮夸的自尊心和极端的虚荣心通常是最容易浮现在脑海中的，但还有五种不太为人所知。自恋者有明显的剥削他人的倾向，他们的权利意识往往很高，觉得自己是所有事情的权威。他们感到完全自给自足，确信自己并不真的需要别人。而且，正如我们将在下一节中所看到的，他们往往是表现主义者。在我们深入研究这门科学之前，我们将快速了解一下这种自恋特征在我们现代科技发达的世界中有多普遍，例如发消息、发舞蹈视频和发推文等。

你太自负了，我敢打赌你一定以为这本书是关于你的

在试图回答"谁是世界上最虚荣的名人"时，小

报、八卦杂志和名人博客都采取了一种流行的方法，即汇总每位明星在其不同社交媒体账户上发布的自拍[1]总数。鉴于纳西索斯对自己形象的痴迷，这种方法是有道理的。根据这一衡量标准，肯达尔·詹娜目前是Instagram上最虚荣的名人，她同母异父的姐姐金·卡戴珊在该应用上也十分活跃。在Twitter上，卡戴珊三姐妹和詹娜两姐妹共拥有超过1.5亿的粉丝。她们公然自我推销的媒介甚至包括一部专门拍摄的真人秀《跟上卡戴珊一家》。来自世界各地的数以百万计的观众每周都收看该节目，了解赞助商拍的一系列单调的摄影、购物旅行和家庭闹剧的最新进展。显然，许多人并不认为她们公然的自我痴迷是可憎的。名人自恋的欲望似乎是无限的，越来越多的证据表明，这种现象正在影响我们对虚荣心的态度。

就在不久以前的一段时间，人们认为男士对自己的外表过分吹毛求疵是没有男子气概的。当然，男士们会在特殊场合梳妆打扮；但一般来说，男士们都会把他们的梳妆工作保持在最低限度。但是现在情况已经不同了。同样，如果一位女性在几十年前接受了整容手术，手术通常会被严格保密，她可能只会与她最

---

[1] 如果你最近几年一直与世隔绝的话——自拍就是你自己拍自己的照片。

信任的几位密友分享。如果被公开问到她是否"整了一些地方",大多数女性都会否认。如今,女性邀请陌生人感受她们新整的胸部时,"如果你愿意,就去感受一下"的态度已经不是什么稀罕事了[1]。过度的自恋似乎不再让人感到羞耻了。从牙齿美白这种美容小手段到其他大手术,整容手术现在是如此常见,以至于它们不再特别值得八卦。事实上,如果一个人选择不随大流美化自己,反而更有可能被人说闲话。

在街上,如果有人走到你面前,提出要用皮下注射针扎你的脸,你可能会报警。然而,每年都有越来越多的男男女女接受肉毒杆菌毒素(肉毒杆菌)注射来消除皱纹,掩盖明显的衰老迹象。英国美容整形外科医生协会发布的数据显示,在2003年至2013年的10年间,英国的整容手术数量增加了5倍。隆鼻、整容和隆胸曾经是富人和名人的专利,现在,它们经常当作生日礼物送给16岁的女孩。

在社交媒体明星中寻找有自恋症状的人简直是小儿科。以自称Instagram超级明星的库尔特·科尔曼为例,他自称是澳大利亚版的帕里斯·希尔顿。当被问

1　我在伦敦酒吧和夜总会的男女通用厕所里不止一次目睹了这一幕;甚至有一次,这个提议还延伸到了我身上!

及为什么拍那么多自己的照片时，他被记录下来的回答这样写着："因为我喜欢在相机里看到的东西""我很火辣，我爱我自己""人们真的嫉妒我，我能理解为什么，但我永远不会为任何人改变，因为我爱我自己"。尽管大多数人在承认自己对自己有如此高的评价之前都会三思而后行，但这种完全缺乏谦逊的态度表明，过度的虚荣心、浮夸感和极端的自尊心，这些所有自恋的核心特征，在网上都是完全可以接受的。

让我们来回想一下丹·比尔泽里安的滑稽行为。这位持枪、开坦克、寻开心的色情明星是一位声名狼藉的百万富翁的儿子，在Instagram上有超过2 000万的粉丝。他吹嘘自己在不仅一次而是两次的可卡因引发的心脏病发作中幸存了下来，他不断地更新自己的照片，这些照片展示了他开的跑车、用于射杀的致命性武器以及他与之嬉戏的大型猫科动物。当互联网上出现了这样一则视频，他将一个赤裸的少女色情明星从屋顶扔进花园里的游泳池，他并没有因为完全漠视该女孩的基本人权（她差一点撞到池边）而引起广泛的反感，也没有受到抨击，他的受欢迎程度反而急剧上升。这个世界不仅变得越来越宽容，而且对自恋的展示似乎也越来越如饥似渴。

常见的自恋者

说名人中普遍存在自恋倾向，是在冒险地说出显而易见的事实，但谁是最严重的自恋犯呢？你认为哪种类型的名人最自恋？像麦当娜、贾斯汀·汀布莱克和麦莉·赛勒斯这样的音乐明星？还是像玛丽莲·梦露、詹姆斯·迪恩、杰西卡·阿尔芭、汤姆·克鲁斯这样的演员？也可能是像尤塞恩·博尔特、迈克尔·乔丹和克里斯蒂安·罗纳尔多这样的富豪运动员？在这里我们不需要推测。有人好心地办了一项自恋人格调查测试（The Narcissistic Personality Inventory，NPI），测试对象是富人和名人，以确定不同类型的名人在自恋方面的排名。令人惊讶的是，"世界上最自恋的人"这个可疑的称号既没有授予音乐明星，也没有授予电影明星，更没有授予运动员。事实上，直到最近才出现了取得该称号的名人。

在NPI中，音乐明星的平均得分为16.67，似乎是所有被测试者中最不自恋的。从这个角度来看，该得分仅仅略高于一项不相关的研究得出的15.3的平均分（这项研究对2 500多名普通美国人进行自恋测试）。演员比音乐明星更自恋，平均得分为18.54。喜剧演员的平均得分为18.83，略显自恋。自恋名人的"自恋国王"和"自恋王后"均被真人秀明星摘得，以19.45的平均分高居榜首。

如果你仔细思考一下这个结果，很快就会恍然大悟。真人秀节目自然偏爱自恋者，即使他们没有赢得任何可能出现在屏幕上的比赛，通常也是在镜头前表现得最出色的角色。因此，自恋者是观众和制片人最可能关注和记住的人。这就产生了一个由评分驱动的选择偏差，使得他们更有可能在后续的系列节目中被选中。如果最近创新的真人秀节目——所谓的"人造真人秀"（constructed reality）——可以作为参考的话，那么现在的演员阵容似乎完全是从自恋者的队伍中招募的。在精心打造的电视真人秀节目中，比如《切尔西制造》《乔迪·肖尔》和《埃塞克斯是唯一的出路》，明星们只被给予最低限度的指导，所以他们更有动力凭空创作，这是自恋狂的特长。

自恋的真人秀明星和社交媒体明星的崛起，并不一定意味着社会的道德结构正在分崩离析。我们可能开始长出心理上的老茧（内心越来越强大），使他们狂妄自大的行为看起来越来越正常，但这肯定不会造成任何真正的伤害。难道不是吗？问题在于，真人秀节目宣扬这样一个观点，即任何一个足够自恋的人都可以成为荧幕梦的一部分，从而鼓励人们培养以自我为中心的行为，而不是抑制该行为。英国最近的一项民意调查显示，对16岁的年轻人来说，"成名"是他们最大的职业抱负。尽管这可能令人担忧，但我们都知道，孩子在青春期特别容易受影响，而且随着时间的推移，他们的观点通常会发生变化并趋于成熟。但是，如果对成人有影响的话，这些自恋的媒体偶像会对像你和我这样的成年人产生什么样的影响呢？

你我都自恋

从我记事起，我就一直是个爱炫耀的人。这可能是因为在我的整个童年，我的父母总是鼓励我投入到新的环境中，并利用每一个机会展示自己。因此，随着时间的推移，我虽然经历了很多的成功和失败，但失败从来没有真正困扰过我，因为它也是在大量成功的背景下出现的。事实证明，许多这样的胜利只不过是一种假象。多年后，我发现父亲经常让我赢，让我尝到战胜一个更强大、更聪明的对手的滋味。不管是不是假象，我很快就积累了足够多的积极经验，来尝试新的爱好、运动和活动，然后发现自己能够很快掌握新的技能。

由于这些经历，我一直有着如天高的自信。不可避免的，这些伴随童年的自恋，最终导致了我偶尔的自大，甚至是傲慢自大。在我青春期和成年后的那段充满自恋的岁月里，在安静的反思时刻，我常常想知道，尽管我父母的初衷是好的，但他们是否无意中制造了一个怪物。我是自恋狂吗？我在很多场合都担心过这个问题。

自恋型人格测试是一项基于对40个简单问题的回答，来衡量所有7个自恋特征的调查。这一巧妙而又直截了当的工具要求人们从两句话中选择最能描述他们的那句话，以量化他们的优越感、权威性、虚荣心、权力欲、满足感、占有欲以及自我表现欲。

当我终于鼓起勇气参加自恋型人格测试时，我发现在满分40分的测试中，我只得了16分，我根本就不是一个那么可怕的自恋狂。至少以美国的标准来看，这一得分接近普通人NPI的平均水平（15.3分）。不可否认，我在"权威"和"虚荣"方面的得分都高于其他几个方面，但自恋的其他方面得分较低，似乎在总体上达到了平衡。

这些分数有直观的意义，至少对我来说是这样。考虑到我谋生的一部分工作是当电视节目主持人，另一部分是演讲。所以我的虚荣心得分高，或许可以合理地解释为，当我面对镜头或现场观众时，我必须看起来体面。当我不露面的时候，我往往很邋遢，甚至不刮胡子，所以我可以放心地说，我的任何虚荣心都是出于责任，而不是罪恶。这种膨胀的权威感可能源于20年来对大脑的研究；毕竟，博士学位是一种被普遍接受的专业资格。也就是说，鸡和蛋的先后问题总是不可避免的？我是否是被一个虚荣的职业所吸引，因为我是一个虚荣的"无所不知"的人，所以我需要和大量的观众分享我所学到的关于大脑的知识？或者，我花了20年的时间获取的大脑知识、学习的公共演讲者的仪容标准是否会逐渐改变我？这两种解释都是合理的。无论如何，我都发现参加NPI的经验是很有启发性的。我会推荐别人尝试的。去吧，你也可以！

如果你真的想参加这个测试，你会很高兴听到有人花时间在网上免费提供一个互动版的NPI。对于不喜欢该技术的人，在很多网站上也有非互动版本。如果你决定参加测试，请在继续阅读之前的现在就参加。否则，你即将阅读的内容很有可能会影响你的分数。另外，如果你尝试了一下并获得了高分，也不要太担心。NPI不是临床诊断工具，它只是被用来衡量公众中自恋的相对程度。没有一个如果一旦超过，超越所有合理的怀疑，说你的自恋必然是有问题的：也有其他工具可以达到这一目的，比如"自恋型人格障碍测试"，但这需要一位合格的专业人士对其进行正确评分。那好吧，如果你打算这么做，现在就是时候了……

NPI的得分发现，持续的自我陶醉倾向已经在人群中传播。自20世纪70年代末问世以来，它被广泛应用于心理学研究。它的设计十分巧妙，涉及语句之间的选择。当这两个语句中的任何一句单独呈现，人们可能都不愿意承认它很好地描述了自己；然而，从另一种角度来看，当以一对的形式呈现时，每一个选项似乎都是完全合理的。一般测试很难让人们承认在社会上普遍不被认可的行为，而这项测试很好地实现了这一目标，不得不说十分巧妙。NPI已被证明可以准确地测量自恋倾向，并给出可靠的、可复制的结果。NPI还能有力地预测自恋者可能表现出的其他行为，这超出NPI明确给出必须涵盖的范围。你必定热爱这项测试，因为它可以告诉你关于一个人更多的信息，而不是他人自我展示的信息。

NPI高分可能预测着你：

●倾向于寻找社会地位较高的伴侣，但对与他们建立亲密的情感纽带却不感兴趣；

●倾向于代他人宣称他的成功；

●希望抓住任何机会获得公众的赞赏。

与低自尊相结合，高自恋甚至可以预示着人们对阴谋论的信仰。

在过去几十年里，关于这个话题的所有研究中最值得注意的一点是，自恋现象似乎正在急剧上升。自从这项测试发明以来，人格自恋测试的平均分数一直在稳步上升。诚然，大部分相关数据都来自美国的研究，所以这可能只是北美某些地区的孤立问题。另一方面，就像煤矿里的金丝雀[1]一样，这些数据可能会给我们一个预警，告诉我们世界其他的地方未来会发生什么。考虑到过去有许多流行趋势起源于大西洋彼岸，但短短几年之后就扩散到了地球的每个角落；所以可以打赌，即使现在还不是这样，但很快就会成为一个全球性问题。所有迹象都表明，这种趋势将继续下去，似乎与自尊相关的各种反社会风险只会变得更糟。如果我们希望控制自恋的扩大趋势，我们显然需要更好地理解自恋。一个重要的问题是：这些越来越多的自恋者的脑子里到底在想什么？

自恋的科学

在对自恋者和非自恋者之间的差异进行科学调查后，得出的一个结论是，他们对社会压力的反应是一致的。最近的一项研究要求参与者在两个不说话的陌

1　如果煤矿发生任何无气味但致命的气体泄漏，这种鸟就会比人类早死很久，给人类发出重要预警。

生人的注视下完成两项任务中的一项。他们要么参加数学考试，要么被要求用三分钟准备一段六分钟的演讲，然后在一个公共论坛上发表该演讲，由一位专家进行评判。这种情况对任何人来说都是有压力的，但是自恋者——尽管通常看起来相当厚脸皮——实际上比非自恋者释放出更多的压力荷尔蒙皮质醇。他们的报告还得出结论，与非自恋参与者相比，自恋者的情绪波动程度更大。

最近神经影像学研究中最引人注目的发现之一是，在我们感觉到"社交痛苦"时，感觉身体疼痛的大脑区域也会激活。无论这种社交痛苦来自求爱被拒绝、被同龄人冷落或其他类似的情况，与社交痛苦相关的不愉快感觉似乎都是由大脑中相同的区域产生的。而同时，这些区域也会产生脚趾被撞伤或剧烈头痛带来的身体疼痛感。考虑到这一点，我们现在来看克里斯托弗·卡西欧（Christopher Cascio）和来自宾夕法尼亚大学和密歇根大学的同仁们进行的一项出色的研究。他们使用了fMRI来比较自恋者和非自恋者在网络游戏《网络球》中经历社交排斥时的大脑活动。

《网络球》游戏涉及三个不同的玩家，他们将一个虚拟球从一个人传给另一个人。核磁共振扫描仪中的人可以通过眼睛前方的镜子，在投影仪屏幕上看到游戏中正在发生的事情：游戏中的另外两个玩家正在相邻的房间里控制自己的游戏人物的移动（或者至少扫描仪中的人会相信这一点）。有时，扫描仪中的玩家会发现其他两个玩家在相互之间传球，而自己被故意排除在游戏之外。当人们以这种方式被社交回避时，自恋者大脑中的三个脑区比非自恋者的更为活跃，激活的强度反映了每个人感受到的社交痛苦的程度。不仅如此，每个人的自恋得分越高，与社交排斥相关的激活程度就越大。换句话说，他们发现激活的程度——被认为反映了他们当时所经历的社交痛苦的严重程度——和每个人的自恋程度之间存在正相关关系。这里的主要含义是，自恋者似乎比其他人更能感受到被拒绝的社交痛苦。这可能是他们各种反社会倾向的根源吗？

自恋者大脑中更活跃的这三个区域分别为前岛叶（AI）和扣带皮层的两个不同部分——亚属前扣带皮层（sgACC）和背侧前扣带皮层（dACC）。我们将看一看这些区域在大脑中的确切位置，并简要讨论目前在许多其他脑成像研究的基础上，每个区域所扮演的特定角色。

前岛叶是一个位于脑沟底部的大脑区域，在每个太阳穴附近大脑两侧的额叶和颞叶交汇的地方。前岛

叶的作用不仅仅是感受疼痛，它还参与处理和创造许多不同类型的感官和情感体验的感知。在脑成像研究

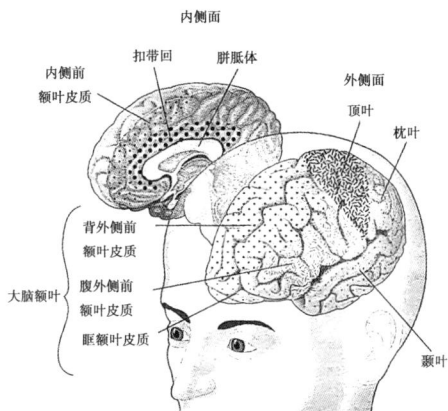

大脑内侧面和外侧面图。谨防读者在后续章节中需要了解具体所指的是哪个部分。

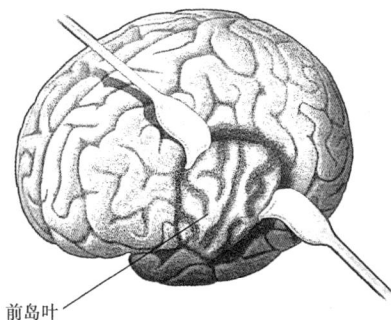

图1　用牵开器拉开额叶和颞叶，露出岛叶。前岛叶是靠近大脑前部的岛叶部分。

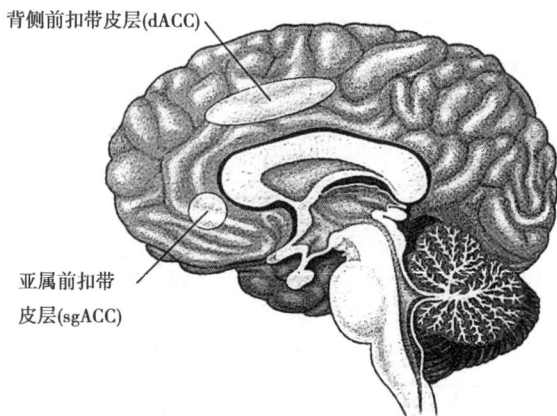

背侧前扣带皮层(dACC)

亚属前扣带
皮层(sgACC)

图2　扣带皮层位于大脑半球的内侧面。它环绕着连接左右脑半球的密集白质束——胼胝体，像一条腰带一样将其环绕（见第57页图片）。前扣带皮层（ACC）是这个结构最前面的部分。dACC则是ACC的上部，sgACC指的是被称为"胼胝体膝"下方较低的部分。

中，当一个人感到恶心、焦虑或某种程度的不安时，该区域通常会被激活。众所周知，前岛叶在理解他人的痛苦方面也起着重要作用，它能可靠地对令人不快的景象做出反应，如血淋淋的伤口、腐烂食物的有害气味，甚至是你考虑购买的衣服上的过高的价格标签。前岛叶能做很多事情，但这些事情往往都有一个共同的特点，那就是不愉快。

　　sgACC是前扣带皮层的一部分，位于胼胝体前部下方。胼胝体是观察大脑内表面的一个十分方便的标志，因为它是连接大脑左右半球的一个巨大的神经元束（脑导线）。sgACC区域的激活特征非常明显。基于许多研究痛觉的脑成像研究，这一区域似乎和产生与疼痛相关的痛苦感有关，无论是身体疼痛还是社交疼痛。换句话说，它似乎用于产生痛苦的负面情绪，也就是痛苦的"伤害"方面。顺便说一句，这种特殊的大脑结构也与各种各样的情绪障碍有关。

dACC是扣带皮层前三分之一的上背部（类似海豚背部的背鳍）。它在许多不同的情况下都会被激活，但最一致的情况是：当外部世界发生的事情与你的期望有冲突。例如，如果你打开一个电灯开关，结果不是点亮灯泡，而是触发了一只公鸡的啼叫声，你通常的因果体验与实际发生的事情之间的差异将激活dACC。同样，如果一组交通灯出现异常，比如红灯开始忽明忽暗，而不是一直亮着，这也将立即激活dACC，因为符合以下两种情形：①这是出乎意料的；②它与你通常的经验相冲突。

考虑到dACC区域在各种各样的脑成像研究中所起的作用，从广义上讲，它似乎对冲突（一个人期望发生的事情与实际发生的事情之间的矛盾）很敏感[1]。这

1　还记得那些在第一章寻找外部世界可预测模式的大脑内部模型吗？

些期望可能是通过交通灯、电灯开关的日常行为，或者是陌生人在游戏中通常的行为方式所决定的。一个人如果发现自己被冷落，在一场愚蠢的游戏中无缘无故地被忽视，那么肯定会感到不安。但在自恋者的大脑中，这种不愉快的感觉似乎会被放大。

为了完成这一循环，我们最初讨论的关于自恋者在社交压力下释放更多皮质醇的发现，得到了其他研究的补充。这些研究表明，dACC的激活与循环皮质醇呈正相关。换句话说，dACC越活跃，血液中应激激素皮质醇的浓度就越高。我们不可能仅仅根据相关性来确定dACC激活的增加是否真的会导致应激激素释放的增加，但这种可能性是值得牢记在心的。

自恋的人，无论出于什么原因，当他们发现自己受到社会监督时，似乎都会有一种夸大的压力反应。上述脑成像数据支持这样一种观点，即自恋者的社会痛苦经历比非自恋个体更为剧烈。这可以解释一种常见的现象，即当自恋者的自大妄想与其他人的行为不匹配时，他们很容易爆发攻击性情绪。有人认为，这甚至可能是试图将他们的社会痛苦外在化。这也可以解释为什么自恋者通常会寻求超越亲密的钦佩或赞赏的关系。想必，持续不断的安慰正是他们所需要的镇痛剂，以帮助他们缓解和度过社会痛苦。

自恋，或者说骄傲之恶，有各种反社会的影响。当一个自恋者总是把他们的成就硬塞进别人的喉咙里，或者试图把别人的成功据为己有，这可能会损害他人的感情，甚至是他人的名誉。当一个自恋者总要求谈话的话题回到最重要的话题，也就是他们自己身上时，这会对正常的社交造成严重的破坏。如果其他人敢于抵制自恋者对关注和赞美的不断要求，自恋者很快就会发现自己成为被谩骂的对象。自恋者通常对自己的智力和能力有一种夸大的认知，这只会增强他们的自大妄想[1]。然而，客观地衡量他们的智力或能力，会发现很少有能支持这种夸大的自我认知的证据。由于他们的优越性似乎完全是不证自明的，自恋者毫不犹豫地否认了这些客观证据。

真正的自恋者认为自己从不犯错，所以他们错过了从错误中吸取教训的机会。他们以自我为中心，极度地漠视他人的意见或最佳利益，并准备好操纵他人以获得他们想要的东西。他们对恋爱关系缺乏承诺，通常令人不满意，而且往往也很短暂。一旦正面强化消失，他们就会付出惨痛的代价。任何提升自我形象的机会都得靠自己抓住。自恋者中普遍存在的最有趣

1　事实上，大多数人都是这样被欺骗的，但是自恋者比一般人更糟糕。

的矛盾之一是，他们严重缺乏对他人的同理心，但与此同时，他们自己对社会反馈极其敏感，希望得到一致的、积极的对待。

自恋者的形成

有一种颇具影响力的理论试图说明是什么埋下了自恋的种子。这种理论讲述了两种不同的育儿方式，但最终都会让孩子难以区分"自我"和"他人"。这一过程很大程度上受到婴儿与父母或看护人之间的日常互动的影响；婴儿大部分时间与谁在一起，以及与谁建立了最亲密的联系也有影响。

一般来说，疏忽大意的父母或看护者没有投入足够的时间与孩子互动，以确定他们的"自我"和"他人"在外部世界的起点。另一方面，过分关注孩子，也就是所谓的"直升机式教育"，也会出现问题。这种教育方式通过不断地为他们的孩子指明方向，并总是告诉他们应该做什么，应该如何感觉和思考，孩子们就无法发展自己解决问题的能力。任何一种育儿方式都可能妨碍健康、独立的自我意识的发展，从而导致人的一生都在不断寻求他人的反馈以获得安慰。介于忽视型和直升机型这两种极端的育儿方式之间的"宜居带"，更有利于形成一种健康的、发展良好的自我意识。

在这种情况下，孩子能够学会判断自己行为和自我价值的恰当性，从而更独立于他人。

除了过多或过少关注的育儿方式的影响外，当涉及如何引导骄傲走向美德或罪恶时给出的反馈，细节才是关键所在。当父母和看护者对孩子当前的行为是好是坏给出反馈，即暂时的判断，是没有问题的；但当反馈被用绝对的措辞来表达时，麻烦就开始了。"你真是个淘气的孩子"或者"这是我完美的小公主"这样的评论可能看起来完全无害，但如果持续使用，它们可能会在不经意间播下自恋的种子。

当父母或看护人用听起来像是评估孩子整体价值的语言对孩子的行为作出反馈时，问题就出现了。如果孩子听到的不是类似于"这是一件很淘气的事"或"为什么你今天这么难相处"，反而总是听到"你是个坏孩子"或"你为什么总是这么淘气"，那么他们就会逐渐将信息内化，并最终接受他们有问题的想法。这可能导致一种他们内心深处接受的信念，即他们从根本上是不好的，这可能最终会导致他们不配得到爱的结论。可悲的是，这一切最终都会变成一种自我实现的预言，即孩子按照给他们的标签行事，将其内化。最麻烦的自恋者永无止境地追求赞美和积极肯定，其核心往往是一种强烈的无价值感。这是一种"脆弱"的自恋。

自恋的另一种形式是"浮夸"，这也可能来源于父母或看护人不恰当的反馈。但这一次的问题在于，不管孩子最近的行为是好是坏，他们对孩子的行为始终保持积极的反馈。过分溺爱孩子的父母试图永远支持孩子，也会导致孩子的自恋。当一个孩子被父母捧上神坛，不断地受到表扬（不管他们的实际行为如何），父母因为害怕伤害孩子的感情而极力避免批评，孩子最终可能会把他们不会犯错的信息内化。这导致了膨胀的权利意识和"浮夸"的自恋。

为了避免意外地引发自恋恶果的情况，有必要培养孩子自豪感的积极方面，经验法则是：无条件地给予爱——确定孩子值得被爱——并将他们当前或最近的行为是好是坏作为一个完全独立的问题进行反馈。

在过去，骄傲可能被认为是罪恶的。为了完成我们对骄傲背后可能的神经驱动因素的探索，我们将简要介绍一种特别具有破坏性的自恋形式：自恋型人格障碍。

最坏情况

尽管如今四分之一的美国大学生在"自恋型人格量表"中获得了很高的自恋得分，但幸运的是，自恋型人格障碍的发生率要低得多，仅百分之一。尽管如此，自恋型人格障碍的比率似乎也在稳步上升，至少在美国是这样。

自恋型人格障碍的诊断标准是在1980年制定的，并被铭刻在第三版的心理疾病《圣经》上，即《精神疾病诊断统计手册》（*Diagnostic Statistical Manual of Mental Disorders*，简称DSM）。无论是对患者本身还是对周围的人来说，自恋型人格障碍都是非常令人不愉快的。自恋型人格障碍患者过度依赖他人来调节自己的自尊，并与一系列严重的社会心理问题作斗争，而这些问题通常涵盖情绪问题和药物问题。他们调节自己情绪的能力会随着别人对待他们的态度而剧烈波动。如果他们没有得到他们需要的赞美来支持他们极度膨胀的自我重要性，那么他们的情绪状态就会被立即传播到外部世界——他们就是控制不住自己的情绪，不管这种情绪的爆发有多么不合适。自恋型人格障碍的核心症状包括：①对赞美的强烈需求；②过度膨胀的自尊感；③长期缺乏情感共鸣。

关于缺乏同理心的问题，区分两种不同的形式是很重要的。情感同理心指的是一种通过观察和倾听他人的感受，从而真正体会到他人感受的能力。它是通过捕捉细微的声音和肢体语言线索来触发的。另一种形式，即认知同理心，是一种不同的现象。它是一种能力，可以判断一个人的感受，并利用这些信息来指导你与他人的互动，但实际上并没有感受到他人的感受。最新研究表明，自恋型人格障碍患者能够对他人的情绪做出准确的判断，他们只是感觉不到这些情绪。同理心在大多数人的生活中所扮演的强大角色，会自然地阻止那些可能对他人造成情绪伤害的行为，这一作用对自恋型人格障碍患者大大降低。检查那些正式被诊断为自恋型人格障碍的人的大脑，可以帮助我们了解在自恋的病理阶段会发生什么。

我们在这里要讨论的研究，不同于以前的非临床自恋者实验的方式是使用核磁共振成像。本研究不是寻找大脑区域功能差异，而是寻找在不同环境下大脑中或多或少被激活的区域，寻找结构差异。研究者想要找出自恋型人格障碍患者的大脑中是否有任何部位在生理上与未被诊断为自恋型人格障碍的对照组有所不同。德国柏林自由大学[1]的拉尔斯·舒尔茨（Lars Schulze）及其同事发现了一些有趣的不同之处。

首先，自恋型人格障碍患者的左脑前岛叶区比非

1　即用非传统方式研究讨论一般正规大学不予讲授的课程的大学。——译者注

自恋型人格障碍者要小[1]。对一般自恋者（那些没有被诊断为自恋型人格障碍的人）进行的功能成像研究显示，自恋者在自恋型人格问卷测试中得分越高，当他们感到被社会排斥时，该大脑区域的激活程度就越高。与健康的大脑相比，大脑区域的体积越小，往往反映出参与调节大脑结构的神经回路的发育受到的破坏越大。当这种情况发生时，它反映了在其他脑区反馈的影响下，调节该结构活动水平的能力降低。因此，在这些自恋型人格障碍患者中，较小的左前岛叶可能反映了他们在抑制因得不到渴望的钦佩而产生的不愉快情绪方面存在困难。同样，它也可能与前岛叶在同理心中的作用有极大的关系；它的体积较小，这可能导致它们在感受他人感受方面存在巨大困难。个别的脑成像研究难以提供所有的答案，但它们往往能引发有趣的讨论。

这项研究还发现，在扣带皮层的两个部分，即头侧前岛叶和中央扣带皮层，自恋型人格障碍患者大脑的灰质明显少于非临床对照组。众所周知，这些区域在弄清他人的想法方面扮演着重要的角色，即心智理论——我们将在后面的章节中回到这个主题，所以这可能有助于解释自恋型人格障碍患者表现出的共情

1　就它所占空间的体积而言，它在物理上更小。

缺陷。与非自恋型人格障碍人群相比,自恋型人格障碍人群所占用的这些区域的空间减少,这可能用于解释他们为何需要不断获得赞美。如果他们不能根据我们其他人认为理所当然的共情感受来判断他人的想法,这或许可以解释为什么他们会不断地寻求他人的积极反馈。

最后,在内侧眶额皮质的部分区域也观察到了较小体积的灰质。内侧眶额皮质是大脑区域的重要组成部分,统称为默认模式网络(DMN)。默认模式网络被认为与大脑产生自我意识的能力有关,我们将在后面的章节中回到默认模式网络的主题(第九章,第295页),但就目前而言,只要注意到默认模式网络的一部分似乎存在那些患有医学界已知的、最严重和最具破坏性的自恋形式的人的大脑中就足够了。考虑到我们在前一节中遇到的影响大脑发育的育儿方式,在理解自我与他人的边界方面,一个有趣的发现是,在自恋型人格障碍患者大脑中,那些和产生自我意识有关的大脑区域和那些支持我们理解他人思想的区域似乎都受到了损害。

回音室

如果说Facebook是一种宗教,那么拥有超过10

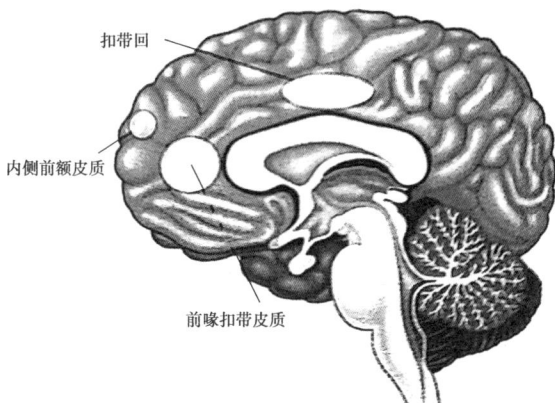

扣带回

内侧前额皮质

前喙扣带皮质

图3 前喙扣带皮质是位于胼胝体前面的ACC。中央扣带皮质是指位于前扣带皮质（朝前）和后扣带皮质（朝后）中间的部分。内侧前额皮质与自恋型人格障碍有关。

亿用户的它，将是仅次于基督教（约21亿）和伊斯兰教（约15亿）的世界第三大最受欢迎的宗教。但是，当世界上的主要宗教试图把焦点放在集体利益而不是个人利益上时，Facebook却是自恋的理想温床，那些与之密切相关的人往往是社会中最自恋的成员。拥有更多Facebook好友的人比拥有较少好友的人更容易表现出自恋的特质。社交网络不会从无到有地创造自恋者，但作为一种围绕发布图片、文章、视频和个人更新来寻求他人肯定（"赞"）的机制而设计的媒介，它为自恋者提供了他们所渴望的东西。

真人秀节目也是如此。自恋的人被吸引上电视真人秀也是出于类似的原因，而其中最自恋的人往往会成功。小报、杂志、网站的电视制片人和编辑偏爱那些浮夸、虚荣、自我表现欲旺盛和倾向于与他人激烈对抗的人，这些人创造了最引人入胜、最具新闻价值的小报和戏剧。这为每天看电视、使用社交媒体的公众提供了一种极度自恋的精神食粮。最终，所有这些过度自恋的行为开始显得正常，促使人们接受自恋。这不仅体现在我们对媒体的期望上，还体现在我们现实生活中每天互动的人身上。因此，过去用来惩罚过分傲慢和虚荣的社会制裁已不再适用。

自恋的正常化，再加上缺乏或大大减少媒体对更合适的榜样的报道，似乎正在推动全球自恋率的不断上升。正如我们所看到的，这一点目前表现在总人口中自恋型人格量表得分的稳步上升上，这也可能是自恋型人格障碍发生率升高的原因。也许所有这一切中最令人担忧的一点是，这将对自恋者的孩子产生影响。自恋的父母对整个家庭都有极大的伤害，而他们的孩子尤其脆弱。

傲慢之罪

如果教皇格里高利是对的，傲慢真的是罪恶之王，那么我们可能会预料到，目前我们陷入的自恋流行病，可能会使这七种致命的罪恶变得更加麻烦。相反，如果我们能找到一种方法来消灭自恋，那么我们也许就能把其他所有的恶行扼杀在萌芽状态。

当一个人打心底里认同自己的自大和自我重要性时，他们夸大的权利意识将不可避免地让他们相信自己比其他人更有价值。他们会觉得自己完全有权利在任何商品中占有更多的份额。无论是出于对他人伴侣的性欲望（色欲）、在金融交易中欺骗商业伙伴（贪婪），还是让其他人去做所有的苦工（懒惰），骄傲如何助长其他致命罪恶的火焰是显而易见的。当一个自恋者遇到一个更富有、更有权力或更受欢迎的人时，往往会生气（愤怒），或者至少会希望这一切都是他们的（嫉妒）。当然，那些自认为比餐桌上的其他人更有权力的人，会毫不犹豫地拿走最大份额的晚餐……

第三章

暴　食

总的来说，自从烹饪技术进步以来，人类的食量
是本身所需的两倍。

——本杰明·富兰克林

教皇格里高利怀疑，骄傲是所有致命罪恶的根源。他的这一怀疑得到了一个有趣的观察结果的支持。随着世界卫生组织正式将全球近三分之一的人口列为超重或肥胖，暴饮暴食的罪恶如今对全球的医疗体系构成了严重挑战。情况变得如此糟糕，以至于"肥胖流行病"这个词已经不再适用了。最近发表在严肃医学杂志上的文章宣布，肥胖现在已经达到了"普遍"的程度。在这一章中，我们将探索这是如何发生的，并在人类的大脑中寻找线索，为什么我们如此不善于抵抗那些诱人且美味的烹饪诱惑。

餐前酒

身体质量指数（BMI）是一种根据身高来衡量一个人体重的量表。考虑到个子较高的人往往体重较重，而个子较矮的人体重通常较轻，身体质量指数综合这两种因素将人们划分为过瘦、正常体重、超重或肥胖。这一种科学工具，可以用来界定一个人可能犯了暴饮暴食罪？导致一个人容易发胖的因素有很多。但是，仅仅出于趣味性，让我们简单地考虑一下这个想法，以激发我们对最近这一特定恶行越发猖狂的最新科学见解的兴趣。

身体质量指数在18.5~24.9为正常，代表着良好的健康状况。25及以上的人被认为是"超重"，超过30的人被认为是"肥胖"，超过40的人被认为是"病态肥胖"。指数越高，患糖尿病和心血管疾病等肥胖并发症的可能性就越大。这不仅对个人的健康和生活质量有害，而且也给那些负责改善大众健康状况以及其他负有提供必要额外护理工作的人增加负担。

我目前的体重指数是25.4，这让我跨入"超重"的门槛。那么我是犯了暴食罪吗？身体质量指数超过25是否是一个合理的基准，以决定谁最终进入但丁笔下的第三层地狱，与人类中的其他贪食者一起陷入痛苦的深渊？还是应该为那些得分为30及以上的人预留一个使其蜷缩在一起取暖，在一成不变的雨、冰雹和雪中颤抖的永恒？或者40及以上的人才应该得到这样的惩罚？

我几乎每隔一天锻炼一次（只要身体状况允许），

在这种情况下，如果我还发现自己因暴食罪被送进地狱，那么我会觉得难以接受。当然，像我这样的稍微超重的人，或者那些仅仅是稍微倾斜于肥胖类别中的人，应该是首先被送进地狱，而不是直接被放逐到地狱之火里，难道不是吗？在炼狱般的减肥营里，那些处于肥胖边缘的人可能会用几周的时间来塑造更好的体形，这样他们就有可能最终被判定有资格通过天国之门。

或者，也许我们可以在审判日之前将自己从困境中解救出来？有这样一种器械，它在中世纪作为一种刑具而流行，可以通过抵消地心引力对脊柱的终生压迫来拯救我们。在我们的身高上增加一到两厘米帮助我们降低体重指数，这比任何减肥的努力都更有效、更快。如果我的身高是186厘米而不是184厘米，体重不变，那么我的BMI[1]会慢慢回到"体重正常"区域。在国际空间站绕地球转几周也可以达到类似的效果，零重力通常会使宇航员的身高增加一到两英寸。

这是一种狡猾的方法来回到罪人和圣人划分中正

1　BMI的公式是身高÷体重的平方，反映了人们普遍认为高个子比矮个子更重的预期——这意味着体重指数分数可以通过减肥或长高来降低。

确一边的吗？还是完全没有抓住重点？尽管这些建议可能是荒谬的，但它阐明了决定谁是暴食者、谁不是暴食者这一问题有多么棘手。要找出具体的界限来帮助我们定义暴食的开始和结束并不容易，正如我们将会发现的那样，仅仅是观察人们的体重或体形就不是一件容易的事。要想被定义为暴食罪，过度饮食是肯定的。最近对临床肥胖者的大脑成像显示，他们在这方面控制自己的能力可能已经受到永久性的损害。

开胃菜

　　基督教最初所指的暴食，似乎主要是围绕着人们将自己的肚皮崇拜凌驾于崇拜上帝之上的倾向。圣保罗斥责那些"不侍奉主耶稣基督，只侍奉自己的肚腹"的人，并将矛头指向"……基督教的敌人，终将走向毁灭，因为他们的上帝是他们的肚子……"暴食一开始用来描述的不仅是对食物的过度放纵，还有酗酒。这种神学对立是很容易理解的。嗜酒如命的人特别容易放松警惕，让自己的道德防线被攻破。圣托马斯·阿奎那 [1] 对暴饮暴食的危险性所做的评论，读起来就像对

1　圣托马斯·阿奎那是13世纪的多米尼加修士，是一位多产的神学家，他写了一本极具影响力的书，名叫《神学家总论》（*Summa Theologiae*）。

普通的酒鬼的描述："过度的、不体面的快乐，喧闹、邋遢、多嘴多舌以及令人费解的大脑迟钝。"

在他那个时代，圣托马斯是一个强大而有影响力的声音，有助于让人们清楚地认识到，在做出适当行为的决定时必须考虑到"七宗罪"的重要性。尽管如此，据称他自己的胃口也很好。有传言说，为了放下他的大肚子，他必须从餐桌上切下一块新月形的木头，使桌子向内凹。有些人可能会说这有点虚伪，但那些宽容的人会指出，暴食一开始就会被贴上致命罪恶的标签，因为即使是最虔诚的信徒，也很难控制过于急切的食欲。

教皇格里高利详细描述了暴食的各个方面，他觉得暴食偏离了虔诚所要求的精神纯洁，理应被列为七宗罪之一[1]。圣托马斯将这句话精辟地解释为："有时它会在需要的时候出现；有时它会要求品尝昂贵的食物；有时它会要求食物被精心烹制；有时它会因吃得太多而导致困倦；有时，我们会因贪得无厌而犯罪。"

以现代标准来衡量，很难想象会有人被认为不贪吃。我们都有过为了吃而吃的冲动，发现自己在菜单上选择了最贵的食物。许多人对诸如鸡蛋等食材如何

---

1   《约伯的摩利亚》第30卷第60节。

烹饪有点挑剔，他们屈服于诱惑，吃得比他们应该吃的分量多，或者说吃得远远超过他们的饱腹程度。考虑到现代社会的诸多影响将这种饮食习惯正常化，难怪暴食的罪恶在当今比以往任何时候都更加明显。

餐前小点

像我一样童年的大部分时间都在盯着电视看的人，很可能是在看儿童节目《芝麻街》(Sesame Street)时第一次接触到过度消费的概念。还记得饼干怪兽吗？他粗犷、忧郁、语无伦次、絮絮叨叨，是典型暴食者的化身。他的整个生活都围绕着"找到饼干，把它们塞进嘴里，饼干屑飞了起来，直到最后一块都被狼吞虎咽地吃下去"。然后，在短暂的停顿之后，他开始寻找更多的饼干，他的食欲似乎永无止境。

英国女性乔治亚·戴维斯童年可能受到了这样的影响。她曾被小报戏称为"英国最胖的青少年"，据报道，在她体重巅峰时，她每周要吃20根烤肉串，一整天都在狼吞虎咽地吃巧克力、薯片和喝可口可乐。2015年4月，她发现自己陷入了一种相当不愉快的困境——摔倒后不得不借助起重机，在12辆急救车的帮助下，被送往医院治疗，然后经历了7小时的手术。据报道，在她最胖的时候，体重已经越过了60英石（840

磅或381公斤）的大关。

暴食的常见心理动机各不相同，但通常首先是由身体形象问题引起的，反映出对负面情绪的一种固有反应。一开始是吃东西的冲动，是一种情绪自我管理的方法，但很快就会发展成一种对悲伤和焦虑情绪的强制、自动的反应。最近的一项研究调查了四种不同的饮食方式，它们通常会导致体重的病态增长。从程度最轻微的到最严重的依次是：狼吞虎咽（每天吃三次大量的食物）、吃零食（经常在饭后咀嚼）、放牧型（一整天反复吃少量的食物）以及暴食（完全丧失对食物摄取量的控制）。你自己的饮食习惯越排名靠后，你就越有可能发现自己的体重增加得越快。

《吉尼斯世界纪录大全》授予美国华盛顿班布里奇岛的乔恩·布劳尔·明诺奇"世界上最重的人"这一莫名其妙的荣誉。明诺奇先生于1983年去世。他最重的时候，体重达到了惊人的635公斤，相当于100英石（约1 400磅）。身高1.85米（6英尺1英寸）的他的BMI为185.5。就算明诺奇先生的病态肥胖是从40岁才开始，但他之前的BMI也同样惊人。然而，沙特阿拉伯的哈立德·本·莫森·沙里以BMI 204的成绩超过了明诺奇，位居BMI榜首。尽管沙里曾经的体重较轻（610公斤），但他也矮得多（173厘米）。由于该指数是以千克为单位的质量除以米单位的身高的平方（千克/平方米）来计算的，所以沙里最终在BMI方面胜出。这里使用过去时态不是因为他已经死了（在撰写本文时，他还活着），而是因为几年前，沙特阿拉伯国王命令沙里去医院接受医疗干预，帮助他减掉一些多余的体重。如果你感兴趣，网上有很多关于这个的文章。

到目前为止所讨论的一切都违背了暴饮暴食和肥胖是相辅相成的假设，但事实果真如此吗？由于"暴饮暴食"一词来源于拉丁语"gluttire"，意思是"狼吞虎咽"。虽然肥胖可能是这种习惯的结果，但暴饮暴食者不一定会变得严重超重。这更像是一种关于适可而止的态度。这个词的起源也有助于我们理解暴饮暴食和看似非常相似的"贪婪"概念之间的根本区别。虽然贪婪可能被认为是一种欲望，即想从任何给定的商品中得到超过你应得份额的东西，而暴饮暴食则是指大量吞咽食物或饮料。

从前被人看不起的暴饮暴食，现在成为值得被赞扬的才能，而暴饮暴食者中最能吃的大胃王则更会被大肆赞扬。自20世纪70年代以来，内森热狗店在纽约市布鲁克林科尼岛组织的著名的吃热狗比赛，每四个月就会举行一次。20世纪90年代，这项比赛的目标是在12分钟内尽可能多地吃热狗（面包夹法兰克福香肠）。2000年，这一纪录达到了惊人的25个完整的热狗——平均每分钟吞食率超过2个。然后，在2001年，一位来自日本的年轻男士参加了比赛，并迅速将比赛的热度再次提升。你能猜出这项纪录是以多大的优势被打破的吗？5个热狗？或许是10个？肯定不会再多了，对吧？被专家们称为"海啸"的泷谷大桥狼吞虎咽了多达50个热狗。你可能会认为，对于一个将维持了30年之久的快速进食纪录翻一番的人来说，泷谷大桥的体形一定相当可观。在你的脑海里可能觉得是像乔恩·布劳尔·明诺奇和哈立德·本·莫森·沙里这样身材高大的男人？相反，泷谷大桥并没有相扑型身材。他体重73公斤，身高1.73米，BMI为19，非常健康。这只是个例外吗？但事实并非如此。

2015年的获奖者是另一名日本男子梅卡德。他和泷谷大桥一样高，但是体重只有54公斤，所以他的身体质量指数只有18，可归类为"体重不足"。他在短短10分钟内就吃掉了62个热狗，平均每分钟吃掉6个以上。这件事又预示着什么呢？如果有所预示的话，那就是体重和胃容量居然不成正相关。也许更重要的一点是，当不参加大胃王竞赛时，"海啸"和梅卡德在日常生活中都会吃健康的饮食，这就是他们保持健康

BMI的方式。

另一位经常参加该比赛的选手乔伊·切斯纳特，在2013年的一场资格赛中，仅用10分钟就吃下了73.5根热狗。这超过了2万卡路里，是一个中等身材的人每日推荐摄入量的8倍多。尽管他们的BMI非常健康，但这些暴食者是否也会在审判日直接被投入地狱呢？

大胃王比赛在20世纪开始兴起，其目的可能是赞美那些消化器官能够经受住把大量食物塞进过度拉伸的胃里的考验的人。更有可能的是，这是一个聪明的营销策略，公关公司喜欢这种噱头。暴饮暴食的逐渐正常化，对生产高能量、低营养、长保质期的加工食品的跨国生产商的利润起到了极大的促进作用。这些产品包装方便，随时可以在当地的超市、加油站或快餐店购买。美味可口、价格实惠、热量高的方便食品的供应，直接导致了在全球范围内腰围的扩大。

像这样暴饮暴食并不是最近才初现端倪。人类沉溺于美食的诱惑可能从一开始就存在。主要区别在于，虽然在发达国家，暴饮暴食的危害似乎存在于社会经济地位较低人群，但在人类历史的大部分时间里，暴饮暴食通常只有富人能享有。

塔西陀（Tacitus）在公元64年提到尼禄皇帝的"终极狂欢"时，描述了当时对食物和饮料的过度消费。

另一位罗马作家彼得罗纽斯（Petronius）在他的第一部小说《萨蒂利孔》(*Satyricon*)中描述了一场荒淫无度的宴会，许多人认为这是世界上第一部小说。该小说以数不清的菜肴为特色，包括十二宫的每一个星座都有一道菜，还有从烤猪肚子里钻出来的活鸟这类杰作。玛丽·美第奇和法国国王亨利四世在佛罗伦萨举行的婚礼上，每桌有50道菜。英国国王乔治四世以他对酒神盛宴的嗜好而闻名，而酒神迪奥尼索司本人出席这类宴会都会四处寻找呕吐箱。顺便说一句，呕吐箱——像一个小便池，但为了更好地捕捉反刍的食物和酒精饮料而被提高到胸部的高度——仍然存在于世界上的某些地方。

主　菜

对于世界上许多生活在温带地区的人们来说，盛大的宴会一直是每年一度的传统，特别是庆祝丰收或在漫长、寒冷、饥饿的冬季结束时。然而，如今这种盛宴一年四季都可以在你当地的自助餐厅享用。正如我们所看到的，暴饮暴食在《吉尼斯世界纪录大全》中也很受欢迎，甚至还因有巨额现金奖励的大胃王比赛而备受追捧。现在，人们甚至会花几个小时的空闲时间在网上看别人吃饭。这种特殊的恋物癖在韩国非常流行，有些人甚至靠在自己舒适的家里吃大量的食物谋生。

　　暴饮暴食不同于其他的恶行，因为长此以往对身体造成的损害，通常是不可能向外界隐瞒的。无论是啤酒肚上挂着的腰带，还是酗酒者肿胀的鼻子中破裂的血管，这些迹象都很容易被发现。显而易见，在英国的大街上，到处都是快餐店，到处都是暴饮暴食的长期影响。在大西洋的另一边，美国的食品店以加仑为单位出售软饮料，在欧洲人眼里，甚至他们的正餐似乎也过于丰盛了。病态肥胖的蹒跚步态，就像现在世界各地郊区普通购物中心的汉堡店一样，随处可见。

　　人类这种逮到机会就过度吃喝的倾向究竟从何而来？为什么人类会进化出这样一种大脑，让我们难以抗拒甚至主动寻求高脂肪和高碳水化合物的食物？在人类历史的绝大多数时期，对我们祖先生存的主要威胁之一是食物供应不足。在当前粮食短缺的情况下，只要有机会，摄入比实际需要更多的卡路里是有十分必要的，因此人类大脑的食欲调节网络也随之进化。通过暴饮暴食，多余的卡路里会被储存在皮下和内脏周围的脂肪中，以帮助我们的祖先安全度过艰难时期。在石器时代，吃高热量食物是对未来的一种投资，是一种明智的生存策略。如今，发达国家的大多数人生活在食物过剩而非食物匮乏的环境中，人类历史上第一次出现了并非因为饥饿，反而与暴饮暴食相关的致死疾病。无知不是借口，自亚里士多德时代起，人们就知道，暴饮暴食和少吃一样对我们的健康构成威胁："超过或低于一定数量的饮料或食物会破坏健康，而适度的饮料或食物则会产生、增加并保持健康。"

也就是说，我们的整个神经化学[1]实际上是为了鼓励暴饮暴食而进化的。食物进入胃中20~30分钟后饥饿感才会被饱腹感所取代，这给了我们足够的时间"吃得太多，而超过了应有的标准"。当我们的胃隆隆作响时，它们会向血液中分泌一种名为胃促生长素的化学物质，该物质会到达下丘脑（大脑的荷尔蒙总部），以使大脑转而进入寻求食物的模式。除非出现需要紧急关注的更紧迫的问题，可以触发抑制食欲的肾上腺素和皮质醇的释放，否则在获得食物之前，寻求食物将是首要任务。然而，一旦我们吃饱了，产生饱腹感的荷尔蒙就会让人变得迟钝得多。肠道在这时会释放一种叫作胆囊收缩素的化学物质，脂肪细胞则释放一种叫作瘦素的物质，两者都能抑制饥饿感。这就引发了

1　生物化学的一个分支学科，专门研究神经系统的化学结构和效应。——译者注

从饱腹到饱腹感之间的时间差，因为需要几分钟才能在体内释放出足够数量的这些化学物质，使其到达大脑，最终对下丘脑的进食调节中心产生影响。这些抑制食欲的激素，再加上胃里的伸展感受器向脊髓发送的信号，最终会让我们摆脱饥饿模式，但这要等到我们把甜点塞进肚子之后。

这样做的一个结果是，我们吃得越快，我们通常就会在大脑真正意识到我们不再饥饿之前，把更多的东西塞进我们的胃里。吃得太多会消耗我们的能量，因为身体会将血液转移到肠道来处理所有吃下去的食物。这一过程包括：血液被转移出大脑，大量涌入扩张的血管，以便这些血管供应肠道吸收消化过程中释放出的所有化学分子。一顿大餐后，我们会感到昏昏欲睡，部分原因是我们的胃塞满了所有的血液，另一部分原因是荷尔蒙被释放到血液中，使我们保持久坐的状态，以阻止任何不必要的运动发生，否则将导致血液转离胃而回到肌肉或脑组织中。饱腹到饱腹感之间的时间差也解释了为什么大胃王比赛通常在相对较短的时间（10~15分钟）内进行。

纵观人类的史前历史，如果发生连续数周食物突然短缺的情况，肥胖会对生死产生至关重要的影响。米其林轮胎型的人的腹部、臀部和大腿周围都是一圈圈轮胎似的脂肪，一旦糖原的有限碳水化合物储存达到最高容量，所有这些多余的饮食热量就会储存在这里。无论你吃的是富含脂肪的食物，还是含有丰富碳水化合物的食物，所有过量的食物最终都会转化为皮下脂肪。在陷入食物短缺的困境时，我们的身体会蚕食这些储存，以防止因饥饿而过早死亡：这是一种进化的杰作。任何发现自己正在咒骂自己贪得无厌的胃口，以及由此产生的存在他们的身体上的不雅观脂肪的人都应该记住，如果他们的祖先缺乏这种储存多余热量的能力，人类很可能已经灭绝了。

　　贪婪的暴食者更容易生存下来，因为这些吃得过多的人积累了过多的脂肪，当老妈妈哈伯德[1]的那只碗柜里没有食物的时候，这些脂肪就能拯救他们的生命。而那些食欲较弱的人在他们成功地传递能够在餐桌上克制自己的基因之前，在食物供应困难时期通常就已经死亡了。

　　石器时代，暴饮暴食者比食欲不那么旺盛的人更有可能存活下来，这给我们留下了另一个在现代社会并不理想的大脑遗产，即对高脂肪和高糖食物的固有

1　　老妈妈哈伯德：童话人物，从碗柜里拿食物喂她的狗时，发现碗柜空空如也，由此引发了一连串的故事。——译者注

偏好。几项功能核磁共振成像研究显示，伏隔核对高脂肪高糖食物（如蛋糕、糕点和比萨）的反应要比健康的低卡路里食物强烈得多。伏隔核位于腹侧纹状体内，是大脑奖赏回路 [1] 的重要中枢（见图4）。

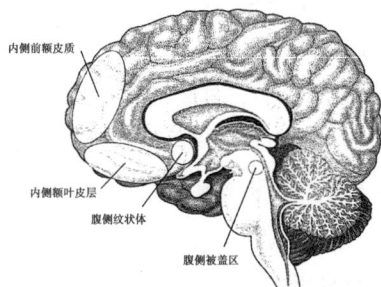

图4 腹侧被盖区是中脑的一部分。多巴胺能神经元从腹侧被盖区散发出来，与奖赏通路的其他部分形成连接。其他部分包括位于腹侧纹状体的伏隔核和内侧前额皮质，尤其是位于眼眶上方的内侧眶额叶皮层。

内侧前额皮质
内侧额叶皮层
腹侧纹状体
腹侧被盖区

奖赏回路由三个不同的大脑区域组成，它们使用多巴胺作为释放到大脑脑线（神经元）之间的间隙（突触）的主要神经递质之一，使电子信息通过一个神经元刺激或抑制链中的下一个神经元。多巴胺起源于中脑的腹侧被盖区，然后与腹侧纹状体的神经元连接，而这些神经元又与眼球上方内侧眶额皮质的神经元连接。这些奖赏回路结构可以帮助我们评估可供我们选择的方案，并做出各种决定。

1　也称边缘系统多巴胺奖赏回路，其功能是加工与奖赏有关的刺激，或是对奖赏的预期。——译者注

例如，当我们考虑早餐想吃什么时，腹侧纹状体会被更强烈地激活，因为根据过去的经验，相对于其他不太令人满意的食物，腹侧纹状体更容易倾向于那些能满足我们的饥饿感的食物。在其他条件相同的情况下，我们会选择在腹侧纹状体中触发最强反应的食物。与蛋清煎蛋卷或一碗普通谷物相比，我们对于诸如丹麦酥皮甜饼这样的高脂肪高碳水化合物的期待更高，所以往往会选择有更强烈的反应的糕点。这个系统的进化帮助我们做出各种各样的决定：不仅是饥饿时最好的食物选择，而且是口渴时喝水的最佳来源，以及发生性关系的最佳伴侣——所有这些最终提供的至关重要的作用，让我们能够活得足够长，以传递我们的基因。

在大多数人的生活中，想要吃美食的诱惑具有如此强大的力量，因为高脂肪、高碳水化合物的食物在大脑的决策机制中比低脂肪、低碳水化合物食物的选择更强地被激活。这是一个自先祖基因而来的特点，在过去，人们永远不知道下一个吃饭的机会存不存在；但在现代社会，人们居住的地方有很多商店和餐馆，里面摆满了廉价的高热量食物，让这种倾向变成了一个致命的缺陷。

第二道菜

随着其他成分被纳入神经系统中，该过程就变得更复杂了。我们将开始对影响我们吃什么、什么时候吃以及吃多长时间的过程有一个更全面的了解。

首先，一天中，我们做出健康和有规律的饮食决定的能力会随着时间的推移而减弱。虽然有些人可能会在一天刚开始时拒绝高脂肪和高糖早餐，而选择一碗健康的、有新鲜水果燕麦粥，但后来我们的决心通常会崩溃，可能会允许自己沉溺于一种甜腻的放纵。事实上，低血糖会使前额叶皮层的神经回路失去功能，而正是这一神经回路帮助我们控制自己抵挡不应该吃的食物的诱惑。具有讽刺意味的是，正是在我们最需要意志力的时候，我们的低血糖却迫使我们寻找诸如甜点类的食物，而这类食物正是大脑帮助我们做决定的禁区。事实上，低血糖不仅仅让我们屈服于进入快餐店的诱惑，还让我们变得急躁、愤怒，进而很容易做出各种草率、冲动的决定。一项研究发现，两餐间距时间太长会使人更频繁地剥夺他人的自由，甚至是法官们饿了都会影响到是否允许囚犯假释的决定。这项吸睛的研究表明，尽管一些案件并没有按照特定的顺序审理，但在法官休息后，犯人更有可能直接获得假释。如果血糖水平很低，无论是选择食物，还是更重要的事情，我们都不太可能做出好的、经过深思熟虑的决定。

如今，许多城市居民疯狂忙碌的生活导致了"压力饮食"的高发。我们像一只穿着溜冰鞋的猪一样四处奔波[1]，拼命地想从一张长长的"待办事项"清单上划掉几项，却被意想不到的延误、障碍和其他阻碍进展的因素所困扰，导致我们做出草率的决定。当我们意识到这个问题已经为时已晚，已经让自己变得绝对贪婪。这时我们会选择暴食来补充那些不断下降的血糖水平，饿得甚至能吃下一头牛。简单地看了一眼健康的饮食选择后，我们很快就开始给自己找一些听起来很合理的借口，来解释这个不可避免且意志薄弱的决定：如果我们应得一些诱人且美好的时光，那肯定是在满足自己的食欲之后。是的，让我们一起分享美食吧！

对于为什么不管有没有低血糖，我们的决心都会在压力下会蒸发，终于有人给出了科学解释。事实证明，压力荷尔蒙皮质醇对我们的大脑的两种作用，促进了对自我控制的彻底摧毁。

1　我从我的第一本书《整理你的大脑》（*Sort Your Brain Out*）的合著者、出色的艾德里安·韦伯斯特（Adrian Webster）那里借用了这句话。

●第一种作用：它提高了奖赏回路对看起来美味、闻起来美味的高热量食物的敏感度。

●第二种作用：它削弱了奖赏回路和大脑区域之间的沟通渠道，而正是该渠道负责抑制品尝这些美味诱惑的冲动。

鉴于自恋者在社交压力环境下倾向于过度释放皮质醇，这可能会对他们产生影响，甚至可能暗示了一种神经生物学机制，通过这种机制骄傲可能促使自恋者暴饮暴食。

前一夜的睡眠质量对食欲调节也有很大影响，人们总是在前一天晚上睡得不好的时候吃更多的食物。为了制止这个恶性循环，在睡前的关键时刻就不能吃得太多。因为酶会破坏食物分子之间的化学键，如果睡前吃得过多，会使胃产生多余的热量。这种额外的热量必须在你入睡之前消除，因为大脑在进入睡眠模式之前需要稍微降温。为了完成这个过程，当我们试图入睡时，手和脚的血管会扩张，以便更有效地散发多余的热量。顺便说一句，如果你是那种睡觉时喜欢把脚伸出被子末端的人，那么你是在本能地帮助这个过程。

最近的研究表明，神经肽催产素在调节食欲方面发挥着重要作用，这一概念得到了"舒适饮食"的支持。催产素最著名的作用是，当我们经历积极的社会互动，如拥抱（它通常被称为"安抚药"）或被称赞时，它能产生舒适和安全的感觉，它也能产生满足感。高蔗糖饮食会降低下丘脑中的催产素水平，导致人们寻求更多的食物 [1]。

所有这一切的结果是，人们对烹饪禁果的诱惑极度敏感，对它们的抵抗力也大打折扣。低血糖、高压力、困倦，甚至是感到无聊，这些似乎都阻碍了大脑中负责控制冲动的区域的活动，而这些区域本该帮助我们远离那些带给我们快乐却让我们发胖的食物。

这种无所不在的无纪律的无节制行为让我们的良知沉默，有必要让虚构的循环变成行动。我们的头脑中充满了听起来不太合理的借口和对我们软弱行为的辩解。在所有已有的影响因素中再加入酒精，会进一步侵蚀所有剩余的冲动控制；接下来，你会发现自己到最近的烤肉店的速度比你说出希腊红鱼子泥沙拉（taramasalata）这个词还要快得多。因此，任何想要对自己不断膨胀的腰围施加更多控制的人，都应该集中精力寻找有效和方便的方法来管理压力，改善睡眠质量（见第九章，第295页）。

1　蔗糖就是你家糖罐里的那种糖，一旦被摄入就会迅速分解成葡萄糖。

账 单

越来越多的科学家和医学家认为肥胖更倾向于食物成瘾，而不是道德弱点。为什么我们中的许多人屈服于原始的欲望，吃得比我们实际需要的要多得多，而且是经常如此，原因并不简单。这在一定程度上是由于家庭和整个社会对什么是正常分量的态度发生了变化，其中市场营销在形成这些态度方面扮演着重要角色。越来越多的证据支持这样一种观点，即一旦人们习惯于吃过多的高热量食物，但不进行燃烧这些额外热量的定期、高强度的体育锻炼，大脑内部就会发生根本性的变化，这些变化会在短短几年后变得根深蒂固。

脂肪不仅会在皮肤下堆积，还会在重要的器官周围堆积，这就是所谓的内脏脂肪，它是人类生命和身体安全最大的威胁。但令人振奋的是，对于那些主动决定减肥，但又因减重后体态还是不雅而气馁的超重人士来说，这种致命的内脏脂肪是首先消失的脂肪。一系列的核磁共振身体扫描显示，尽管皮下可见脂肪沉积转移速度非常缓慢，但更深层次的致命物质——确切地说，就是那些扼杀包括心脏、肺、肾脏和肝脏在内的重要器官的物质——正在迅速减少。

那些经常吃高脂肪或高碳水化合物食物的人，血液中所有的多余脂肪分子最终都会导致代谢紊乱。其中一个方面是肥胖大大增加了中风和心脏病的可能性。这在一定程度上是由于分别供应大脑和心脏的血管内壁积聚了一种黏性的脂肪物质。当为心脏提供24/7连续泵送所需原料的许多动脉逐渐变窄，超过一定阈值时，肌肉就会开始出现功能障碍，最终可能无法适时收缩（心律不齐），或者心脏肌壁的某些部分可能失去活力，完全阻止了泵血活动的发生（心力衰竭）。

中风与心脏病发生的过程非常相似，但受影响的血管是那些供给大脑的血管，而不是那些供给心脏的血管。当大脑这种贪婪的器官永远充满着新鲜血液时，有大量的输血管道可能会受到影响。如果首尾相连，大脑的血管可以延伸出400多英里（1英里＝1.609千米）——这相当于环绕伦敦的M25高速公路三圈！尽管大脑只占我们身体总质量的百分之二，但它消耗了血液中百分之二十的氧气和葡萄糖（这是休息时的数据，当我们集中精力做某件事时，会消耗得更多），而且由于没有储存空间，它需要持续的能量供应。

就像心脏血管一样，在大脑血管完全堵塞之前，它们会变得比平常更窄，这足以阻止它们供应的大脑区域发挥最大功能。有明确证据表明，重度肥胖人群存在轻度认知障碍。换句话说，各种思维过程会因肥胖而变得迟缓。部分原因可以归结于：大脑血管可以在不造成明显损伤的情况下，被完全堵塞。如果血管太窄，仅能供应大脑一小部分区域，就可能会造成所谓的"隐性脑梗死"，而该病症或多或少会被忽视。然而，它们仍可能导致轻度认知障碍等精神功能障碍。它们因为避免对大脑正常运作造成重大干扰而躲过了医疗雷达的监视。

然而，如果大脑中较粗的血管被黏稠物堵塞（最常见的部位是大脑中动脉），这就意味着更多的大脑区域将被封闭。这是一种全面发作的中风，通常会导致身体一侧瘫痪，而且大脑失去血液供应的区域会永久丧失其他认知功能。一旦部分大脑区域完全死亡，该区域将永远无法恢复。其他幸存的大脑区域有时可以重新训练，以弥补功能的丧失。但无论人们多么认真地对待他们的康复治疗，人们完全恢复正常的情况也是很罕见的（尽管不是不可能）。考虑到肥胖是导致中风的一个众所周知的危险因素，当人们注意到自己的衣服越来越紧时，他们可能会开始认真地重新考虑他们的饮食。

如果你只是超重，这些发现有望增强你阻止自己跨入肥胖的决心；如果你长期肥胖，这可能会帮助你更好地适应你所面临的真正挑战。不管怎样，做好心理准备，因为下面的内容可能会引起不适。

最近有研究表明，长期肥胖者的大脑与BMI较健康的人不同。长期以来，人们都知道肥胖与全身的低度炎症有关，这就是糖尿病、癌症和心血管疾病风险增加的原因。炎症在很大程度上是由于体内脂肪组织产生的促炎细胞因子的增加引起的。这些因子的增加，以及它们引发的炎症过程，现在正越来越多地与认知能力下降联系在一起。更重要的是，这些相同的物质似乎在与年龄有关的神经退化的大脑区域积累。可以毫不夸张地说，这意味着肥胖加速了大脑衰老的速度。

最近的一项研究比较了数千名不同年龄段的人的大脑和BMI，最终以一种便于理解和印象深刻的方式量化了肥胖对大脑造成的损害。人到中年时，体重超标会导致脑白质减少，而脑白质是神经元用来在大脑不同区域之间传递电子信息的线状连接。可以观察到中年超重者退化的脑白质几乎与十几岁的人相同，只是没有他们那么瘦的体型。我们认识到，这是肥胖者允许暴饮暴食的诱惑控制他们的日常饮食习惯而付出的真正的代价。从科学角度来看，肥胖可以被视为亚健康状况的一种，它会损害大脑，导致多种变化，从而增加对正常衰老机制的易感性。这或许可以解释，为什么一些研究发现高BMI不仅与较低的认知能力存在间接联系，甚至与患痴呆症和阿尔茨海默病的风险增加也有关联。

任何不幸被归入肥胖范畴的读者，可能会发现这条新闻令人望而生畏。虽然与诱惑相关的各种问题的可能解决方案在单独的一章中有描述（见第九章，第295页），但对于那些真正失去对自己饮食习惯的控制的人来说，为了避免现在的恐慌，有一项有趣的研究告诉他们，方法近在眼前。该研究在一组严重肥胖者中测量轻度认知损害的发生率，这些人中有一半人接受了胃束带手术。该手术使得胃被收缩，严重限制了一个人能吃的食物量，通常被限制为手术前食量的一半。仅仅一个月后，接受手术的患者中轻度认知障碍的病例就减少了近百分之五十。尽管手术是一种极端的选择，但它有可能拯救长期超重的人的大脑。只要一个人下定决心去改变，总会有希望的。

真的不可逆吗？

对长期肥胖的小白鼠和大鼠的影像学研究显示，与健康组相比，它们下丘脑的细胞形态（脑细胞的形状和大小）发生了变化，这些变化对反映身体和大脑能量状态的各种激素作出反应。具体来说，当我们吃饱时，这些细胞对缩胆囊素和瘦素等激素的敏感度会降低。在正常情况下，这些物质对控制食欲的下丘脑区域的影响是：一旦摄入了足够的卡路里，我们就会停止进食。与此同时，下丘脑的相关区域对胃饥饿素和其他表明热量不足的化学信号也表现出了更高的敏感性，促使人们产生寻找食物的冲动。

虽然肥胖对健康的其他影响，如内脏脂肪和心脏、大脑血管的收缩，可以通过更好的饮食管理和定期锻炼来逆转，但下丘脑的功能障碍似乎是永久性的。这给肥胖的人带来了比仅仅是超重的人更大的挑战——尽管大脑的食欲调节系统受损，他们也必须控制自己的食量。这表明，理想情况下我们确实需要在人们达到肥胖阶段之前采取行动，但鉴于现代发达国家食品环境的性质，这实在是说起来容易做起来难。

如果你认为人天生要么有肥胖基因，要么没有，这或许是情有可原的。毕竟，在大街上看一眼很快就会发现，如果父母超重，那么他们的孩子也常常是胖乎乎的。最近的研究表明，父母往往对孩子的超重完全视而不见；他们根本不重视孩子的体重问题。超重儿童有多少是先天性的遗传自父母基因的？又有多少是由于饮食习惯被父母传给孩子而后天养成的呢？虽然一般人的体形是遗传自父母的，但附着在这个体形上的肉的数量的多变性，远远超出了遗传学所能解释的范围。毕竟，孩子不仅继承了父母的基因构成，还继承了他们的饮食习惯、应对系统、对生活事件的情感反应和价值观。人类会模仿周围人的行为。孩子们效仿他们的父母和生活中其他有影响力的人物树立的榜样，这就是他们认识什么是正常行为的最初来源。肥胖是由自然基因而非后天经历造成的这一观点，受到致命打击的原因在于，最近的观察发现每一代人都比上一代重。代代相传的基因大多是相同的，所以这就意味着后天养成是肥胖的罪魁祸首。

与上一代人相比，人们锻炼得更少，但吃得更多。而且我们吃的食物比以往任何时候都要精细。食品加工包括从食物中去除营养成分，代之以高糖和高脂肪，使食物更耐存放，味道更好。在垃圾食品营销上的花费每年都在增加，广告预算的增加也反映了肥胖人数的增加。外卖、快餐店和超市竞相提供折扣，让人们花更少的钱，更省力地消耗比以往任何时候都多的卡路里。有很多类似这样的对话：要超大号的？噢，那行！你想在上面加奶油吗？本来不用加，但是既然你都提了，那……

过多摄入高热量、无营养的食物，让我们身体摄入的糖分一直保持很高，跨国公司完全可以利用我们整天吃零食的愚蠢习惯大赚一笔。这就像坐过山车一样有起有伏，本来的高血糖水平在饥饿诱导下会血糖偏低，促使我们冲向最近的甜食，这可以让人们的血糖迅速升高（多亏了胰岛素的大量分泌），然后你的饥饿感就会随之降低，这又会让我们的血糖水平再次飙升。对很多人来说，这种永恒的循环每天都在发生。年轻时养成的饮食习惯不可避免地会伴随我们进入成年期，所以广告的目标受众越来越年轻。世界各地蹒跚学步的孩子在掌握字母之前就能正确识别大多数主要的快餐品牌。难怪肥胖率一直在飙升。

总　览

当发现世界上1995年时的2 000万肥胖人口在2000年飙升至3 000万时，很明显，全球对抗肥胖的斗争毫无进展。在20世纪90年代，旨在解决这一问题的健康运动的重点往往围绕着少吃肥肉等高脂肪食物。然而，由于过于强调高脂肪食品在增加腰围方面的危害，而忽视了向大众传达过量碳水化合物（面包、蛋糕、糖果和含糖饮料）也会转化为脂肪这一结果。人们认为只要食用低脂食品，自己就想吃多少就吃多少。不幸的是，制造商们正在努力设计生产"低脂肪"食品，但如果有人费心去查看成分表，会发现这些食品通常比"正常脂肪"食品含有更多的卡路里。

英国的儿童每天的糖摄入量是建议摄入量的三倍，成人则是建议摄入量的两倍，其主要来源是含糖软饮料。推荐的每日摄糖量应不超过每日卡路里摄入量的百分之五，对于11岁或11岁以上的人来说相当于30克糖。一罐普通大小（330毫升）的可口可乐或百事可乐（含糖量均为10.6克/100毫升），就含有超过30克的糖。很明显，看看每年花费数百万英镑的软饮料广告，扭曲了我们对饮食中额外糖分的可接受程度。

既然我们对饮食的关注已经从避免脂肪转向了避免过量的糖，就有了一种低卡路里的人造甜味剂可供选择。但可惜的是，即使是这种看似明智的做法也注定要失败。事实证明，人造甜味剂只会促使我们寻找更多的高热量食物。在一项研究中，一部分实验动物被喂以健康的食物，另一部分则被喂食添加了一种受欢迎的人造甜味剂的同样的食物，而那些吃了甜味剂的动物总共多消耗了三分之一的卡路里。据观察，甜味剂也会导致失眠。而众所周知的是，睡眠质量差会增加第二天选择高热量食物的可能性。虽然类似的研究还很少，但这些早期已有的发现至少可以让人们在又一次要喝一瓶3升的"减肥"碳酸饮料时，停下来想一想喝下它会产生的后果。你可能已经被经常看到的广告所说服，认为这是更健康的选择，但你的大脑会发现甜味和热量不足之间的区别，并推动你的下丘脑进入寻找食物的模式，以努力弥补缺失的能量。

正如上面提到的，肥胖家庭的基因组成往往没有什么问题。问题在于父母自身成长的环境，以及他们抚养孩子的环境。关于我们应该吃什么食物、如何最好地准备饭菜、每天吃多少、什么时候吃以及为什么吃等方面的教育也存在缺陷。此外，还有一个原因是显而易见且证据充分的营销阴谋，在一定程度上有意对我们所有人进行了洗脑。人们的观念已经发生了转变，使得每天摄入的卡路里比任何人实际消耗的都要多，这似乎变得正常化。但如果我们不想让我们的医疗体系被肥胖相关的医疗账单压垮，我们唯一的希望就是通过简单易懂、清晰描述的信息来平衡这些不健康的影响，这些信息应该是关于可负担的替代品，而不是美味但营养不足的食物和饮料。

干预措施最有效的时候，是在人们的行为还没有形成相对固定的模式之前将其作为早期干预的对象。一个改变普通青少年饮食习惯的非常有效方法就是让他们生气，避免他们吃天生就喜欢吃的那些脂肪和含糖的美味食物。将他们的注意力转移到与大型、资金充足的跨国公司有关的不公平上，这些公司从流行肥胖中获利，甚至尽其所能鼓励肥胖，实际上对青少年的饮食习惯产生了影响。每天摄入更少的卡路里，再加上鼓励他们将日常锻炼视为生活必不可少的一部分的干预措施，是防止大脑变化的关键，而正是这些变化让我们陷入糖分过山车。而且，一个人越早开始实施干预措施，就越不可能跨入肥胖的门槛。在这里，我们不应该详细讨论我们可能选择的用来减少诱惑的策略；有一整章专门讨论这一点（第九章，第295页）。无论如何，在我们有希望摆脱肥胖之前，还有很多其他恶习需要警惕。

我们将要讨论的下一个恶行与暴饮暴食罪密切相关。正如圣巴兹尔敏锐观察到的那样："通过味觉上的触觉——总是通过吞咽诱惑暴食——身体被内部无法控制的冒泡、柔软的幽默所滋润和挑逗，被带向性交的触觉。"

第四章

色 欲

欲望之于其他激情，就像神经液（nervous fluid）之于生命；它支撑着所有人，赋予他们力量；野心、残忍、贪婪、报复，都是建立在欲望之上的。

——萨德侯爵

我们来谈谈性。但首先需要警告一下，这一章不适合胆小的人阅读。如果你是一个拘谨、敏感或容易被冒犯的人，希望你直接跳到懒惰（第五章，第153页）。我是一名经过训练的神经生物学家，换句话说，我是一位选择专注于人体，尤其是大脑的生物学家。当一位生物学家从客观科学的角度描述性唤起机制时，原本简单、严肃、直接的表达事实的方法很可能被误认为是粗俗的。我花了很大的力气来调整我的语言，尽量减少冒犯他人的可能；但是，尽管我尽了最大的努力，对于一些人来说，接下来的部分内容可能还是会让他们读起来不舒服。如果其他人不读到这一章的末尾，是不会知道为什么我说的任何话都可能被解释为令人反感的语言的。我已经尽了我最大的努力，在一堆真正有趣和相关的瀚如烟海的材料中找到了一个解决办法，希望能让各方满意。我觉得重要的是不要回避那些更具煽动性的话题。为了避免让人不快而放弃这些话题是很有诱惑的。我无意冒犯，仅为告知。

在探索与色欲之罪相关的科学时，我们最关心的是性行为。从可能造成伤害的角度来看，这种行为可能被合理地认为是反社会的，是一种驱使人们分开而非团结在一起的力量。为了实现这一目标，我们将着眼于宗教认为哪些特定的性行为是不合适的，并考察这些观点在多大程度上经受住了时间的考验。我们将会思考性唤起到底是什么，并将评估几种研究人们对各种性欲刺激的生理和神经反应的途径。最后，我们应该更清楚地了解，当人们做他们知道不应该做的事情时会发生什么。

从历史角度看性

各大宗教在许多问题上意见不一，但似乎都对通奸持否定态度。对于什么是通奸，不同的宗教有不同的定义，但在欺骗配偶这个问题上，所有的宗教似乎都是一致的：此等行为应被明令禁止。佛陀对通奸行为的谴责可能是力度最轻的："如果一个人对妻子不满，被人看到他和妓女或和别人的妻子在一起，那这是一个人堕落的始因。"印度教的警戒性更强："通奸的人会在当下和未来受到惩罚；他将被处以阳寿减短的惩罚,当他死后则会坠入地狱。"伊斯兰教对婚外性行为规定了严厉的惩罚,并发出了严厉的警告:"不要试图通奸。"瞧!通奸是可憎的事,是恶道。当然,犹太教和基督教的传统把"不可通奸"作为十诫之一。

当圣格里高利在世时,他列出的七宗罪中有"Luxuria"这一拉丁语术语,大致被翻译为"奢侈罪"(extravagance)。这不仅局限于性行为意义上的欲望,还涉及其他目标广泛的欲望。它禁止贪图他人的财产、妻子、奴隶和任何其他奢侈品。我们今天所知道的"色欲"这种恶行,只在中世纪才特别关注性行为。到了13世纪,圣托马斯·阿奎那开始涉足其中时,那些被明确禁止的性行为被列入鸡奸(奢侈罪下的第六种罪行)的范畴。鸡奸禁止很多事情:禁止自慰,禁止使用性玩具,禁止肛交,禁止同性恋,禁止与其他物种交配。为了追溯这些特定的性行为被认为是恶行的背后的原因,让我们回到许多世纪前发生的哲学辩论。

最早关于什么是可接受和不可接受的性行为这一主题的基督教著作是出了名的含混不清。亚历山大的克莱门(Clement of Alexandria,150—215年)发明了亚历山大规则,来简化该事:如果目的是生育,性行为是可以接受的,除此之外的其他目的的性行为都是不被接受的。在鸡奸罪的标题下被禁止的具体行为似乎都很好地迎合了亚历山大规则，而亚历山大规则本身就是从"违反自然罪"（拉丁语"contra naturam"或希腊语"para physin"）的概念演变而来的，也就是说，其他目的的性行为违反了自然天性。据悉，克莱门的思想受到另一位亚历山大主义者菲洛（Philo，公元前20—公元40年）的影响，他写作"违反自然罪"主题的最初动机被认为是源于对男人与男孩发生性关系的强烈反对。在那个时代，该行为在他的家乡十分盛行。

如今，对于人类性冲动可能造成的潜在危害，人们的态度大相径庭。对一些人来说，自慰是一种罪恶的行为，而对另一些人来说，自慰不仅无害，而且可能保护潜在前列腺癌患者免受癌症的侵害[1]。有些人认为，如果一对未婚的成年人是同性，那么他们之间的性行为是令人厌恶的。另一些人则认为，鉴于动物界对同性恋的记载范围之广，认为它可能在某种程度上"违反自然"肯定与事实不符。也就是说，我怀疑地球上绝大多数人，无论他们的信仰或教养如何，都不会认同恋童癖。当谈到恋童癖可能造成的身体伤害和长期心理伤害时，大多数人会认为这种性冲动发生率很

1　在20岁到50岁之间频繁自慰与前列腺癌的发病率降低有关。

低。这个相当令人不愉快的话题，将是我们探索色欲之罪的第一站。

恋童癖

医学文献中描述了一位40岁的已婚男子的案例，尽管他一生的行为完全文明，但他产生了非典型的性冲动，并最终超出了他的控制。他曾是美国监狱的一名狱警，在成功获得教育学硕士学位后开始教书。与第二任妻子关系稳定的两年后，他开始光顾妓院，收集儿童色情作品。在他对他未到青春期的继女进行性挑逗后，她立刻把他的行为告诉了她的母亲，而她的母亲又向警局告发了他。由于被判猥亵儿童罪，他接受了一个十二步性罪犯康复计划，以避免被判监禁。在康复期间，也发现自己也无法抗拒性冲动。他不仅向参加该项目的其他女性参加者寻求性帮助，甚至还向那些管理该项目的人寻求性帮助。他以前是个负责任的人，没有不当性行为的前科，突然发现自己被淫欲之魔，即在第二章提到的宾斯菲尔德主教附身了。这个男人知道他的所作所为在道德上是不被接受的，这就是为什么他把越来越多的恋童癖图片作为一个谨慎保护的、有罪的秘密来保存，然而他发现自己仍然无力抵抗。

就在他出庭受审的前一天晚上，他开始感到头痛，平衡能力也出现了问题。他很快被送往夏洛茨维尔的弗吉尼亚大学医院进行脑部扫描。扫描显示，他的右眼眶额叶皮层（位于眼窝上方的大脑区域）有一个巨大的肿瘤 [1]。在通过手术切除了鸡蛋大小的组织块后，可怕的头痛消失了。令人惊讶的是，他的恋童癖冲动似乎也奇迹般地消失了。监狱里的心理学家很放心地证明，他异常的性冲动被彻底地消除了，由于手术，这个男人不再对孩子构成威胁。他被释放出狱，并获准回家与妻子和继女再次生活在一起。

然而，几个月后，他收集色情作品的欲望又回来了，随之而来的是严重的头痛。这促使他寻求医疗帮助，进一步的脑部扫描显示，肿瘤已经重新生长。进行了同一项手术过后，不仅再次消除了他不适当的性冲动，而且自他第一次手术以来一直存在的各种认知障碍也得到了改善。他的字迹从前难以辨认，现在可辨认了；他无法准确地复制钟面的缺陷得到了弥补，先前受损的大脑功能的其他几个方面也得到了弥补。恋童癖倾向像这样被开启和关闭是前所未闻的；这当然不是

1　眼窝（eye socket）的医学术语是"眼眶"（orbit），眼眶前额皮质（OFC）是额叶的一部分，位于眼睛"眼眶"的顶部。

一个典型的例子。

恋童癖者通常在40岁之前就对儿童产生了性兴趣。有人认为上文案例中的男子可能一直是个恋童癖者，而肿瘤干扰了他控制这些性冲动的能力。我们不清楚这是不是真的是一个值得争论的问题。当然，他并不仅仅被孩子们引起性欲，因为在他康复期间，他也和成年人进行性行为，所以肿瘤可能在某种程度上增强了他的性欲。无论如何，他都有可能一直是个恋童癖者，尽管他能够成功地抑制自己的冲动，直到肿瘤干扰了这种能力，明确这一点很重要。

世界上很多人的性欲都是被文化规范，特定法律和宗教教义所禁止的。他们知道这些冲动是错误的，就能够积极地抑制它们。他们通常对社会如何看待那些冲动行事的人有充分的理解。即使在监狱这种通常与强烈道德感无关的环境中，恋童癖者也经常与其他囚犯分开关押，以保护他们不受攻击。当恋童癖者在当地社区被发现时，他们往往发现自己处于语言虐待、身体侵犯和暴力行为的接收端。因利乘便欺凌弱势未成年人的男人和女人在监狱内外都会受到辱骂。

我们从统计数据可知，在任何一个特定的社区，都会有一定比例的人因为这样或那样的原因，发现对自己而言，孩子的性吸引力比成年人更强。尽管这种想法令人不快，但我们应该如何利用这些知识处理问题呢？我们中的大多数人都对这些人感到非常厌恶，以至于我们像鸵鸟把头埋在沙子里一样自欺欺人，假装什么都没发生。但事实上它确实存在，忽视这个问题并不能解决问题。从他们的角度看问题是十分有帮助的。如果一个人感到恋童癖冲动的发作，想要寻求帮助来抵制这种离经叛道的欲望，因为他知道社会、法律和宗教都认为这种冲动是可憎的，那么他们的选择是什么？鉴于公众舆论通常都希望看到恋童癖者受到最严厉的惩罚，因此不难理解他们为何不敢寻求帮助。性侵儿童的罪犯，也就是那些对儿童有性冲动且真正被抓住的人，只是该类人群中的冰山一角，还有很多人会感受到这些冲动，但却无法控制它们。这是一个令人担忧的前景。

如果想正面处理这个问题，而不是让恋童癖者在网上寻找志同道合的人（这只会让事情变得更糟），难道不应该向这些人提供一些帮助吗？就算不是为了保护他们的利益，也至少是为了保护未来潜在的受害者？1992年，美国佛蒙特州建立了一个电话服务机构，提供此类援助。自那以后，类似的援助机构也在德国一个被称为邓克尔菲尔德的社区或被称为"达克菲尔德"的地方建立起来。在英国，"请住手"办公室通常每月处理700到800个电话，由于人手短缺，估计每月错过的电话数量是这个数字的两倍。

除了为那些尚未犯罪的人提供心理咨询外，有一些药物也可以用来帮助抑制性犯罪者的越轨冲动。这两种疗法都不能说是完美（见第九章，第295页），但它们总比让这些人自生自弃要好得多。如果我们能更好地理解恋童癖者的大脑究竟出了什么问题，那么我们肯定能找到更好的方法，来减少对无辜儿童造成严重伤害的威胁。

为了确切理解我们所面对的问题，我们不能仅仅依赖一个单一的、一次性的案例研究，即男性的恋童癖倾向与奇怪的肿瘤相关。我们需要的是一大批对儿童的性兴趣在整个成年期都是一致的恋童癖者，以便将他们大脑中的性反应与非恋童癖者对照组的大脑进行比较。幸运的是，由于詹姆斯·康托尔博士（Dr James Cantor）和他的同事们在加拿大多伦多不同的科学机构和医疗机构研究了十多年，我们现在对恋童癖者的大脑有了更好的了解。

2008年，康托尔博士和他的同事公布了一项有趣的发现，他们注意到恋童癖者大脑的白质区域与非恋童癖者相比存在显著差异。大脑的白质由神经元组成，这些神经元连接着大脑前部和后部、左脑和右脑之间以及外皮层表面和核心的密集网络。由于一种名为髓磷脂的绝缘脂肪包膜可以帮助信号以每秒150米的速度沿大脑导线跳、跳跃或跳转（hop，skip and jump）[1]，而没有髓磷脂包裹的神经元每秒可能只有10米的速度，高速电子信息可以沿着这些"信息高速公路"传递。正是这些速度更快的髓磷脂包裹物，使"白质"的外观比大脑外层的"灰色"物质更白。

在恋童癖者脑中，其中两个白质区域的密度比平常要小，这表明大脑特定区域之间传递信息的能力降低了。你可以把这些通过大脑的线路想象成从高速公路退化到B级公路，或者从超光速宽带退化到拨号上网。他们观察到的两条信息高速公路中的一条穿过了大脑的一部分，这个部分几乎肯定会被我们之前提到的那位40岁的老师脑内的鸡蛋大小的肿瘤所压缩。这有可能只是一个巧合。但另一方面，这可能表明，这条特殊的途径在他一生的大部分时间里都与抑制不正常的性冲动有关，但随着肿瘤的生长，它后来变得无效。我们永远无法确定这一点，但这代表着一个明确的可能性，是指向未来干预的潜在目标。

2016年，康托尔和他的同事发表了另一项大规模

1　*Hop，Skip and Jump*，一首著名的英文儿歌。

的核磁共振成像研究。这一次，当受试者在扫描仪中时，研究组关注的是大脑不同区域之间的功能连接而不是结构连接。他们再次寻找恋童癖者大脑与非恋童癖者大脑之间的共同差异，这可能用于解释他们的异常性行为。这类研究通常使用主观测量来确定参与者的性偏好，如填写调查问卷。因此这种方法很容易受到人们故意提供错误信息的影响，从而扭曲结果。为了避免这个问题，该次研究采取客观的措施，即监测观看情色图像时流向阴茎的血液，以证实恋童癖组的性欲确实更多地被儿童色情图像所激发，而非恋童癖组的性欲只被成人色情图像所激发。这只是为了确保恋童癖群体完全由真正的恋童癖者组成，因为非恋童癖者群体对未成年人是完全没有性冲动的。自这些研究小组成立以来，他们在扫描仪内实际上并没有给出任何色情内容。然而，与非恋童癖者相比，在恋童癖者的23个不同的大脑区域中，有20个区域在组成性反应网络的大脑区域内，这些区域在静止时表现出更高的功能连通性。性反应网络是一个由相互作用的区域所组成的网络，在大量完全不同的大脑扫描研究的基础上，可知这些区域参与协调健康大脑中的性反应。很少有脑成像研究能如此完美地叠加在一起，这表明恋童癖者的大脑与其他人的大脑在本质上是不同的，即使在静止状态下，他们的性反应网络也更加紧密地整合在一起。

重要的是，当试图处理社会上恋童癖者的问题时，要意识到他们大脑的结构和功能连接是不同于其他人的。控制我们其他人健康性反应的性反应网络区域在恋童癖者脑中似乎非常活跃，即使是在休息时。当他们躺在核磁共振扫描仪上时，不需要做或想任何事情，他们的性反应网络也持续活跃。而对我们其他人来说，这些大脑区域只有在我们观看色情图片或在扫描仪中受到身体性刺激时才会亮起来。

和其他人一样，恋童癖者无法控制大脑中产生性反应的机制。与其他所有人不同的是，如果他们真的按这种冲动行事，孩子们就会受伤。虽然冲动本身是自动的，但他们是否按照自己的冲动行事却完全是他们自己的责任。掌握两者的区别是很重要的。他们必须对自己的行为负全部责任，但与此同时，他们不能因为自己的性兴奋而受到指责。因为人们对此无能为力而憎恨它们本身，是不公平的，更重要的是因为该行为对试图减少恋童癖问题造成的威胁无益。几乎可以肯定的是，有大量的人在他们的生活中从未犯过罪，但却暗藏着恋童癖的冲动。这些冲动之所以产生，是因为他们的大脑与其他人不同。我们不应该让我们对这种人的厌恶，驱使他们进入互联网的黑暗角落，在那里他们可能会找到志同道合的人，由此他们会更难抑制这些冲动；我们应该尽我们所能，帮助他们更好地控制自己的冲动。在英国，百分之三的女性和百分之一的男性在儿童时期遭受过强奸或强奸未遂，这一比例很高，因此我们必须尽快将对恋童癖者的干预视为一种保护儿童的方式，而不是表现出对魔鬼化身的同情。好吧，你可以放松了，最不愉快的话题已经过去了。不过在你继续阅读之前，你可能想去洗洗手。一些研究表明，大脑对于生理厌恶和心理厌恶的反应非常相似。就像你可能对我们刚刚讨论的话题感到有点不舒服而洗手一样，即当我们被污物覆盖时通常会做感到更舒服的事情，所以洗手可能会帮助你消除残留的心理不适。这听起来可能很奇怪，但有证据有力地支持这一观点。当你洗完手回来时，你将准备好好了解性的乐趣，因为我们下一个要探讨的话题是日常的、健康的性唤起的生物学，以及一系列奇怪的证据，这些证据表明，心理厌恶并不像你想象的那样类似于生理厌恶。

性兴奋

人类大脑中的性唤起可以通过多种不同的方式实现。性兴奋的主要中枢位于下丘脑，是一个被称为室旁核的区域，所有这些不同的触发因素最终都被传导到这个中枢。它负责制造各种激素，这些激素从脑垂体释放到血液中，并在身体和大脑中循环。在性刺激下，垂体释放的激素刺激女性卵巢和男性睾丸释放性激素。大脑的性回路，即上面提到的性反应网络，可以通过一系列不同的感官刺激来开启。它可能是对生殖器、乳头或乳房的触觉刺激；或视觉刺激，比如瞥见诱人的身体轮廓；或嗅觉刺激，当有人从你身边路过时闻到的一股香味；或听觉刺激，一个人声音的具体特征；即使是纯粹的心理活动（仅凭想象）也完全足以完成这项工作。医学文献中，有一位女性甚至每次刷牙都会达到性高潮。说到性高潮，虽然男性性高潮一直被认为是生殖过程中不可或缺的一部分，因为它能成功地将精子放入阴道，起着非常重要的作用，但女性性高潮的生理功能一直是科学研究中的一个谜。事实证明，女性的性高潮导致纤毛（连接子宫和卵巢输卵管的细毛）有节奏地跳动，这种方式选择性地将精子送到实际上含有卵子的输卵管中。因此，女性的性高潮很可能起到提高受孕概率的生物学作用，一部分是通过阴道壁的收缩来帮助精子进入子宫，另一部分是通过纤毛发出的密集波动将精子吸进合适的输卵管。

无论男性还是女性，性高潮前的性兴奋状态本质上都与生殖器血管充血有关，其目的是提高血压。这是通过扩张血管，将血液输送到阴茎或阴道，以及收缩那些带走血液的血管来实现的。简单来说，就是让更多的血液进入生殖器，而不是流出。血压升高会导致阴茎内特殊的海绵状组织随着血液膨胀而膨胀，从而增加阴茎的长度、宽度和硬度，从而导致男性性器官勃起。女性性器官中血压的升高导致阴道的长度和宽度增加，并诱导润滑液进入阴道。它还使阴蒂[1]充血以增加其表面积。所有这些过程都使用完全相同的生物学技巧来为男性和女性的性交做好准备。许多不同类型的感觉信号都能触发这一过程，不管别人告诉你些什么，这种反射都不受意识控制，它是完全自动的。尽管坊间的报道表明，想象你的祖父母在这些生理过程开始时不赞同地看着你，或者有任何其他与性兴奋不一致的想法，都可能让它偏离轨道。

虽然很多现象都能引发性兴奋，但当涉及对某个

1　大多数人所知道的阴蒂只是该结构的头部，它的表面下也有一个广泛的结构，一直延伸到阴唇内侧。

人有效的方法时，没有两个人是完全相同的。就像大多数事情一样，这取决于先天和后天的结合。从生物学上讲，每个人的基因禀赋都与其他人略有不同，除非你恰好是同卵双胞胎的一员。同样，每个人的生活经验的积累也会有所不同，即使是同卵双胞胎也是如此。根据每个人独特的先天基因和后天生活经历的结合，能让一个人兴奋的事情对其他人可能毫无帮助。每个人都是不同的。

一些女性发现，操控阴蒂是达到高潮最可靠的途径。对另一些人来说，阴道刺激是获得性满足的唯一可靠途径。有些人可能会发现子宫颈[1]是达到高潮所必须探测的关键身体部位。对另一些人来说，则是三者的结合。至于男性，一些人发现自己看到一个大屁股和丰满的胸部而兴奋，另一些人则更喜欢身材苗条的女性，她们有着优雅的臀部和无视地心引力的乳房，还有一些人只有在看到一个英俊、穿着考究、体格健壮的男性时，才会感到兴奋。究竟是什么触发了两腿之间生殖器充血的感觉，因人而异。正如我们即将讨

1　这一发现最早出现在开创性的性研究中，研究对象是脊髓损伤的妇女，这些损伤阻止了阴蒂和阴道的接触信息到达大脑，而子宫颈传递信息的机制是完整的。

论的，对哪种性刺激会导致不同性信仰的人的性唤起的研究，并不像看起来那么简单……

一个有趣的研究机构调查了不同性取向的人对各种色情电影的反应。该机构将所有描绘异性或同性性行为的色情作品分为三种不同类型，参与研究的人是四个不同群体的代表：异性恋男性、异性恋女性、男同性恋者和女同性恋者。因为使用的是体积描记法测量性唤起，就导致性唤起难以用科学的方法被描述。在男性中，阴茎体积描记法需要在阴茎底部安装一个可膨胀的套圈来测量周长的变化。体积描记法用于妇女，则是在阴道中插入一个卫生棉大小的发光探针，用来测量从阴道壁反射回来的光的强度。这是随着血管扩张而变化的：血液越多，反射回来的光就越多。在这两种情况下，体积描记法都是测量流向生殖器的血液流量的变化，以此作为性唤起的指标。

结果出乎意料，令人难以置信。男性的性唤起非常专注于他们特定的性取向的目标，也就是异性恋男性的女性、同性恋男性的男性。异性恋男性对女性的性行为非常专注，不管他们在做什么，不管对象是异性恋女人、同性恋女人还是其他性取向的女人，只要现场有一个裸体女人，就会产生可靠的、客观的、可测量的性唤起。这并不奇怪。两个男人在一起做爱会让男同性恋者兴奋，但如果是涉及女性的性行为，则不会发生性唤起。在这种情况下，无论色情短片中的女性是与一名男性发生性关系，还是与另一名女性发生性关系，体积描记法都没有显示出男同性恋阴茎周长的增加。这正是研究人员所期待的结果，但当他们看到女性参与者的数据时，惊喜就开始了。

不管这些色情材料是否符合她们所陈述的性偏好，所有的女性对每种不同类型的色情作品都表现出一定程度的客观测量的性反应。异性恋女性、同性恋女性都被异性恋、女同性恋和男同性恋之间的性行为所激发，这可能表明生殖器血管充血与性唤起无关，但这似乎不太可能。另一种解释是因为阴道润滑的作用。阴道润滑是血管充血的后果之一，只要在近邻环境中发生性行为，不管它是否符合相关女性的品位和性兴趣，阴道润滑都会发生。为了支持这一解释，这些研究材料还使用了第四类材料：猴子做爱。所有的男性，不管是同性恋还是异性恋，都没有因为猴子的性行为而产生性欲。相反的是，所有的女性在性唤起的客观测量中都表现出了更强的反应，这与她们的性偏好无关。这种控制条件有助于使人们认识到，对性刺激的生理反应与对性的心理渴望是两个独立的问题。认为所有这些女人都想和猴子做爱，这显然是荒谬的。当然，物种间的性吸引确实会发生，但因为这些发现实在是太罕见而无从解释。

这些数据表明，女性性唤起的生理成分可能是一种旨在保护阴道免受损伤的反射。这些自动反应与其说是自愿发生性行为的表现，不如说是通过保护阴道壁不被撕裂，将潜在致命感染的概率降到最低。为强奸受害者提供咨询的治疗师非常清楚，强奸过程中阴道润滑甚至达到性高潮，是很常见的。这种情况，往往是受害者巨大的罪恶感和心理混乱的来源。它通常被误认为是一种表明受害者可能在某种程度上享受了这种经历的迹象，或者更糟糕的是，它构成了某种形式的默许。从纯进化的角度来看，它似乎更可能是一种旨在保护阴道管不受损伤的保健反射；一种保护性交中脆弱的阴道管的非自愿反应。

异性恋女性很少或根本无法控制的性反应的另一个方面是，她们月经周期的阶段会影响她们对典型男性化男性的吸引力。男性体内的睾丸激素越多，他的生理机能就会变得越男性化。即使是在很远的地方也能看到和听到这种男子气概，这是因为高睾酮会影响男性身体几个不同部位的发育。与睾丸素分泌较少的男性相比，它能让男性下巴更宽；对喉部的影响则会使男性产生更深沉、更共振的声音；肩膀通常会更宽，身体通常会更有肌肉；通常会有更厚的头发和更粗、更密的胡须。研究人员让异性恋女性在月经周期的不同阶段接触不同类型的男性面孔、身体和声音，结果发现，其吸引力规律的波动表现出可疑的节律。在生育周期的阶段，女性对更具男子气概的面孔、身材和低沉嗓音的吸引力评分略有上升。而在月经周期的非生育周时，更女性化的男性面容、身体和声音吸引力评分略有上升。把这些观察结果结合起来，就可以合理地解释为什么一小部分男性在抚养另一个男人的孩子时，甚至意识不到他妻子的背叛。这个解释并不简单，所以深呼吸，让我们开始吧。

要遵循这一理论的逻辑，你需要掌握的第一个概念是，高睾丸激素被认为是一个强大的免疫系统的象征，因此是高质量的基因。将高睾酮与强基因等同的原因是睾酮抑制免疫系统。我们认为，如果一个男人体内的睾丸激素在免疫系统长期受到抑制的情况下仍然健康、强壮——有着高大宽阔的肩膀身材、深沉的嗓音和浓密的胡须，那么他们首先必须拥有一个非常强大的免疫系统。然而，与此同时，那些睾丸激素水平高的外部迹象都可能预示着未来任何潜在后代的基因优势，即强壮、有吸引力和强大的免疫系统，但它们也预示着某些劣势。与循环睾酮水平较低的男性相比，睾酮水平高的男性可能更有男子气概、更冲动和倾向于机会主义，这使得选择他们作为长期伴侣是个糟糕的选择。

对于我们的祖先来说，这是几千年来一个至关重要的考虑因素，关系到每个在一夜情中怀孕的孩子最终的生存前景。由于性伴侣的选择对一个人的基因可能会有着代代相传的明显的影响，因此人们认为，本能地预测未来的情人是否有可能留下来共同养育后代，这已成为女性对男性的性吸引力的复杂方程式中的一个因素。

将这些因素综合起来，可以预测以下最佳育种策略。比如，在每个月的大部分时间里，身体特征显示睾丸激素水平较低、面孔更友好的男性对女性的吸引力更高，这表明人们往往会与典型的好人建立长期的伙伴关系，他们不那么强壮，因此更有可能忠诚。在生育周期，更具有男子气概特征的吸引力增加，比如宽大的留着胡须的下巴、强壮的运动体格等，这可能会鼓励你为了高质量的基因偶尔自发地与一种典型的种马发生性关系，但其作为长期伴侣的适宜性较低。从赤裸裸、冷酷无情的生物学角度来看，这将给女性带来世界中两个最好的一面：一个可靠的长期伴侣，以及一个古怪的"布谷鸟"孩子 [1]，这些孩子的基因特别强大，且与小巷里英俊的年轻园丁或杂工有着惊人的相似之处。

目前的估计数字显示，在西欧，百分之一到百分之二的男性抚养的孩子不是他们自己的。尽管百分之一到五十分之一的概率比杰里米·凯尔的节目更难让你相信这一事实，但这并不是一个可以忽略不计的数字。虽然欺骗伴侣通常被认为主要是一个以男性为主的问题，但最近对曾经通奸的女性比例的估计从百分之十五到百分之五十不等，当然，并不是所有的性行为都会导致受孕。根据但丁的说法，包括著名的克利奥帕特拉和特洛伊的海伦在内的这些通奸者，会发现自己被流言压得永远喘不过气；以他的标准来看，这是一种相当温和的惩罚。关于男性通奸的故事还在后面，但首先我们将深入探讨一个科学理论，该理论试图解释性欲如何与浪漫爱情和长期承诺这两种密切相关但往往相互竞争的驱动力相适应。

1　布谷鸟通常会在其他鸟类的巢中产卵，让一个完全不同的物种来饲养自己的孩子。

性、爱情和承诺

生物人类学家海伦·费舍尔（Helen Fisher）做了一件了不起的工作，她努力简化关于性、浪漫爱情和承诺之间令人困惑的交叉点的观点。这一理论是她在与纽约州立大学的阿瑟·阿伦（Arthur Aron）教授进行的早期研究的基础上发展起来的。该理论描述了这些行为现象是如何由三个独立但重叠的大脑系统控制的。每一种进化都是为了支持不同进程的不同方面，共同帮助我们的物种增殖和繁荣。

她指出，性（欲）主要是由性激素驱动的，在选择谁作为性伴侣，以及如何在几分钟内成功地解决这种冲动方面，往往是相对不分青红皂白且短视的。它的基本目的似乎是确保我们通过各种手段将基因传递下去。浪漫爱情发生的频率要低得多，但持续的时间却要长得多，调查得出的结论是，浪漫爱情的平均持续时间在8个月至18个月之间。爱比欲望更有选择性，它激励我们将自己的生活与一个被认为比其他人优秀的人保持同步。最后，长期承诺会随着强烈的浪漫爱情阶段的消退，逐渐占据主导地位，被认为主要是由神经肽催产素和加压素驱动的。这一阶段似乎最让现代人困惑，但它的目的是让夫妻能够在一起待足够长的时间，以履行他们的育儿职责。正如引言中提到的，这对人类来说是一个比任何其他灵长类动物都要长得多的项目。纯粹从我们基因的生存角度来看这个阶段，长期的承诺提供了一个持久的支持平台，从而产生了重大的利益，即后代更有可能发挥自己的潜力，这反过来又提高了他们把你的基因传给下一代的可能性。他们的想法是，在过去几十年里，父母双方的支持会提高孩子成长为成年人的前景，使孩子能够获得强大、健康、相互支持的伴侣。如果祖父母选择提供育儿支持（另一个更容易实现的项目）来帮助第三代发挥他们的潜力[1]，即希望看到自己的基因传给曾孙时，这一逻辑可以进一步扩展。

虽然性、爱情和（承诺）长期关系这三个系统紧密地交织在一起，但这三个系统仍然可以相对独立地运作。这也许可以解释人们在一生中遇到的一些奇怪的情况，比如性、爱情和长期关系的割裂。一个人可能会发现自己想和一个自己既不爱也没有长期兴趣的人发生性关系，也可能会发现自己爱上了一个不是特别有性吸引力的人，但他们和这个人没有任何长期稳定的关系。相反，他们可以与那些对他们没有性吸引力也

---

1 据我所知，海伦·费舍尔从未提到过这一部分，这只是她理论的逻辑延伸。

对他们没有浪漫情感的人建立深厚的、长期的社会关系。因此，性、爱情和（承诺）长期关系可以形成奇怪的组合。一个人可能会对同事产生强烈的欲望，并与他们最喜欢的电影明星神魂颠倒地坠入爱河，而这一切都发生在与另一个人完全投入长期关系的时候。

系统失控

说到性欲、爱情和（承诺）长期关系的独立性，男人们通常将其放在不同的人身上，而不是简单地固定在一个独特的个体上。因此当谈到通奸时，男人是臭名昭著的罪犯。最近的基因研究表明，蒙古帝国的最高统治者成吉思汗——到1225年，蒙古帝国从里海一直延伸到日本海，横跨整个亚洲——现在大约有1 200万直系后代。似乎可以合理地推测他的性行为是由大脑想要传递基因决定的。

小报媒体的八卦专栏喜欢记录当今名人所谓的"性瘾"。演员迈克尔·道格拉斯的性征服故事，将性上瘾而不仅仅是沉迷于追求的概念，带入了公众视野。不久之后，泰格·伍兹高调的婚外情强化了这样一个概念："性上瘾"可能是一种疾病，而不仅仅是一个道德弱点层次上的概念。当哈维·韦恩斯坦开始试图将自己的行为归咎于性上瘾时，这个词对于公众而言可能已经变得如此熟悉，以至于听起来真的像是精神疾病，但实际上，这个问题还没有定论。多年来，人们一直在考虑将性成瘾、色情作品及其组合纳入DSM，但在撰写本文时，"性成瘾"仍未被确认为一种真正的精神疾病。所以，至少就目前而言，玩弄女性的男人们不能把它作为他们做出错误决定的借口。性唤起可能是非自愿的，超出了他们的控制范围；选择对这种性唤起采取行动完全是另一回事。

目前接近人们通常认为的性成瘾的，最好的科学研究是强迫性行为。强迫性行为（Compulsive Sexual Behaviour,CSB）是一种对性的痴迷，这种痴迷会损害他们的心理健康和正常生产生活的能力。越来越多的研究试图找出那些似乎无法控制自己性冲动的人的大脑是否有什么不同。

多巴胺是我们在前一章中提到的一种神经递质，它在多种哺乳动物的性唤起中扮演着重要的角色。在青少年时期，人们对多巴胺的敏感度有明显的提高，这一点在科学解释中经常被引用，以说明人们在青少年时期对高风险行为的兴趣增强。在青少年时期，对多巴胺的敏感性增加，是导致青少年性欲过高的过程中至关重要的一部分。问题是，多巴胺参与了许多不同的大脑过程。为了确认它在失控的性行为中发挥了作用，需要进行一些巧妙的实验。

在寻找与理解是什么使欲望从冲动上升为强迫性[1]的科学相关的过程中，有几个有趣的途径可供探索。一个来自正在接受帕金森病治疗的人们的发现令人十分惊讶。帕金森病是一种大脑深处多巴胺神经元受损导致运动困难的疾病。例如，典型的有节奏的手部颤抖使人们很难进行简单的日常活动，如喝茶而不洒茶。自主运动的困难最终导致了一种拖曳行走的方式，而不同于正常人通常有目的的步伐。帕金森病患者接受多巴胺增强药物治疗，有助于他们重新控制自主运动。但在3.5%至7%的病例中，该治疗伴有着一个不受欢迎的副作用：性欲亢进。

一小部分受这种影响的患者通常会不断地纠缠他们的伴侣，他们开始对色情作品表现出越来越大的兴趣，并且经常手淫。在很多情况下，这种性欲的激增会导致人嫖娼，而嫖娼行为往往会导致离婚、名誉受损、触犯法律。这种治疗后遗症导致多巴胺的过量被认为是强迫性行为和其他条件下性行为过度活跃的一个可能原因。

1　冲动性描述了因为感觉良好而做某事的诱惑；强迫性描述了做某事的冲动，无论它让你感觉好、坏还是冷漠。

在一般人中，强迫性行为的发病率为3%到6%。这种对性的兴趣不断提高的原因可能是性欲比平时更强，自我调节能力比平时更弱，或者两者兼而有之。fMRI研究比较了人们（通常是男性）的大脑活动，与那些不痴迷于性的健康志愿者相比，显示出强迫性行为的特征的男性对色情刺激的反应在三个关键区域显著提高：腹侧纹状体、杏仁核和dACC。

腹侧纹状体包含伏隔核（见第三章，第73页），它是奖赏通路中的一个关键中枢，无数的大脑成像研究表明，它在产生快感和控制参与决策的重要过程中发挥着重要作用。这些研究涉及产生愉悦感和控制决策中的关键过程。这与多巴胺增强药物可以引发患者性欲亢进的观察结果相吻合，因为众所周知，多巴胺是这一特定通路突触中使用的主要神经递质。

杏仁核——我们以前在检测威胁和潜在危险时遇到过——实际上参与了放大各种不同的情绪反应，而且不仅仅是负面反应。它有许多子区域，每个子区域都涉及许多不同的情感体验，其中包括积极的情感体验。强迫性行为患者杏仁核对性图像的反应增强，被解释为对性图像的积极情绪反应被夸大。

我们以前也遇到过dACC（见第二章，第35页），它涉及对无论是身体上的还是社会上的痛苦经历的参与以及冲突。在对58个独立的fMRI研究大脑对性刺激反应的荟萃分析中，它也是性反应网络中最活跃的部分。其中一个可能的解释是，当一个人在核磁共振扫描仪中被他们所看到的图像唤起性欲，而在严格的指令下却不能移动时，就会产生冲突。在核磁共振扫描过程中，任何动作都会破坏大脑数据，因此，给所有参与研究的志愿者的最强指令之一就是保持静止。正常情况下，当强迫性行为患者看色情作品时他们通常会触摸自己。至少在我看来，这项研究中的dACC活动几乎可以肯定是在反映抵抗这种诱惑的斗争，这种诱惑对强迫性行为患者来说可能比非强迫性行为患者更难抵抗。

在这项研究中，对dACC激活的动态进行了更仔细的研究，结果显示，当反复接触相同的色情图片时，强迫性行为患者激活的dACC比其他人减弱得更迅速。这表明强迫性行为患者对每一个色情片段的厌倦速度比对照组要快，这或许可以解释他们为什么要寻找更多的色情材料。

综上所述，对比其他人，强迫性行为患者明显对性刺激有夸大的积极动力，这有助于解释其频繁侵入日常生活的倾向。我们还能从强迫性行为患者对性冲动的自我控制中了解到什么呢？

结构核磁共振研究试图了解强迫性行为患者的大脑在生理和功能上是否与那些性欲正常的人不同。将23名强迫性行为患者与69名健康志愿者的大脑进行比较，发现强迫性行为患者大脑中的左侧杏仁核平均较大。另一项研究调查了大脑不同区域在休息时的功能连接，发现与非强迫性行为患者大脑相比，强迫性行为患者的左杏仁核和背外侧前额叶皮层（dlPFC）相互影响的能力降低了。关键的是，所讨论的dlPFC区域通常与对各种冲动行为的有意识控制有关，这可能解释了强迫性行为患者在这方面遇到困难的原因。除了对性刺激图像表现出更强的情感反应外，强迫性行为患者还表现出抑制性欲能力下降的特征。

最近一项针对帕金森病患者的研究表明，帕金森病患者易受性欲亢进副作用的影响，这为验证多巴胺升高可能参与触发强迫性行为活动的假说提供了一个独特的机会。这项fMRI研究比较了同一名帕金森病患者在服药和停药时的大脑活动，从而使他们的大脑在处于或不处于性欲亢进的副作用时对色情材料做出反应。这项研究发现，在易性欲亢进的帕金森病患者中，当他们服药时，腹侧纹状体和dACC更活跃，与强迫性行为患者的情况完全相同。这强烈暗示腹侧纹状体多巴胺升高可能是性欲亢进的原因之一。

过度沉溺于性刺激行为的不可抗拒的冲动不仅限于成年人。无处不在的网络色情也开始对青少年产生重大影响，无论任何时间、任何地点，只要有智能手机、平板电脑或台式电脑，都可以免费获得色情资料。

网络色情瘾

在此，也就是本章的最后一节，我们将从两个角度探讨色情作品造成危害的可能性，从而将其定性为欲望的罪过：过度消费对大脑功能的影响及其对文化规范的影响。

意大利男科和性医学协会的负责人卡洛·弗雷斯塔博士（Dr Carlo Foresta）也许最好地总结了当十几岁的男孩过度消费色情作品时会发生什么。在评论一项调查青少年使用色情制品和真实性体验的大型调查的结果时，他概述了性功能障碍的进展，这一进展正被越来越频繁地观察到。首先，色情网站逐渐开始引起比平常更少的性唤起，然后发展成性欲的普遍降低，最终可能导致根本无法勃起。

沉迷于色情作品会通过改变腹侧纹状体的反应来诱发这些行为的改变，不仅是对色情内容的反应，而且是对任何奖励性刺激的反应。为了正确理解腹侧纹状体的反应是如何降低的，我们首先需要退一步看看它通常是如何反应的。

脑成像研究表明，人类腹侧纹状体的反应比其他哺乳动物更为细微。如果扫描仪中的人看到一张漂亮的脸，他的腹侧纹状体会比看到一张不那么漂亮的脸引起的激活更强，这反映出前者比后者更具吸引力。微笑的面部表情在腹侧纹状体中会引发比中性面部表情更强的"预期奖励值"[1]。如果这张笑脸碰巧附在了某个有吸引力的裸体（首选性别）上，那么腹侧纹状体会产生更强烈的反应，反映出其预期奖励值的进一步提高。腹侧纹状体内激活强度的差异，决定了人们更喜欢微笑的有吸引力的裸体版本，而不是微笑有吸引力的版本，并且对于这两者来说都比不微笑的版本更好。正是这些偏好，表现在腹侧纹状体反应的大小上，引导着我们的决定。

起源于腹侧纹状体的神经元将投射物发送到内侧眶额皮质（mOFC）。mOFC最初被怀疑参与大脑决策，

1　奖赏途径是一个大脑系统，它让我们在任何需要我们选择一个行动方案的情况下，都能直觉地做出最佳决定。它通过在过去类似的决策结果的基础上，对以后的每一个选择产生预测来做到这一点。通常，我们所做的决定，在所有其他条件相同的情况下，都是由导致腹侧纹状体最大激活的选项来决定的，这是一种大脑信号，在神经科学文献中传统上被称为"预期奖励值"。

因为大脑这一区域受损的人往往很难做出选择。他们往往在原地打转，无法做出最后的决定，因为mOFC受损使得所有来自腹侧纹状体的预期奖励值无法根据其他相关因素进行考虑（更多信息将在下一章讨论）。这些因素包括当前的优先事项、最近的事件、可用的时间、当前的情绪、当天晚些时候的计划、当前环境中正在发生的事情等。腹侧纹状体和mOFC帮助我们根据当前的情况计算出每种食物、色情电影剪辑等选择的相对价值，并最终决定哪种选择最有可能带来最大的回报和愉悦感。

最新的科学论文列出了迄今为止有关色情成瘾的证据，通过借鉴毒品上瘾和网络成瘾文献，解释了那些色情成瘾的人的行为变化。人们认为，由于经常暴露在显性核心的性爱场景中，每天都会出现大量多巴胺的激增，这被认为是诱导了试图重新平衡系统的调节机制。一种名为强啡肽的阿片肽被释放出来，以抑制过度刺激的奖赏通路中的多巴胺释放。这减少了多巴胺对奖励系统的影响，降低了对先前奖励刺激的反应能力，导致总体上的愉悦体验变得迟钝（整体快乐体验的减弱）。除了减少非情爱刺激带来的快乐，它还会导致奖赏通路对情爱图像产生耐受性。或者用卡洛·弗雷斯塔博士的话来说："这从对色情网站的低反应开始。"以前能带来满足感的色情作品在产生和维持性唤起方面变得无效，所以观看色情作品的人通常开始点击各种可用的分类，直到他们找到"有效的"东西，以弥补他们反应迟钝的快乐。对大多数人来说，这要涉及比平常更不寻常或更令人震惊的事情才会有效。第一次接触到的令人反感的色情作品，最终可能会成为唯一能让他们产生性趣的材料。

在每天接触色情片，并持续数月的过程中，青少年和成年人都在不经意间训练自己的大脑只对超常刺激产生性反应。"超常"的意思是比现实生活中通常遇到的尺度更大、更清晰、更令人震惊的性刺激。这可能包括男人（长着巨大的阴茎）与女人（有巨大的屁股和乳房）进行色情行为，尽管这些行为在色情作品中很常见，但在大多数人的日常生活中不太可能遇到。不过，正如我们不久将看到的，早期的证据表明，人们在这方面的态度似乎正在改变。

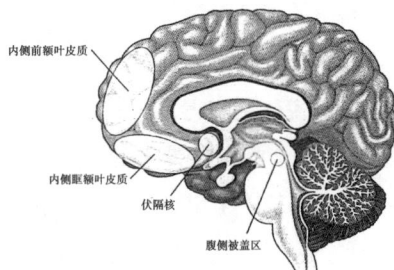

内侧前额叶皮质

内侧眶额叶皮质

伏隔核

腹侧被盖区

图5 腹侧纹状体的奖赏通路伏隔核，对任何潜在的奖赏刺激都有一个预期的奖励值。位于眼眶上方的内侧前额叶皮质被称为内侧眶额皮质，它帮助我们根据其他相关信息评估这些预期，从而做出选择。

这种现象被比作尼古拉斯·廷伯根（Nikolaas Tinbergen）的作品，他曾因对银鸥的研究而获得诺贝尔奖。他作品中的鸟也学会了喜欢超常的人工刺激，而不是真实的刺激。他的研究内容包括创造出比这些鸟的蛋更大或更鲜艳的人造蛋，银鸥通常选择坐在超大号或色彩鲜艳的蛋上，而不是真正的蛋上。这是第一次展示对超常的人工选择的偏好的发展，而不是偏好自然的生物版本。

主要的问题是，无论是网络色情上瘾者还是廷伯根教授的"鸟"最终都会对"假"而非"真"产生偏好。这些鸟试图孵化用巴黎石膏制成的蛋，这意味着它们遗弃的蛋最终无法孵化。网络色情成瘾者面临的问题是，观看色情作品取代了他们在现实生活中可能投入的时间、精力和倾向；即使他们不这样做，他们的色情习惯也会严重影响他们在床上的表现。这样一个看似无害犹如笑话般的长期结果，显然会对他们形成有意义的伴侣关系的能力产生负面影响，它让人们分开，而不是聚在一起。性在发展亲密关系中起着至关重要的作用，但是长期的伴侣关系提供的不仅仅是性。为了每个人的最大利益，人们都要密切关注自己的色情消费量，并且要小心不要让自己对色情的喜爱失控。

我们是英国人，我们不做爱

在20世纪的大部分时间里，英国人都以对性的极端保守态度而闻名。但这似乎已经成为过去。目前，英国人在经济合作与发展组织成员国（OECD）中享有"最自由的性观念"这一令人怀疑的称号。根据对来自48个不同国家（从阿根廷到津巴布韦）的14 000人的社会性性取向调查表的调查，英国在经合组织的35个成员国中名列前茅。紧随其后的是德国、荷兰、捷克共和国和澳大利亚。（如果包括非经合组织成员国在内的话，则是芬兰位居榜首。）

要解释我们对于性的态度的转变并不容易，但避孕套和其他避孕方式的发明肯定发挥了作用。就偶然性行为可能造成的危害而言，屏障避孕法有两个好处，一是大大降低了意外怀孕的可能性，二是大大降低了感染性病的可能性。与此同时，降低感染风险和无法受孕只会让偶然的性接触看起来更有吸引力。另一个因素是免费提供的色情文化的兴起。

在互联网出现之前，色情作品的供应相对有限。性欲旺盛的青少年必须鼓起勇气从当地报摊的顶层书架上拿起一本杂志，或者走进一家性用品商店的大门。现在，他们拿出智能手机，立即就能观看完整的限制级从低到高的色情电影，即从20世纪70年代相对纯真的较隐晦的色情电影，一直到最新的赤裸裸的性虐待、伪强奸场景——所有这些都完全不受限制，而且是免费的。对每一个"类别"的系统性探索很快就为每一种类型的电影提供了一个有深度和广度的好主意。那些选择在这方面自省的人往往会感到震惊，因为他们意识到有许多免费电影以侵犯、伤害受害者以及暴力的场景为特征；而且未成年儿童的进入也没有受到任何限制。

这对未到青春期的儿童的影响是令人担忧的。这些儿童纯粹出于好奇，往往在没有机会进行自我试验之前，就在网上浏览了人类所有的性行为。由于缺乏关于性究竟是什么样子的个人经验来帮助他们将自己的观点置于情境中，因此很难看出如何才能根本性地改变他们对性的初步概念。与前几代人温和地进入成人性行为禁忌世界相比，他们不可避免在网上经常遇到极端性行为。事实上，越来越多的证据表明，在过去50年里，英国及其他国家的年轻人对性的态度发生了巨大的转变。尽管其中一些变化让我们英国人从传统的保守性态度中解放出来，但其他方面却明显令人不安。

一项对欧洲5个国家14岁至17岁青少年男孩性行为的大型调查得出结论：定期观看色情制品，导致性胁迫和性受害发生率增加、对攻击性主题性行为的接受度增加，以及避孕套的使用减少。人类是成功的模仿者，其中我们对他人的模仿学习得最好。如第一章所述，像我们这样的灵长类动物为了学习一项新技能，通常会先观察他人的动作，然后试图用我们的身体复制同样的动作。事实上，我们有一组特殊的脑细胞，被称为镜像神经元，它们被认为促进了这些基本的模仿过程。毫无疑问，接触大量色情作品会让人产生幻想，本能地想要复制他人的冲动来重现同样的性行为——我们的大脑天生就是为此而建立的。我们根据我们看到的别人的行为来设定目标。

支持这一观点的证据来自最近对性行为的另一项调查。这次的参与者是393名16岁的瑞典女学生。其中一项主要发现是，虽然定期观看色情片的人有30%都尝试过肛交，但对于不定期观看色情片的女孩而言，这一比例为15%。人们很容易被这样一种暗示分散注意力，那就是看色情作品会使普通瑞典女孩在16岁时经历肛交的可能性增加一倍。另一个看问题的角度是关注那些没有定期观看色情作品却经历过肛交的15%的人。每20个不看色情片的女孩中就有3个在这么小的年纪就尝试过肛交，这个比例似乎高得惊人。这是否表明，无论个人是否亲自接触过，色情作品都会影响人们对于性的态度？换句话说，即使一个人自己不看色情片，如果他们所处的社会群体中的其他人都看，那么他们对什么是不可接受的态度可能仍然会受到普遍共识的影响。

大量消费色情作品对一种文化中普遍共识的影响有时被称为"文化色情化"。有证据表明，该现象在世界上的某些地方甚至可能导致成年人之间的关系出现问题。越来越多的证据表明，过度消费网络色情正在滋生一种文化，即接受典型的男性主导地位和侵略性的性行为。一项对50多名试图从俄亥俄州农村不健康关系中脱身的女性进行的研究表明，她们觉得自己受到了伴侣的性暴力的伤害，并认为色情文化的渲染是一个主要原因。由于如此多的男性每天都沉浸在免费的在线色情电影中，对女性的"正常"和可接受的对待正在被扭曲，以至于她们越来越多地被视为性对象，而非伴侣。

杰瑞·斯普林格（Jerry Springer）的最后几句话……

就潜在的危害而言，色情作品既不完全好也不完全坏。与许多现象一样，色情作品有相对无害的方面，也有相对有害的方面。但完全不受限制的、即时获取免费在线色情内容，特别是赤裸裸性行为的材料，已经逐渐被证明是有问题的。过度使用色情作品正在影响健康的性行为。经常遇到以男性统治和女性受害为主题的镜头，似乎扭曲了人们对何为可接受行为的态度，这种态度正在造成严重的伤害。色情的另一个不好的影响是忽略了与健康的性生活密切相关的行为，而这些行为很少在色情作品中出现。

通过涉及性行为的各种亲密行为所产生的触觉，在巩固和加强人类之间最亲密的社会纽带方面具有极其强大的力量。触摸、抚摸、爱抚、拥抱和亲吻——所有这些活动都会释放出大量的神经肽，而这些神经肽对于创造两个人之间的信任、舒适、安全和满足感至关重要。而其中催产素则从根本上参与了各种社会关系，它对母子之间的纽带形成至关重要[1]，它也加强了亲密关系中不相关的人之间的联系。事实上，当任何值得信任的个体（无论是朋友、同伴还是亲戚）之间都会有物理上的相互影响，因为脑下垂体会将催产素释放到血液中，下丘脑的神经元会将催产素释放到奖赏通路中，甚至我们从他人那里得到的心理支持也会影响我们的催产素水平。身体和心理上最大的安慰来自

1　它会触发分娩的过程，然后参与从乳房中释放乳汁。它也是产生安全感的基础，在人的社会联系中发挥着巨大的作用。

我们的爱人。大量的人每天都在看色情片，这从根本上影响了人们对什么是"正常的"的集体认知，而大多数色情片都把重点放在了对性敏感区的刺激上。由于对插入性性行为和性高潮中多巴胺含量的高度关注，观看色情片的人往往忽视了更亲密的行为的重要性，而正是这些被忽视的行为会导致神经肽释放，并加强社会联系。在色情作品中，涉及性行为的温柔爱抚，通常在前戏的标题下，要么被省略，要么快进。然而，温柔爱抚是健康性生活的心理益处的基础部分。说到性欲的良性影响时，催产素仅次于它的分子表亲血管加压素，它能把人们拉近而不是分开。通过对田鼠爱情生活的大量研究，这种特殊的神经肽通常被认为是在一夫一妻制的背景下产生的。草原田鼠是一夫一妻制的，它们与它们第一次交配的草原田鼠终生交配，但一个与草原田鼠亲缘关系密切的物种则是一夫多妻制的，在每个繁殖季节与不同的伴侣交配。将血管加压素注射到一夫多妻型动物的大脑中，它们就会与第一次交配的动物结成一夫一妻的伙伴关系。这项研究通常是在讨论人类从根本上是一夫一妻制还是一夫多妻制的争论中进行的。考虑到加压素在忠诚方面的作用，这可能是一个更有趣的角度。许多不同宗教不允许通奸的原因当然是一旦忠诚被背叛，信任被打破，就永远无法真正完全恢复。我感觉神经肽是忠诚的基础。我们孤独地出生在这个世界上，最终孤独地离开这个世界。在这两个不可避免的事件之间，如果我们设法与一个让我们感到被接受和被重视的群体建立联系，我们的生活质量就会大大提高。最重要的是，如果我们能找到一个特别的人，与他进行更亲密的合作，我们就能以一种特别的伙伴关系来面对这个世界；比起独自面对这个世界，这是一种不那么令人畏惧的方式。

在现在这个时代，终身伴侣关系似乎很少见，但我想说的是，这与我们的本性是一夫一妻制还是一夫多妻制[1]关系不大，更多的是与扭曲的期望有关。在过去的几十年里，我们已经看到了色情是如何造成这种情况的，而且电影、小说和情歌几个世纪以来一直在我们的脑海中填满了类似的无稽之谈。再加上现代科技的发展，难怪如今的性、爱情和（承诺）长期关系似乎都是那么的短暂和随意。人们可以在一周内离婚，

1　生物学上的观点是，与其他一夫一妻制和一夫多妻制灵长类动物相比，我们的特征介于两者之间：我们都是，我们又都不是。罗伯特·萨波尔斯基（Robert Sapolsky）所著的《尝试行为：人类最好和最坏的生物学》(Behave: The Biology of Humans at Our Best and Worst）可以让你了解更多。

下周就开始新的约会，只需注册一款智能手机应用程序，就能轻松找到潜在的约会对象。人们在寻找"完美伴侣"和"天长地久的爱情"时，形成了一种文化期待，这种期待让他们走上了与现实冲突的道路。一个更容易实现的目标是，利用这样的知识，即善意的话语和深情的行动诱导受体的大脑释放催产素和加压素，这些物质积极地促进信任，甚至忠诚，而这是每一段成功的长期关系的持久特征。这一认识将加强社会联系置于我们的控制之下，人们总是会发现自己被有吸引力的陌生人唤起性欲。毕竟，无论你的性取向如何，性唤起都不受意识的控制，而是根据这些冲动行事。当不忠最终被揭露时，非法性调情带来的短暂愉悦很少能抵消由于背叛带来的惩罚。放弃与通奸有关的多巴胺释放的短暂兴奋，做一些简单的事情来加强相互信任和安全感，不断地加强而不是侵蚀夫妻之间的纽带，从长远来看会带来更大的好处。是的，这是一项艰苦的工作，因为生活中所有有价值的追求都是如此。当谈到生活中有一个你可以完全依靠的人所带来的积极影响时，这种努力是值得的。

如果说傲慢是罪恶之母，那么暴食和色欲就是这个卑鄙的七口之家中冲动的双胞胎。正如我们所看到的，从神经科学的角度来看，这对双胞胎在控制自己的欲望方面存在严重的问题，他们分别对食物和性欲极度渴望。但下一个致命的恶习却有相反的问题——懒惰甚至早上都懒得起床。

第五章

懒　惰

懒惰和无业会倾向 ——不，会被拖向 ——罪恶。

——希波克拉底

三趾树懒一生中绝大多数时间都是倒挂在树上度过的。它们遍布中美洲和南美洲，通过特别的细长爪子挂在树枝上，每天睡上15到20个小时。甚至它们的消化也是懒惰的：消化一顿饭需要整整两周的时间。为了自我保护，除了嫩芽和水果，它们的食物还包括有毒的叶子，这些叶子需要多个胃才能安全分解。它们不仅消化速度是所有哺乳动物中最慢的，而且当它们移动时，它们的移动速度也跟蜗牛一样慢。它们每周从树上下来排便一次，其余的时间大部分都待在树冠上一动不动，以至于它们的皮毛是其他许多动植物（包括蛾、甲虫、真菌和藻类）的家。藻类赋予它们的皮毛一种绿色的色调，帮助它们融入树叶中。静止不动和共生伪装的结合帮助它们躲避捕食者。

树懒懒惰吗？这取决于你的参照系。树懒的行为完全符合树懒生存所必需的技能。它们的整个生物进化都支持一种悠闲的生活节奏，它们的四肢就是为此而设计的，它们的消化系统也是为此而设计的。这是它们在赖以进化的生态环境取得成功的先决条件。

但对人类来说却不是这样。生物在各不相同的环境压力下进化，而我们的身体适应运动。我们的心脏、肌肉、骨骼和大脑需要定期锻炼才能保持良好的状态。我们越来越依赖节省劳力的设备——你对这一不容置疑的事实一无所知是可以原谅的。无论是为了节省10分钟的步行时间而叫外卖，或是开车到几百米外的地方，还是坐电梯到大楼的一楼，我们中的许多人都忍不住想走捷径。也就是说，即使是最懒的人也无法与真正的树懒竞争；但很多人都会竭尽全力懒惰。

以保罗·雷顿为例。2010年的一天，英格兰北部达勒姆郡的保罗决定带着他的狗去乡下散步。他显然非常懒惰，所以在考虑如何用最少的精力来达到这个目标。他令人怀疑的天才之举是通过他的日产纳瓦拉敞开的窗户牵着他的宠物勒彻的带子，这样他就可以在狭窄的乡间小路上遛狗，甚至不需要走出车去。当时一名骑车路过的人看到狗被拖在车旁，吓了一跳，赶紧报警。雷顿最终在法庭上承认了一项控罪，即他未能正确行驶自己的车辆。目击者的证词描述了他是如何"通过司机的窗户抓住狗的牵引线，接近盲开"。

他被罚款65英镑外加法庭指控，并在6个月内被禁止开车。据报道，当时处于失业状态的雷顿对驾驶禁令"并不在意"。他解释道："没有车我可以省点钱。"祸兮福所倚……

现有的证据表明，所有种类的生物通常都会选择一种可以最小化它们所需努力的行为方式。我们并不是唯一喜欢走捷径的物种。也就是说，在某些情况下，即使没有任何物质奖赏来回报我们的努力，我们也可以非常快乐地工作。关键的区别在于，我们是在"社会契约"（我们所能获得的只是感激）的背景下工作，还是在"财务契约"（回报更为有形）的背景下工作。例如，当我们在当地的公园里捡垃圾时，感觉自己做着一项卑微的工作；但当我们出于自己的善良而不是为了最低工资做同样的工作时，我们会发现这种经历更令人满意。一方面，当我们为报酬而工作时，投入努力的动机是外在的，是想要从外部世界得到我们想要的东西所激发的，即现金。另一方面，内在动机描述了一种工作意愿，这种意愿来源于看到一份有价值的工作完成或帮助他人而获得的满足感。当工作动机纯粹是外在动机时，它通常会对一个人在没有额外激励的情况下付出额外努力的意愿产生负面影响；内在动机却并非如此。内在的动机可以在行动中看到，比如人们为了慈善或志愿者工作而选择放弃他们的时间，以及那些在他们的爱好上投入巨大精力的人。有时候旅途就是目的地。

耗费几小时执行一项相对简单的任务得到一小笔钱作为回报，或者在不付出任何努力的情况下得到相同数额的钱，哪个是务实的选择似乎很明确。无缘无故地消耗能量是没有意义的。从生物效率的角度来看，我们一定要尽量用最少的努力去完成任务，只要能得到一个可以接受的结果，对吧？

而答案却是"错"，这可能看起来很奇怪，但有研究表明，当我们不得不付出更多而不是更少的努力来获得一个给定的奖励时，我们会获得更多的快乐。尽管这可能有违直觉，但尽可能节约能量这种看似务实的做法不仅不那么令人满意，而且，正如我们将在下面看到的，甚至可能对我们的健康造成可怕的影响。不惜一切代价避免劳累会降低我们的整体幸福感。不幸的是，许多人在人生所经历的过程中都没有意识到，把一份工作做好带来的满足感比看似合理的尽可能减少努力的方法更能提高生活质量。

进一步来说，与树懒不同的是，人类并没有进化到整天无所事事。要想找到支持这一观点的证据，你只需要看看自己的脚就行了；与非人类灵长类近亲相比，我们的脚显然是专门用于长跑的。几千年来，我们的祖先通过追逐巨大的食肉动物来补充他们的饮食，直到他们或多或少因疲惫而倒下。如果我们身体形态的进化使我们擅长跑步，为回报而工作比坐等回报落入囊中更令人满意，那么为什么有些人喜欢保持活跃，而另一些人则竭尽所能避免使用自己的能力呢？为什么健身房的健身狂一有机会就有动力去健身，而电视迷们却尽可能多地穿着拖鞋在家里闲荡？

在本章中，我们将探讨习惯和机会在影响不同人保持活跃程度中的作用。我们将研究懒惰罪在古代意味着什么，以及它如何在今天表现出来。当然，我们还会谈到从根本上控制我们动机水平的大脑区域。

历史上的懒惰

当被大多数致命之罪所困时，人们通常会发现自己无法抗拒诱惑去做一些他们知道不应该做的事情。懒惰马上就把自己与其他罪恶区分开，因为它正好位于另一个极端，是一种当我们知道我们应该做一些有用的事情时，想要放松的欲望。这一切都是为了逃避我们的责任。什么都不做的诱惑，有时正是我们试图抵抗的恶习，但却失败了。

雅克·科林·德·普朗西（Jacques Collin De

Plancy）在1818年首次出版的《地狱词典》（*Dictionnaire Infernal*）中将贝尔菲戈（Belphegon）描述为一个恶魔，要为那些犯下懒惰罪的人负责。描述贝尔菲戈的艺术作品通常描绘他坐在瓷王座上的情形。根据古老的传说，对于那些想要赢得贝尔菲戈青睐的人来说，他坐在马桶上显然是完美姿势。贝尔菲戈一开始就引诱懒惰的人放弃他们辛苦赚来的钱，以换取令人兴奋和疯狂的创新发明 [1]。巴尔（Baal，有时拼作Bael）是贝尔菲戈这个名字的来源，最初是腓尼基人的懒惰之神。似乎只要人类有逃避责任的倾向，懒惰的诱惑就会一直存在。根据但丁的《炼狱》（*Purgatorio*）一书，那些犯了懒惰罪的人将被惩罚，他们将一直全速奔跑，不能停歇。

世界上许多受欢迎的宗教，都对那些总是试图把自己的能量消耗控制在绝对最低限度的人持高度批评的态度。仔细想想，任何容忍过度懒惰的宗教都不可能繁荣昌盛。消除追随者的冷漠是确保任何宗教生存的重要组成部分。宗教通常需要某种形式的每日仪式，或至少每周一次的仪式。如果他们想在追随者的

1　据推测，这激发了《杰克与豆茎》中用"魔法豆"交换人工饲养奶牛的想法。

生活中产生强大的影响力，就必须有机会定期提醒他们该宗教的核心信息，并养成某些习惯；所有这一切对于那些喜欢一直懒惰的人来说，听起来似乎太费力了。如果信众不愿意每周都去寺庙、犹太教堂、教堂或清真寺，那么这些宗教怎么能对他们灵魂的命运产生有意义的影响呢？

甚至连佛教这种可以说是比较宽容的信仰体系，也在谴责懒惰。梵文"Kausīdya"（通常翻译成懒惰或精神懒惰），是冥想的五个障碍之一，所以被认为是实现超越的严重阻碍。佛教告诫人们不要屈服于躺下、伸展身体和长期无所事事的诱惑。伊斯兰教教义中具有类似意义的词是"kasal"（卡萨尔）。穆斯林有每天祈祷五次和斋月期间禁食的要求，这些要求都对通过养成良好的习惯来消除普遍存在的人类懒惰倾向具有强大的影响。

从基督教的角度来看，本都的埃瓦格里乌斯（Euagrius of Pontus）甚至将懒惰[1]描述为"所有八种邪恶思想中最沉重的一种"。当谈到可能引诱人们远离日常精神职责的诱惑时，对于隐居在酷热沙漠中的孤独僧侣来说，懒惰可能是一个特别麻烦的干扰源。

1　在4世纪晚期被称为怠惰（acedia）。

有趣的是，当圣格里高利第一次把他的七宗罪归集在一起时，他选择了"tristitia"（忧郁）而不是"懒惰"。这描述了一种更忧郁的、习惯性的不愿履行职责的形式，更多的是由悲伤或绝望引起的，而不是懒惰所暗示的情感的缺失。考虑到临床抑郁症对人的动机水平的负面影响，这可能构成在心理学出现之前几个世纪，将冷漠作为抑郁症症状的一种认同。在圣托马斯·阿奎那的时代，"懒惰"一词被用来代替"忧郁症"，但它仍然被描述为"关于精神上的悲哀"。

几个世纪以来，懒惰的定义开始褪去它的教会内涵。逃避工作、家庭或社会责任，而不是精神上的懒散，是现代社会往往不赞成的反社会诱惑。21世纪的生活让我们被节省劳动力的设备和服务从四面八方包围，人犯懒的机会前所未有的多。我们不得不在洗衣板上进行可能会导致指关节被擦破的洗衣工作，把洗好的衣服挂在晾衣绳上，几小时后再拿回来的日子一去不复返了。现代的洗衣机、烘干机触手可及，只要你想，以大多数人都能负担得起的价格就能消除所有的麻烦。现在，长途旅行可以乘飞机在几小时内完成，而不是像过去那样花费几周或几个月步行或乘船完成。如今，自动化机器优雅地在工厂和仓库里游走，把现代大部分男性的肌肉移到了健身房——从起重要作用降到了纯粹的美学。各种形式的机器人正变得越来越常见，不仅是在家外面，在家里面也是如此。人们已经从不愿意集中精力洗碗和擦干碗碟，到不愿意使他们懒惰的屁股离开沙发，去开启洗碗机。不知不觉中，像iRobot公司的"Roomba"（鲁姆巴）和戴森公司的"360Eye"这样的清洁机器人接管了大多数家庭的清洁工作。对于一些人来说，所有这些便利都能腾出更多的时间来悠闲地上网或盯着电视看，而对于另一些人来说，这些便利简直就是救命稻草，因为它们能让本来就有时间压力的人有多余的时间完成一大堆"要做的事"。现在，这些节能奇迹已经从"免下车"快餐店发展到只需智能手机应用程序就能把食物送到家门口。这些懒惰对于开着汽车车窗遛狗而言程度较轻，但糟糕的是，我们对任何省力设备和服务的痴迷实际上正在扼杀我们的进步。

2012年夏天，"缺乏锻炼就像吸烟一样致命"成为头条新闻。《柳叶刀》（*The Lancet*）是世界上最古老、最著名的医学杂志之一，它刚刚发表了一项颇具影响力的研究，表明懒惰每年都在全球造成数百万本可以避免的死亡。简单地说，如果我们不经常锻炼，我们的健康状况就会迅速下降。这项研究根据长期缺乏锻炼的人口比例，把英国评为欧洲第三懒的国家。令人尴尬的是，63.3%的英国成年人没有按照建议每天进行20分钟的适度运动，只有马耳他和塞尔维亚的成年人比英国成年人更不愿意每天进行快走。

当然，我们内心深处都知道我们应该锻炼。早在公元前4000年的远东地区和至少公元前300年的西欧地区，人们就知道运动能改善健康状况和预期寿命。然而，我们仍然无法鼓足精神去运动。2015年的一项研究，对30多万欧洲人在平均12年的时间里进行监测，衡量各种生活方式的选择。结论是，过早死亡的主要原因是缺乏运动。更确切地说，这是每年死于肥胖的人数的两倍，因此，就七宗罪对人类造成的威胁而言，懒惰比暴食更致命。由于懒惰导致过早死亡的主要非传染性疾病是冠心病（供给能量匮乏的心肌的血管阻塞）、Ⅱ型糖尿病、结肠癌和乳腺癌。不管你是否肥胖，所有这些疾病都很可能因不积极的生活方式造成。

冷漠的大脑基础

回想起上一章（第四章，第107页），当帕金森病患者被给予多巴胺增强药物以提高他们流畅的运动能力时，其中一些人会产生副作用。随着整个大脑多巴胺水平的提高，它不仅影响到运动触发通路，也影响非目标通路，意外地增加了患者从事性活动的动机，并将少数人变成了性欲旺盛的人。这些增强多巴胺的帕金森氏症治疗方法也会引发其他副作用。在一些人中，与其说影响他们的性欲，不如说产生了其他强大的强迫性行为。有些人每天都去赌博，另一些人则疯狂购物，在这个过程中往往会债台高筑。综上所述，这些副作用都清楚地表明，整个大脑中多巴胺水平的提高有可能会导致人们的动机水平显著提高。

另一方面，多巴胺在大脑中主要作用的目标——纹状体的损伤通常导致动力水平的大幅降低。"stri-atum"（纹状体）这个词本身源于拉丁语中的"grooved"（凹槽）一词，因为在尸检中，这块极其重要的脑部区域肉眼看来是条纹状的。在鼻梁位置，横切开大脑，在刀到达大脑的正中心之前，它将直接穿过位于胼胝体下方和丘脑[1]两侧的纹状体。

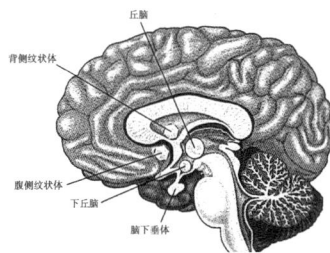

图6 图中显示的是丘脑、下丘脑和脑下垂体的位置。背侧纹状体和腹侧纹状体的相对位置由虚线圆圈表示。左右两侧的纹状体实际上延伸到丘脑周围。这意味着腹侧纹状体和背侧纹状体实际上位于比图中显示的更深的位置，这张图是为了和其他图保持一致。

1   丘脑是位于中央的接线盒，通过这个接线盒，居住在大脑皱褶外表面（即大脑皮层）的数百万个神经元彼此共享信息，并通过脊髓与身体协调。

纹状体参与强化重要行为，如寻找和食用食物（见第三章，第73页），或寻找和参与性行为（见第四章，第107页）等行为。纹状体对启动运动、思维和其他多种行为也是至关重要的。当纹状体特定部位的血液供应被切断时，换句话说，当这人得了中风时，由此造成的伤害往往会导致人因缺乏动力而变得冷漠。在形式上，冷漠被描述为"自愿、目标驱动的行为的数量减少"，中风诱发冷漠的原因根据纹状体不同区域受损而不同。

纹状体通常被认为由两部分组成。如我们所知，腹侧纹状体（下部）与mOFC紧密相连，形成奖赏通路的主要通道。中风会损害纹状体的较低部分或者mOFC，从而干扰人的动机，使人丧失在当前情况下评估哪一种选择是最佳选择的能力，使得人们几乎不可能选择一种行动方案而不是另一种。

纹状体的背侧（上部）与dlPFC紧密相连。如果这两个区域中的任何一个被中风损坏，都会导致冷漠，但原因略有不同。这一次，人们不难决定哪一种选择是最好的，但他们却难以对这个决定采取行动，因为大脑回路的损坏会使他们丧失为实现这个目标而计划一系列适当行动的能力。

前一组大脑区域的损伤会导致情感缺失，缺乏做一件事的强烈冲动。后一种大脑区域受损时，随之而来的认知缺陷会让人无法想出如何执行所需的行动。无论哪种方式，人的动力都会慢慢停止。为了将这种差异带到生活中来，我们会以一个日常的例子来说明这些路径是如何工作的，但首先我们需要更深入地挖掘大脑回路的特征。

纹状体仅仅是一个傀儡大师，操纵着一组相互关联的大脑深部结构，这些结构组成了基底神经节（BG）的其余部分。通过对这个复杂得令人难以置信的网络回路图的细致研究，我们发现，理解动机如何工作的关键在于去抑制的概念。去抑制类似于松开汽车的手刹，即移除（取消）阻止车轮移动的刹车（抑制）。一旦松开手刹，车轮就会开始滚动。

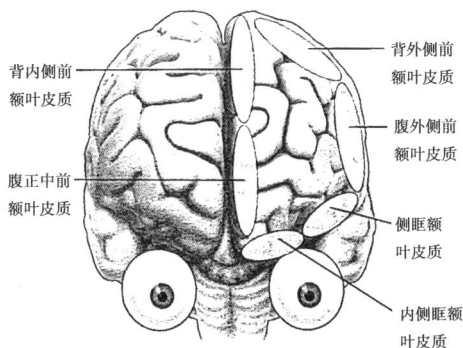

背内侧前额叶皮质

腹正中前额叶皮质

背外侧前额叶皮质

腹外侧前额叶皮质

侧眶额叶皮质

内侧眶额叶皮质

图7 图中显示的是位于前额正后方的前额叶皮质的不同部分：腹侧纹状体和内侧眶额皮质紧密相连，背侧纹状体和背外侧前额皮质紧密相连。

BG中的脑回路使用解除抑制的连锁回路来启动神经过程。每一个神经元链都对下一个神经元链有抑制作用，所以一旦通过某个阈值（链的临界点），抑制作用就被消除了。这可能会在回路的其余部分产生多米诺骨牌效应，使命令能够发挥其影响。多巴胺在控制该系统神经元之间的相互作用中起着至关重要的作用。

由于BG实际上是一个复杂的联锁刹车系统，不难想象它随时都可能触发各种与你正在做的事情相关的动作。在一个积极性很高的人身上，这个网络中的不同路径不断地相互竞争，以获得机会在网络回路的关键位置释放刹车（去抑制），启动特定的动作序列。如果一个人长期缺乏积极性，缺乏做事的动力，那么他的大脑系统很可能长期处于不活跃状态。

为懒惰辩护

塞缪尔·约翰逊（Samuel Johnson）是世界上第一本英语词典的作者，他曾有一句名言："一个人一生中最快乐的时光就是早上醒来躺在床上度过的时光。"在忙碌而富有成效的生活中，该行为不仅是一种享受，而且是一种完美的健康之选。这或许有一点懒惰，但我们都应该有权享受这一点懒惰。让自己周期性地从现代生活的快节奏中退出来，是非常务实的；

不这样做的人很容易让自己筋疲力尽，让他们的身体别无选择，只能强制完全关闭以进行必要的修复。

皮质醇有许多作用，其中之一就是抑制免疫系统，它直到产生压力的原因得到解决才会停止作用。抗击病原体是一项耗费巨大精力的工作。如果我们的身体在每次检测到入侵的病原体时都将能量转移到免疫系统，我们就什么都做不了。另一方面，如果我们不停地奔波，永远地推迟休息，皮质醇的峰值就会不断被触发，导致压力水平永远无法下降到足以抑制入侵的病原体的程度。最终，我们的免疫系统将被迫自行处理问题，引发全面的疾病行为来迫使问题发生，让我们感到虚弱、可怜，完全无法工作。有些人只有在感觉精疲力竭的时候才会休息，而免疫系统在绝对必要的时候完全有能力主动创造这些感觉。一个更健康的方法是在我们到达这个阶段之前停下来。

在最后一刻取消社交活动，而选择什么都不做，这有时是我们在疲惫时所能做的最好的事情。有时候，我们发现自己犯下了这种令人发指的社会罪行的原因，正是我们感觉到身体正在遭受某种打击。我们本能地知道，如果我们直接上床睡觉，我们的身体将有更好的机会更快地应对危险。这样可以节省精力，否则这些精力会浪费在不太重要的事情上，我们应该更好地把精力投入到解决问题上，以免问题压倒我们。懒惰有时是明智的。

这并不是偶尔懒散一下所能带来的唯一好处。有强有力的证据支持这一传统，例如，短暂的午睡不仅能极大地恢复精力，甚至能增强创造性地解决问题的能力。

懒惰的弱点甚至开始在现代工作场所得到利用。将未来有机会变得懒惰的承诺作为对现在额外努力的回报，这可能会非常激励人。"枕头日"越来越受欢迎。枕头日指的是一个人在上班日给老板打电话，告诉老板他要迟到了，通常是为了多睡一会儿。当一家资金有限的公司需要员工全力以赴时，除了懒惰，还有什么更好的方式来补偿员工付出的额外努力呢？同样，在企业需要加班的时候，给员工额外一天的年假就足以诱使他们心甘情愿地加班。如今，许多公司允许员工将部分工资返还，以换取额外的年假。令人惊讶的是，有相当多的员工愿意接受减少年收入，以换取更多的休假时间。

所以，就像所有致命之罪一样，一点点的懒惰也是有好处的。当未来懒惰的承诺激励我们现在更加努力工作时，它甚至可以是有益的。在我们长期过度劳累的情况下，抽出一些辛苦挣来的时间让疲惫的身体和大脑恢复过来。这可以帮助我们避免不断努力工作的得不偿失，从长远来看，这最终会适得其反。偶尔的懒惰也无妨，因为据计算，睡眠不足导致英国企业每年400亿英镑生产力的损失。

有些人极度懒惰

但并不是每个人都有这样的动力。世界上有很多人似乎永远都是有惰性的，但并不是所有人都值得贝尔菲戈在来世关注。在寻找懒惰的实践者时，有几个因素需要考虑。

以失业者为例。由于没有工作，他们不太可能对他们的社区做出有意义的贡献，除非他们选择做些志愿工作。由于没有劳动收入，失业人员可用的资金有限，无法用于可以使他们外出走动、积极参与社区活动的活动。典型的失业者实际上花在找工作上的时间在逐步减少，他们越来越多地专注于寻找廉价的方法来消磨时间。在当今这个时代，最划算的方式就是看电视、玩电子游戏、上网和四处闲逛。这看起来很像懒惰，所以很多人把长期失业看作一种不良职业道德的表现——比起起床和上班所需要的多种努力，他们更倾向于无所事事。但这种情况还是很少发生的。

2013年进行的一项研究分析了失业时间长短对求

职回复率的影响，即求职者是否被要求参加面试。现在看来，至少在美国，一旦一个人的简历表明他们已经失业六个月或更长时间，不管他们的经验和技能水平如何，他们很少被联系要求面试。在职场外待太长时间似乎会产生这样一种印象，即潜在的员工不知何故已经脱离了圈子，这就妨碍了他们获得能够让他们重新回到圈子中的工作，这是一个不幸的恶性循环。

英国斯特林大学的研究表明，长期失业实际上会对与社会生产力高度相关的人格特质产生负面影响。五因素模型是一份性格问卷，由6 769名德国成年人在相隔几年的时间里分两次完成。在此期间，一些参与者的就业状况碰巧发生了变化。当分析失业对这些人格指标的影响时，他们发现样本中男性的责任心随着失业年限上升成比例下降。如果你仔细想想，对于像人类这样有习惯的生物来说，这是完全有道理的。

每天必须起床上班的人更有可能养成认真履行职责的习惯，而那些没有人主动给他们分配任务的人，可能不会在每天的例行公事中列出一个"待办事项"清单。除非他们在失业期间给自己设定一个自我约束的例行公事，以维持自己的纪律，否则很明显，他们的责任心水平可能会下降。当人们发现自己失业了，可以自由选择起床时间，大多数人会比那些有特定开始时间的人赖床更久。很容易看出，随着人们一天中起床的时间越来越晚，各种行为会逐渐懒散。长时间内经常和密集使用的脑回路会得到不断的加强；很少使用或不是特别密集使用的大脑回路会出现相对的损坏，这是第一章中描述的神经可塑性过程。

这可能是长期失业者纹状体的命运吗？将神经可塑性原理应用于纹状体，也许正是这些大脑动力回路，使得那些不需要经常频繁地使用它们来完成工作的人，变得不那么容易振作起来。对长期工作者和失业者的大脑纹状体的结构和功能的对比研究，还从未有人进行过。但这似乎是有可能的。

2016年，美国白宫行政办公室发布了一些令人沮丧的失业长期影响数据。这些数据表明，从1988年至2016年，处于最佳工作年龄但当年没有工作的男子人数，以及在前一年的整个期间内没有工作一天的男子人数稳步增加。这可能反映了一种习得性无助，即"泄气的工人效应"。它本质上描述了这样一种现象，即一个人失业的时间越长，他们就越有可能得出这样的结论：努力找工作通常是在浪费时间。

无家可归的人也很容易被误认为是懒惰。你每天经过同一个人身边，他都坐在同一块铺路石上，乞求零钱。你觉得他们怎么样？他们是懒吗？或者你认为，只要他们能摆脱贫困的恶性循环，他们很可能乐于投身于工作？也有可能你根本没怎么想过。这是普林斯顿大学社会心理学家苏珊·菲斯克（Susan Fiske）进行的一项研究的结论。事实证明，你的大脑甚至没有把一个无家可归的人登记为人类。她的研究清楚地表明，当我们看到一个无家可归的人蓬乱的样子时，内侧前额叶皮层的一个特定部分不会起作用。当我们看到一个人，而不是其他动物或无生命的物体时，内侧前额叶皮层该特定部分通常会被激活。具体原因尚不清楚，这可能与我们想要避免自己完全陷入他们令人心碎的困境有关，这是一种让我们拯救自己的方法。但没有人确切知道是否如此。好消息是，当那些大脑对无家可归的人的照片没有反应的人，即对他们而言就像流浪者不是人类一样的人，在花了一个周末的时间在施舍处志愿帮助无家可归的人后，他们的大脑几乎在一夜之间发生了变化。在第二周再次扫描时，当看到无家可归者的普通照片时，同理心回路又回来了。这表明，只要与无家可归者互动，提醒我们共同的人性，就能扭转大多数人对无家可归者固有的非人性化态度。

现实情况是，无家可归的人被迫选择露宿街头。因为环境超出了他们的控制，而且没有其他选择，他们发现自己总是被迫露宿街头。他们可能是为了逃避虐待、家庭问题或沉重的债务；对许多不幸的人来说，永远充满不确定性的生活有时比确定无疑的痛苦更有希望。25%~30%的无家可归者正与严重的精神疾病作斗争，在这种情况下，他们肯定不是因为懒惰而流浪，只是没有得到他们迫切需要的帮助。

虚假警报

如果一个人处于混沌状态，你很难指责他犯了懒惰罪。毫无疑问，一个人必须完全清醒，才能为自己的不作为承担道德责任。同样的道理，如果纹状体的某些部分——一个人积极主动能力的核心——因中风或头部撞击而失去知觉，那么他们的冷漠显然也不能反映出天生的懒惰。关键是，只有自由选择的不活动才能被合理地归因于懒惰。如果不能自由选择，那就不是懒惰。

根据这一逻辑，当一个人发现自己失业或长期无处居住时，他们的懒惰通常反映出缺乏机会，这不能合理地归因于懒惰。即使长时间的不活动和缺乏机会最终导致坏习惯，但只要最初的不活动时期是被迫而不是自由选择的，对一个人懒惰的指责就是相当不公平的。

从纯粹的神经生物学角度来看，冷漠涉及纹状体释放基底神经节回路手刹的能力问题，该回路使人能够迅速行动。正如我们所看到的，不同的生活环境会让一些人比其他人更难松开基底神经节回路的手刹，让这些人比其他人更难活动。这些可能性的范围从脑损伤到耗尽多巴胺水平。例如，一个人可能会因为频繁地服用娱乐性药物以至于纹状体的结构被重组，从而使获取和服用这种药物盖过其他任何事，成为首要动机。

人们很难有动力去完成有意义、有用的工作的原因似乎总是与大脑区域的纹状体有关，因此这可能被证明是干预和治疗的最佳目标（见第九章，第295页）。

吃白食的人

有这么多的虚假警报，你可能会开始怀疑到底谁应该被指控懒惰。我们总是在寻找一些具有反社会影响的东西，这些东西要么把人们分开，要么阻止他们走得更近。在懒惰的情况下，人们一定是心甘情愿地逃避了做一些有成效的事情的机会，在这种情况下，不烦恼是一种自由的选择。如果你虔诚地信奉宗教，那么懒惰的表现可能是让你卧床休息，而不是去礼拜的场所礼拜；如果你是一个十几岁的孩子，那么懒惰可能是让你在最后一分钟才做家庭作业；或者说你会做家务，但却完全不打算腾出时间去做。在体育比赛中，当有机会进球时，追求荣誉的人会像芥末一样热烈，但一旦失去了第二次控球的机会，他们就会完全失去兴趣，是时候跑回球场防守了。在工作中，如果一个团队成员不能费心做好自己的工作，不愿履行自己的职责，那么其他人的努力就可能付诸东流，要么其他人就不得不收拾残局，以免客户不满意。

违约的社会惩罚可能是严厉的，从被踢出球队到被踢出家门，甚至丢掉工作。团队中其他受到你懒惰负面影响的人最终会把他们的不满公之于众，他们会冷待你，并且拒绝和你续约，或者使你成为下一轮裁员第一个被裁掉的人。懒惰可能不是最具破坏性的反社会行为，但它肯定会让你在群体中失宠，并发现自己被冷落。

当然，我们都时不时地偷工减料，总有一些人试图玩弄这个系统。总是试图成为一个完美主义者可能是愚蠢的。有时候，实用主义要求你在时间和资源允许的情况下尽你所能做好工作，但有些人似乎下定决心要尽其所能地少花点力气，这当然都是有可能的。与其说这是一种趋势，不如说这是一种生活方式。无论是和一个总是在任何项目上做最少工作的人一起工作，还是和一个对自己的卫生问题不在意的人同居（他甚至把脏盘子留在水槽里），或者与邋遢的邻居相处，他的花园杂草丛生，垃圾成堆，每次你经过时都会心烦意乱——这些为什么会引起这么大的愤怒呢？

长期懒惰的人打破了一个神圣但不言自明的事实：当每个人都参与进来，在公共企业中尽自己的一份力量时，社会纽带就会得到加强。另一方面，当有人经常性地拖欠自己工作的份额时，这些纽带就会被切断。当一些人似乎没有意识到，或者不关心他们因没有尽自己的力量而给别人带来挫折时，这就违背了我们的公平感。我们常常会对偷懒者的行为感到愤怒，并向任何愿意倾听的人抱怨。这不仅仅是为了发泄，它还可以作为一个完整性检查。如果别人同意我们的观点，那么我们就有理由生气，并且有可能更坚持自己的观点。但话又说回来，第三方可能会从不同的视角提供信息。如果我们发现让我们如此恼怒的那个人正在与某种精神疾病作斗争，是神经功能丧失而导致的懒惰，这可能有助于平息我们的怒火。如果住在隔壁的人属于千分之一的精神分裂症患者，我们或许能够在脑海中重新定义这种情况，而不是将它归咎于懒惰。我们可能意识到，他们的花园之所以处于如此不光彩的状态，并不是因为他们自己选择忽视社会责任，而是因为他们的动机水平受到了帮助抑制他们错觉的药物的抑制[1]。你最终可能会得出这样的结论：与其向任何愿意倾听的人抱怨他们是多么糟糕的邻居，还不如向他们伸出援助之手。更好的方法是，让你懒惰的青春期孩子为他们免费提供园艺服务……

如果没有可减轻处罚的情节使某人自由选择和追求建设性目标，那么对他们的冷漠感到愤慨是完全合理的。在这一点上，可以合理地认为它归类于懒惰的罪恶。如果我们完全相信懒惰是自由选择的，那也许是时候推出社会惩罚了。那些没有做好分内工作的人会发现自己在背后被人说闲话。这可能看起来微不足道，但传播一个人有逃避责任倾向的消息甚至可以被认为是一种道德责任，它可以帮助其他人避免痛苦的学习过程。

沙发土豆

有一个非常现代的人类族群，他们赤裸裸的懒惰经常被人忽视。因为该族群中更严重的罪犯很少出现在公众面前，因此，除了那些碰巧与他们生活在一起

1　消极的症状会削弱精神分裂症患者的动力，无论如何，这些症状也是精神分裂症的一部分，但有一种怀疑是，能够减少妄想和幻觉的多巴胺阻断药物可能会让冷漠变得更严重。

的人之外，大多数人都看不到他们对履行职责的厌恶。如果你碰巧碰见他们中的一个，你很可能会发现他们一动不动地坐着，只是发呆。他们的懒惰很可能被一种高度专注的表象巧妙地掩盖了，千万不要被愚弄。

在审判日到来的时候，这些人可能会发现自己受到了来自地狱的体育老师贝尔菲戈的欺侮和哄骗，进入了永恒的马拉松。这些人自由地选择在地球上花短暂的时间，激烈地追求纯粹的虚幻的目标。尽管这些目标就算实现，对他们自己和他们所属的社会也都没有任何价值。相反，那些成功保住工作的人，可以在地球上任何地方的公共汽车、飞机和火车上，在人们的眼皮底下，眯着眼睛盯着屏幕。

这些人都是科技的奴隶：糖果游戏的糖果粉碎者、Facebook的狂热者、Instagram的懒汉、Snapchat的仆人和Twitter上的懒汉，他们把空闲的每一分钟都花在了屏幕上。这些人都是成年人，他们把空闲的每一分钟都花在了与食人魔、小矮人、机器人和太空海盗的虚拟战斗中，并与许多大型多人在线游戏连接在一起。这一群体还包括那些牺牲宝贵睡眠时间的父母，他们在孩子们终于上床睡觉后，在舒适的客厅里开夜车玩宾果游戏，玩虚拟轮盘赌，参加扑克锦标赛。所有这些让人分心的数码产品，都浪费了原本可以用来做一些有用事情的数千小时宝贵时间。

　　Steam是一家大型在线游戏公司，它记录了用户玩游戏的时间。在这堵"耻辱之墙"上，所有排名前十的人的累计游戏时间都超过5万个小时，平均每年超过5 000个小时。请记住，即使你每天玩8个小时，一年365天，你也不会达到3 000小时的目标。很明显，有些人在玩电子游戏时牺牲了所有其他活动。正如那些过度消费网络色情作品的人以一种方式重新连接他们的纹状体，该方式偏向于追求色情的动机，而不是其他事情；同样的事情也会发生在那些每年花这么多时间投入电子游戏的人身上。如果类似的"耻辱之墙"被编辑出来，指向这些人心甘情愿每年浪费数千小时浏览色情网站、YouTube上的宠物视频或者他们最喜爱的社交媒体，我们可能会发现，懒惰不仅是我们时代的七宗罪之一，同样也是最普遍的致命罪行。

　　并不是所有使用这些应用程序、在线赌场和让人上瘾的电脑游戏的人都犯了懒惰罪。在其他方面富有成效的生活背景下，人们如何度过业余时间完全取决于自己，不管是想花在智能手机上、平板电脑上，还是电脑显示器上。甚至有越来越多的证据表明，玩"第一视觉射击游戏"实际上可以提高各种认知能力。但总会有很多人做得过火。鉴于这些数字创作是专门为鼓励强制参与而设计的，只有最自律的人才会控制对它们的使用。遗憾的是，许多人最终把大部分的业余时间浪费在了可能被客观地视为毫无意义的数字追求上，最终可能对他们的整体生活质量产生纯负面影响。

在当今这个时代，最令人讨厌的懒惰之人是那些每天一有空就摆弄手机的人，尽管他们有着勤奋的幻想。在这些数字偶像崇拜的超级消费者的纹状体回路中通常没有先天缺陷，他们的多巴胺水平在刚开始时也没有表现出不足。由于这些人中的绝大多数自由地选择将过多的注意力、动力和精力投入到那些在宏伟计划而毫无价值的消遣中，他们确实成为懒惰之神的孩子。

虽然适度使用数字娱乐工具没有什么错，但大多数人都不会停下来认真考虑这些久坐不动的活动所带来的潜在负面影响。这可能只是因为这些技术出现的时间不长，出现得太快，以至于我们没有时间去评估情况或调整我们的行为来避免负面后果，我们下一代可能会取得更好的平衡。但是，由于科学和社会仍在努力，试图掌握数字时代的利与弊，所以我们是实验的一代。在一项规模庞大的全球研究中，不知情的小白鼠往往占了很大的比例。

游戏设计师必须承担部分责任，因为可以说他们比任何研究纹状体的科学家都更了解人类奖励途径的动态（尽管是隐含的）。他们拥有的数据比任何国际合作的科学实验室之间都多，而且他们在经济上受到激励，让我们尽可能多的人对他们的产品着迷。地球上没有任何实体比游戏产业更了解如何创造一种与毒品无关的极乐体验。这种体验如此丰富，以至于人们每天都会不断地光顾，并经常将其置于所有其他活动之上。你可能会觉得这是夸大其词，觉得游戏是无害的，但事实是——它已经导致了死亡。如果说美国是煤矿里自恋和肥胖的金丝雀，警告世界其他国家将会发生什么；那么当涉及与科技的过度接触时，东亚就像一个水晶球，让我们对未来的发展有一个预先了解。

2005年，一对韩国夫妇不小心饿死了他们三个月大的孩子，因为他们完全沉浸在一款照顾虚拟婴儿的游戏中，这是一个可怕的讽刺。2007年，张先生在连续50小时玩《魔兽世界》后在中国去世。2012年2月4日，《台北时报》刊登了一篇文章，报道了一名23岁的男子在长时间轮班后，又在网吧连续玩了10个小时的游戏后被发现死亡。这篇文章的惊讶之处，并不是说居然有人会因为玩游戏而死亡——按照东亚的标准，到2012年，这样的情况并不罕见——而是没有其他游戏玩家注意到他们正坐在一具尸体旁边，直到尸体因僵直而变青变硬。

本可以用来做一些有意义和有用的事情的大量时间和精力，却浪费在了毫无成就的活动上。有些人可能现在已经沉迷于游戏[1]，但没有人一开始就是这样的。在导致上瘾的大脑发生变化之前，当人们仅仅因为从过度沉迷中获得巨大乐趣而产生过度沉迷的冲动时，他们就犯了懒惰罪。一旦一个人把足够多的时间投入到他们的激情中，就很难再灭掉这些激情。就像一个暴食的人变得病态肥胖，或者是一个沉迷于色情的狂热者沉溺于他的欲望，以至于达到了网络色情成瘾的程度。当游戏变得具有强迫性[2]而不是冲动性[3]时，纹状体就会发生变化，因此很难判断一个人是犯了致命之罪，还是仅仅是另一个无助的瘾君子。

社会的某些阶层对无家可归者、长期失业者和精神病态患者缺乏动力的态度可能非常严厉，但这些人其实都不能自由地选择自己的命运。懒惰的指责应该留给那些自由选择把所有的业余时间和精力浪费在无聊娱乐上的人。

1　据英国广播公司4台故事村纪录片《网络瘾君子》报道，仅在中国就有400多家戒网瘾中心。

2　强迫性：不再与它是否带来快乐有关。

3　冲动性：由于有趣而具有诱惑力。

忘记宗教吧，应用商店里才真的包含了大众的鸦片。很可能是未来大众的海洛因——虚拟现实——将很快进入我们的家庭。希望我们已经从第一波硅谷革命中吸取了教训，否则我们可能会发现自己都被卷进了贝尔菲戈的数字黑洞。

第六章

贪婪

骆驼穿过针眼都比富人进入神的国度更容易。

——《马太福音》

从历史的角度看贪婪

　　佛教、伊斯兰教和基督教都警告过贪婪的危险。在佛教中，对贪婪是非常严肃的；它认为贪婪是三种精神毒药之一，与愤怒和无知一起被认为是启蒙的主要障碍。伊斯兰教警告说，对财富的贪婪追求最终将导致"破坏和毁灭"。在基督教中，尽管大多数人都熟悉"针眼"这句话，但圣保罗最简洁地提出了反对贪婪的理由。

　　保罗出生于今天土耳其地中海沿岸附近的塔尔苏斯，他是罗马公民，也是一个虔诚的犹太教徒。起初，他名为索罗，是一名帐篷制造商，并不崇拜耶稣；但根据他留下的信所说，他在前往大马士革的路上经历了戏剧性的转变。他对耶稣教义的信仰如此之深，以至于他最终成为《圣经》27卷中13卷的作者。圣保罗是最早指责那些一生似乎都在追逐财富的人的基督教作家之一。他被认为是拉丁短语"Radix Omnium Malorum Avaritia"的作者，翻译过来就是"万恶之源是对财富的追求"。每个单词的第一个字母连接拼出了R.O.M.A.(意为"罗马")，似乎正是他对古罗马人痴迷于财富和富裕的披露激发了他的这种洞察力。

"贪婪"一词来源于拉丁文"avarus"，翻译过来就是"贪得无厌"。这里的关键词是"过度"。对福利和物质财富的渴望本身并不是主要问题。贪婪作为一种恶行的地位，就是为了要把对财富的过度欲望从社会中驱逐出去。当获取财富成为一个人生活的主要目的时，它可以激发各种各样的反社会行为。因此，当教皇格里高利把骄傲放在所有七宗罪的最前面和最中心的时候，几个世纪以前，圣保罗就已经提出这些罪实际上都源于贪婪。

古希腊人永远走在时代的前列，他们的词典中有一些奇妙的词汇，完美地捕捉到了贪婪的本质。"Pleonexia"(贪多务得)描述了一种"对获取更多的痴迷"。"Philargyria"描述了"对金钱的过度渴望"。基于这些观点，圣保罗关于贪婪之罪的概念可以最好地被描述为两者的结合：不管一个人已经拥有了多少钱，仍然有一种对获得更多金钱的痴迷。

玛门是彼得·宾斯菲尔德主教指派给贪婪的地狱

王子，在雅克·科林·德·普朗西的《地狱词典》中，他被描绘成一个干瘪的老头，双手呈保护状地抱着一袋袋钱。这向我们介绍了贪婪的另一个重要方面：它常常激发锱铢必较的吝啬。另一件伟大的艺术作品是乔治·弗雷德里克·沃茨（George Frederic Watts）画笔下的玛门，画的是一个非常胖的男人，王冠以欢快的角度戴在其头上，他的膝盖上堆着一袋袋现金，用手掌把一个乞求者的头往下推到地上。这让我们想到，一旦一个人拥有了巨大的财富，他往往会利用随之而来的权力降服他人。随着这一章的展开，我们将会看到，一个人的财富似乎确实会影响财务决策中亲自我和亲社会之间的平衡，使其朝着自私的方向倾斜。

关于全球财富分布的最新统计数据表明，贪婪可能比我们人类历史上任何时候都更猖獗。瑞士信贷最近的一份报告显示，全球0.7%的人口是百万美元富翁，占全球物质财富总额的45%。另一种解释是，1%最富有的人拥有的总财富超过其余99%的人的财富之和。而且，正如我们将看到的，这1%的人在维持年复一年的不平衡方面确实表现出色。

当谈到贪婪的反社会影响时，不仅仅是一小部分人攫取了所有本来可以更公平地分享的财富，已经有令人信服的论据表明贪婪是所有欺诈、腐败和盗窃的根本原因。自从人类发明货币以来，金融和欺诈就一直是紧密相随的伙伴，从那时起，我们就一直在互相欺骗、贿赂、诈骗、贪污。话虽如此，尽管有人警告过贪婪会对社会产生反社会影响，但许多人似乎还是觉得贪婪只是一种强烈的意愿。

贪婪，没有词比这个词更好

这句话是电影中的亿万富翁戈登·盖柯在1987年好莱坞电影《华尔街》（*Wall Street*）向股东发表演讲时说的。这种情绪与20世纪80年代末股市繁荣的氛围产生了如此深刻的共鸣，以至于这个角色为迈克尔·道格拉斯赢得了奥斯卡最佳男演员奖。那时，他出色扮演的角色已经是一个为大家所熟悉的人物：一个极具进取心的商人，无论已经积累了多少金钱，他人生的唯一动力都是不断增加自己的财富和权力。自那以来，全球已有数千人成功效仿戈登·盖柯。唐纳德·特朗普（Donald Trump）的畅销书《交易的艺术》（*The Art of the Deal*）在1987年上架时售出了100多万册，他在书中明确表示："你可以贪婪，但重点是你不能太过贪婪。"

但戈登·盖柯和唐纳德·特朗普并不是首先将贪婪称赞为美德的人。早在贪婪出现之前，就有人认为，在某些情况下，贪婪可以成为一种向善的力量。事实上，两千多年前，雅典将军兼历史学家修昔底德（Thucy-dides）承认，尽管他一生中观察到个人贪婪的所有负面后果，但就其激励人们的能力而言，它也发挥了不可否认的积极作用。事实上，自那以后，许多人都认为，对于繁荣的经济而言，贪婪是一个至关重要的因素。经济学家亚当·斯密（Adam Smith）曾有一句名言："我们期待我们的晚餐不是出于屠夫、酿酒师或面包师的仁慈，而是出于他们对自身利益的关心。"

在1987年，比起商业书籍和好莱坞电影，我更喜欢卡通片，所以我第一次接触到贪婪的概念是斯克鲁奇·麦克老鸭。斯克鲁奇是迪斯尼鸭子故事中的一个关键人物，他是个成功的商人，拥有巨额财富，但当谈到他巨大的金币库时，他却非常吝啬，总是渴望抓住任何增加他财富的机会。尽管他很富有，但他坚决拒绝与他深爱的侄儿休伊、杜威和路易分享财富，无论他们如何试图强迫他为他们各种轻率的计划提供资金。鸭子的故事通常还包括鸭叔为提高一笔或另一笔灰色交易的盈利能力而斗嘴斗爪，丝毫不担心由此给其他人、社区或当地环境带来任何损害。这将人们的注意力拉回到贪婪之罪的核心反社会影响上：索取过多是否意味着剥夺他人应有的份额，还是实际上给他人造成伤害；对贪婪之人而言，这都没有什么区别，对他们来说，这就像耳旁风一样。

在商业世界中，判断一个决策是邪恶的还是完全合理的是一件棘手的事情。在福布斯富豪榜的顶端，我们发现比尔·盖茨（Bill Gates）的净资产估计超过750亿美元。思考贪婪在多大程度上是帮助他达到如此令人兴奋的个人财富高度的内在因素，这一点很有趣。早在1975年，他就与保罗·艾伦（Paul Allen）一起创立了微软。艾伦在富豪榜上排名第40，名下只有175亿美元。有充分的理由相信，他们很愿意故意让别人破产，以赚取自己的利润。他们想要压垮竞争对手的证据来自1998年的一场法律诉讼，当时美国司法部对微软提出诉讼，指控其商业策略旨在"消灭"竞争和"切断空气供应"。当时，他们刚刚从三菱（MITS）、数字研究（Digital Research）和国际商业机器公司（IBM）等先锋计算机公司的初级合作伙伴，发展成为世界上最强大、最具征服能力的公司之一。但这是贪婪的游戏还是公平的游戏？有些人会把这种行为视为贪婪的一个极端、持久的例子。其他人会认为这是世界上有史以来最伟大的两位商人做出的精明决定。正如我们将看到的，在界定金融世界贪婪的善良和邪恶的界限时，这个灰色地带尤其具有破坏性。尽管微软的商业行为在两位联合创始人是对是错的问题上可能有些模棱两可，但伯尼·马多夫（Bernie Madoff）的丑闻则完全不同。

伯尼·马多夫因诈骗巨额资金而臭名昭著。他在几十年的时间里，从投资者那里获得了650亿美元。但是，他究竟是怎么逃脱了这么长时间的呢？可能是他富有感染力的魅力，著名的和蔼可亲？其实，这与他在选择谁有机会成为他的核心圈子的一员所培养的排他性有关。马多夫不会随便从别人那里拿钱，除非你能找到一个已经参与投资的人把你介绍给他，否则你不可能成为这个计划的一部分。想要成为投资者的人对最终能够进入这家独家俱乐部感到兴奋，这可能让他们放松了警惕。

另一个让马多夫保持低调的因素是，与20世纪20年代的庞氏骗局不同，他没有提供一个壮观的快速致富计划。在一个出了名的不稳定的股市中，以每月1%的增长率（当时的标准衡量，这是一个相对温和的升值速度），他保持了稳定增长，但没有巨额利润。因此，他倾向于吸引更谨慎的投资者，而这些规避风险的人的参与无疑进一步打消了新投资者的疑虑。马多夫在1991年至1993年担任纳斯达克非执行董事长，这一事实或许也减轻了人们对他可能是骗子的怀疑。他吸引的投资者最初是他乡村俱乐部的朋友和同事，后来发展成为资金充裕的对冲基金和大型慈善机构。他们每月都会收到一份看起来很专业的报告，详细描述了备受尊敬的蓝筹股公司的股票销售和购买情况。然而，每一笔"交易"都是完全虚构的。如果2008年的金融危机没有发生，导致他的许多投资者要求他返还他们的资金，他可能永远不会被揭穿。顺便说一句，如果你想知道演员凯文·培根最近为什么要高调地参加一些广告宣传活动，这可能与他在马多夫骗局中损失了全部的财富有关。《华盛顿邮报》（*Washington Post*）公布了一份受影响人员和机构名单，其中包括投资规模的详细信息，这确实有助于传达这种欺诈行为的严重程度。

从只考虑交易的利润最大化而不考虑对他人的附带损害，一直到编造谎言网，试图让人们投资欺诈性的计划，那些落入贪婪之手的人在金钱危在旦夕时，以难以置信的、以自我为中心的方式行事毫无问题。他们这么做的原因似乎很清楚：他们被一种不惜一切代价实现利润最大化的贪得无厌的欲望所驱使。问题是，有些人生来就是贪婪的吗？还是随着时间的推移，人们必须学会贪婪的习惯？

贪婪从何而来？

神经经济学是神经科学的一个分支，研究大脑如何做出基于价值的决策。通常，研究这些涉及人类在大脑被扫描时做出某种财务决策的方式是使用fMRI。最近在200项神经经济学研究中寻找一致性的一项荟萃分析发现，对于那些被认为更有价值的选项，相比其他区域，有两个大脑区域总是被更强烈地激活。我们以前遇到过的这两个区域似乎总是更喜欢多而不是少，即腹侧纹状体和mOFC。人们总是选择预期奖励值最高的选项，即在其他条件相同的情况下，在这些奖励通路结构中引起最强反应的选项。那么奖赏通路的连接是否可以解释人们对更多的过分渴望？

当一个人饥饿的时候，给他一根香蕉，OFC的某些部分会以极大的热情做出反应。让他吃香蕉吃到饱，然后再给他一根香蕉，他却几乎不会有任何反应。这是因为激活水平与香蕉的绝对客观价值无关（在你写这篇文章的时候，在伦敦普通的商业街超市里，一根香蕉的价格是20便士），而是与人当前状态的相对主观价值有关。虽然大脑的这些区域最初是为了帮助我们最大限度地获得各种有助于我们生存的主要奖励，如食物和饮料，但它们也可以被训练来响应次要奖励，如金钱（我们知道可以用来交换食物、饮料和其他商品）。一些研究表明，大脑前部的OFC部分已经成为人类对金钱做出反应的专门部分，而稍靠后的部分则更喜欢我们实际上可以直接消费的奖励。无论哪种方式，当涉及钱的时候，尽管奖励途径对主要奖励的评估会随着我们当前的状态——我们的饥饿或口渴程度——而改变，但我们几乎总是更喜欢给我们更多而不是更少的选择，不管我们一开始有多少钱[1]。更倾向于更多的选项，这是一回事，但正如我们稍后将看到的，如果选择最大化财政收益的选项意味着伤害他人，我们可能会感到气馁。

为什么我们的大脑在大多数情况下更喜欢多而不是少？大脑回路内建立的对"多而不是少"的偏好，可能是通过鼓励积累过剩的资源来改善我们祖先的生存前景。回溯到史前时代，寻找足够的食物维持生命是一场每日的战斗，任何剩余的食物都可能在艰难时期决定生死。一旦皮下储存的多余脂肪消耗殆尽，又会怎样呢？当连续的狩猎和觅食之旅遭遇厄运或自然灾害导致食物短缺时，那些储存了一些备用粮食的人

1　这条经验法则有一个例外，当钱从我们这里拿走，捐给一个有价值的慈善事业时，奖励路径的激活会增加，尽管这是个人的经济损失。令人高兴的是，这表明给予其实是一种奖励。稍后会详细介绍。

比那些没有储存的人有更大的生存机会。因此，不难想象，贪得无厌的人是如何成功地将他们的基因遗传给下一代的，而不那么贪婪的人是如何被消灭的。在危险无情的环境中，当谈到贪婪的生存价值时，也许像戈登、斯克鲁奇和唐纳德这样的人物仅仅是进化过程中不可避免且不幸的产物？

这种过于简单化的贪婪观的问题在于，如果石器时代的祖先总是以一种过分贪婪的方式行事，那么从长远来看，这最终会给他们带来问题。对于像人类一样高度依赖与他人合作的生物来说，如果有总是要得到超出其公平份额的坏名声，除了史前氏族中最具统治力的成员之外，其他所有人都将面临致命的危险。如果积累盈余总是以牺牲他人为代价，那么他人可能最终会厌倦这种自私的行为，并采取措施惩罚犯罪者，最终可能会把犯罪者赶出群体，让他们到荒野中自谋生路。在那个时候，这样的命运会让把后代抚养长大的最终目标变得更加棘手，就难以将基因传给下一代。因此，必须在获得更多的自我欲望和亲社会本能之间取得平衡，这两种本能帮助他们保留了"内圈"的成员身份。

与任何一个单独的个体相比，人与人之间的合作更有可能成功地建立并维护过剩的资源，共同渡过困难时期。即使从群体中最强壮、最快、最高大、最狡猾和最好的猎人的角度来看，盈余也是在可信的合作者的帮助下抵御食腐动物和掠食者的最好方法。对于像我们这样依赖社会的物种来说，对更多的渴望必须与社会孤立的危险相平衡。这是一种内在的感觉，即我们在战利品中所占的份额如何与其他人相比，以及它是否公平。

公平和欺骗的艺术

对多而不是少的普遍偏好并不是人类独有的，它甚至不局限于哺乳动物，在动物王国里相当普遍。给定两个选项之间的选择，一个选择比另一个包含更多的好吃的食物；各种各样的动物，从黑猩猩、狮子和鬣狗、鸟类，甚至墨鱼[1]都表现出了计数能力，都偏爱更大的数字。公平感在动物王国里更为罕见。

从十种不同的灵长类动物和少数几种鸟类身上收集到的证据表明，它们具有快速判断"公平份额"的卓越能力。和我们一样，其他物种也有一种明显的倾向，当它们发现自己的份额比同伴少时，就会十分生气。贪婪的动物总是试图占有更多，而社会制裁就是

---

1   信不信由你，墨鱼能数到五。

用来阻止它们试图在未来再次超越目标份额的 [1]。

对人类来说，这种公平感在生命的第二年开始出现。如果一个婴儿发现自己处于不平等份额的一端，就会经常发脾气。这可能会帮助他们在未来获得与其他人平等的份额。当然，在那个年龄，因为他们的公平感还没有得到恰当的校准，所以他们经常会搞错。

在贪婪而不被抓到的情况下，让自己比别人得到更多的好处，需要花更多的时间。几个不同的大脑区域，每一个都扮演着不同的角色，必须在所有相关的组件到位之前成熟起来，以确保这些贪婪的行为不会被发现。即使在3岁的时候，人类的孩子在很大程度上仍然被锁定在第一人称的视角中。在这个年龄，他们根本无法完全站在别人的角度考虑问题。如果他们拿起妈妈放在厨房桌子上的一串钥匙，趁妈妈不在的时候把它们放在抽屉里，但当妈妈回来找钥匙的时候，他们不会明白为什么妈妈不知道钥匙在哪里。他们从另一个人的角度理解世界的能力（甚至是从他们自己母亲的角度），还没有开始发挥作用。对我们这些成年人来说，很明显，如果母亲在钥匙被移动时不在房间里，

1　虽然在动物的社会等级体系中占据主导地位可以让某些个体有特权获得更多的份额，但它总是会给处于同一等级的人带来麻烦。

她不可能知道钥匙现在在哪里。在4岁的时候，这种令人印象深刻的换位思考能力突然出现了，但这是对某些大脑通路进行了相当深入的研究之后。

支持这种能力的大脑变化通常发生在3到4岁之间。它们涉及特定的一束白质纤维的成熟，这是一种将电脉冲从一个大脑区域传送到另一个大脑区域的神经元电缆，称为弓状束。这条特殊的信息高速公路将颞顶叶交界处（TPJ）与腹外侧前额叶皮层（vlPFC）的特定区域连接起来。虽然TPJ使我们能够从另一个人的角度来理解世界，但是vlPFC的补丁对于做出决策时考虑我们和他们的观点之间的差异是至关重要的。这种能力被称为"心智理论"（Theory of Mind, ToM）。一旦它开始正常运作，它就会成为一种工具，确保我们将自身自私利益最大化的冲动不会危及我们的人际关系。当然，要做到这一点，其中一种方法就是歪曲事实。

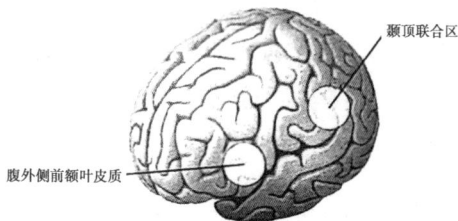

颞顶联合区

腹外侧前额叶皮质

图8 ToM描述了完全掌握他人所思所感的能力。这种能力普遍被认为取决于弓状束的成熟。弓状束是连接颞顶联合区和腹外侧前额叶皮质的白质束。

我们每天都在使用ToM，它是无价的，有助于确保我们与他人的互动时，倾向于取悦他人，而不是与他人产生不愉快。有时为了达到这个目的，我们需要用欺骗来避免伤害别人的感情。如果有人问你："我的屁股穿这个看起来大吗？"大多数人的回答，完全取决于对方对"是"和"不是"的反应。不同的人想要听到不同的东西，所以你首先要考虑每种可能的答案的接受度如何。是说他们真正想听的话，还是告知真相，权衡如果你告诉他们真相可能带来的潜在社会惩罚，这在很大程度上取决于ToM。大多数TPJ发育完全的人会得出这样的结论：如果真相可能会伤害他们的感情，那么说一个"善意的"谎言可能会更安全。

小孩子由于发育不完全，完全不能考虑他人的观点，因此是可怕的说谎者。这使得他们容易在成功概率很小的情况下进行欺骗实验。例如，故意无视"不要碰蛋糕！"这样的指令。当一个人在厨房待上几分钟时，尽管从头到脚都涂满了巧克力，小孩子们还是会很高兴地试图否认自己做错了什么。这是一个"初级谎言"，是一种直接的欺骗，不顾别人能看到什么、不能看到什么，也不顾他们做了什么或不知道什么。一旦大脑中支持ToM能力的区域开始发挥作用，人类就可以开始说"二级谎言"，在这个过程中会开始考虑到他人的观点。7岁或8岁孩子就会说"三级谎言",除了考虑其他人的观点外,他们还会确保他们在隐瞒真相时所说的话与其他人可能掌握的任何其他事实和证据是一致的。

随着这些欺骗技巧的发展,孩子们会尝试最大化他们的份额,换句话说,在不被抓到的情况下变得贪婪。这样一来,早期石器时代的要求就可以得到满足:最大化自身利益,保持群体成员身份。也就是说,我们也发展了社会技能,使我们能够发现欺骗。任何孩子,如果被发现太过贪婪,很快就会发现自己要付出被社会惩罚的代价。虽然他们不会被遗弃在荒野,但他们可能会发现自己被别人唾弃。在正常情况下,这样的经历自然会减轻孩子的贪婪,这样他们就能维持他们的友谊。这种试图将自身利益最大化、同时采取措施保持组内成员资格的微妙平衡,每天都在世界各地的托儿所和学校上演,并通过反复试验加以磨炼。根据孩子成长环境的社会规范,这些小孩子会成长为成年人,对分配奖励的不平等有着不同程度的容忍度。

贪婪的大脑

行为经济学已开发出多种专注于决策的工具,它们要求参与者在实现利润最大化的愿望与可能因不公平行为而产生的影响之间进行权衡。这些游戏包括最后通牒游戏、独裁者游戏、公益游戏、囚徒困境等。本书是关于从神经经济学研究中得出的见解，研究人们在玩这类交易游戏时大脑中发生了什么，但我们将重点关注其中一个最有趣的发现——最后通牒游戏。

最后通牒游戏十分简单。比如说，有一个100英镑的奖金基金可供争夺，必须由两名参与者进行分配。一个人决定如何分配，另一方要么接受要约，资金按约定分配；要么拒绝要约，则双方都得不到任何好处。当这类研究刚开始的时候，人们普遍认为只要人们得到了一些东西，他们就会接受任何分配方式。毕竟，即使100英镑中只得到10英镑也比什么都没有强。至少当时流行的经济学理论是这样预测的。事实上，不仅那些接受提议的人几乎总是拒绝那些被认为过于贪婪的分配方式（如90英镑/10英镑、80英镑/20英镑、70英镑/30英镑），而且这种不公平的分割又出现得很频繁。结果呢？人们宁愿拒绝免费的钱，也不愿让另一个人的不公平行为逍遥法外。

让我们花点时间来看清楚这一点。实际上，人们愿意花30英镑（假设一个钱罐子的大小是100英镑，分配比例为30英镑/70英镑）来阻止其他人过度贪婪。提议者，即那些建议如何分割钱的人提出最贪婪的分割，而不是提出更公平的分割，表现出了一种内在的意识，即其他人愿意因为一个完全陌生的人的贪婪而惩罚他，即使这样做会让他们自己付出代价。另一方面，当玩家面对电脑时，这种效果就消失了。只有当人们相信自己在与人交往时，才会觉得有必要惩罚贪婪。

斯克鲁奇·麦克老鸭、戈登·盖柯、唐纳德·特朗普、比尔·盖茨和伯尼·马多夫有一个重要的共同点：他们的大脑就是不像这样工作。他们似乎都更能容忍别人做出让其他人处境更糟的财务决定。关键问题是，为什么？公平分享的自然本能阻碍了大多数人利用他人，但这显然是无效的。当人们考虑做一些有碍道德的事情，比如做出亏待他人甚至伤害他人的决定时，通常会受到负罪感等不愉快的社会情绪的困扰。社会制裁的威胁对玛门的信徒没有影响，即使是旨在防止这种行为的立法，往往也不能完全有效地阻止他们。似乎没有什么能阻挡贪婪者和他们追求更多利润的行为。

为了调和我们对公平的普遍倾向与人们通常在任何可能的情况下都被激励去最大化他们的财富的观点，多年来人们一直认为我们本能地被激励去自私。但一个可以抓住的好机会是，某些大脑区域可以介入来抑制这些反社会的冲动，帮助我们避免社会惩罚。2012

年，哈佛大学的大卫·兰德（David Rand）和他的同事发表了一项引人注目的研究，描述了10个不同的实验。在这些实验中，人们必须在各种不同的时间限制下，决定自己是独自行事还是和他人合作。实验目的是确定我们是否真的天生自私，抑制了这种需要合作的倾向，或者正好相反。令人放心的是，每当人们必须非常迅速地登记他们的回答时，或者在他们没有时间仔细考虑自己的选择之前，他们往往表现得更加公平。这一点，再加上世界各地其他实验室的补充研究，有力地表明，我们的默认设置是公平地与他人分享。换句话说，贪婪不是本能的，而是需要一定程度的有意识的思考。只有当人们花时间仔细考虑他们的决定时，他们才会选择自私的道路。

我们必须付出额外的认知努力来做出贪婪的选择，这一观点后来得到了一项出色的研究的支持。这项研究使用了突然爆发的磁刺激来破坏dlPFC区域——贪婪的影响被认为是从中产生的。当所涉及的区域被磁激活时，人们所提供的提议比平常更慷慨；dlPFC不受干扰时，人们更有可能参与"昂贵的共享"。贪婪与暴食的区别就在这里：虽然牵涉到欲望和暴食的PFC机制似乎抑制了这些诱惑，但牵涉到贪婪的PFC区域却似乎释放了诱惑。

20多项神经经济学研究独立调查了志愿者在玩最后通牒游戏时的大脑反应，通过荟萃分析发现，每当人们面临不公平分配的情况时，大脑的两个关键区域都会处于激活状态。不管哪一方处于不利地位，AI都会对不公平做出回应，它似乎对任何违反公平的行为都很敏感，不管这对个人本身意味着更大的份额还是更小的份额。另一个一致的激活出现在dACC，只有当别人从收入的不平等分配中获益时，才会观察到该点激活的增加。鉴于dACC在感受社会痛苦和处理冲突中的作用（见第二章，第35页），这些激活可以用不愉快的、似冲突的感觉来解释；当我们发现自己被他人利用时，通常会产生这种感觉。

最近出现了一种全新的工具，可以测量人们的相对贪婪程度，给他们的"贪婪性格"打分。它的测量形式是一个调查问卷，可以可靠地确定人们是否有强烈或微弱的贪婪倾向。这是任何旨在确定贪婪者的大脑与那些更喜欢公平的人的大脑有何不同的研究的重要先驱。遗憾的是，这项研究还没有完成。根据我们到目前为止所考虑的神经科学，我们可以预测，与不贪心的人相比，那些贪婪性格得分高的人可能有过于发达的dlPFC，而他们的AI或dACC中可能有可疑之处。只有时间才能证明……

建立对不公平的容忍

考虑到大多数人倾向于在各种神经经济学游戏中避免不公平的报酬分配，在现代社会，贪婪已成为一种常见的现象令人惊讶。由于缺乏功能成像研究来阐明贪婪和不贪婪的人大脑中发生了什么，我们将不得不寻找其他途径，以确定可能导致人们偏离对公平的默认偏好的关键影响因素。

几项研究表明，受过正规经济教育的人，在经济博弈中可能会为自己保留更多的钱、行为上不合作、说谎更频繁。他们的经济学知识可以帮助他们形成理性的论据，使他们在追求利润最大化的背景下做出任何反社会的决定都自我感觉合情合理。这可以通过多种方式实现。通过实践，他们可能能够减少不愉快的社会情绪的产生，也许是通过重复地逐渐抑制AI或dACC对不平等的反应。最近的一项fMRI研究为这一现象开创了先例，该研究表明，一个人越是重复自己的自私谎言，说谎的感觉就会越来越不舒服。在之前描述的研究中，大脑区域的dlPFC被磁脉冲抑制时，人们更有可能选择不那么贪婪的选项，因此dlPFC也可能参与其中。它可以提供一个信号的来源，抑制没有受过正规经济学教育的非贪婪人士在做出贪婪选择时所感到的不适。无论如何，经济学理论的知识似乎会提高一个人选择增加个人财富的可能性，而不考虑他人付出的代价，即使这意味着极度的不诚实。

除了接受正规的经济学教育外，富有似乎也会影响人们的贪婪倾向。拥有巨额财富可能会让人产生一种被保护的感觉，感觉自己与社会或法律后果隔绝开来。这是有道理的，因为富人请得起最昂贵的律师，而昂贵的律师通常会帮助人们逃避任何违反当地法律的营利性活动的后果。想必，能够负担得起最好的、有经验的法律人士所带来的心灵平静，会让非法的创造或保留财富的方法看起来不那么令人生畏。而且，正如我们将看到的，这并不局限于那些在财富和特权的氛围中长大的人。

以里奥内尔·梅西（Lionel Messi）为例，他是世界上唯一一位五次获得国际足联（FIFA）所有运动员都梦寐以求的金球奖的球员。他的父亲在一家钢铁厂工作，母亲在一条磁悬浮生产线上工作，以供养"里奥"和他的三个兄弟姐妹在阿根廷罗萨利亚长大成人。以今天的标准来看，这不像大多数人所说的享有特权的教养。然而，里奥内尔和他的父亲豪尔赫（里奥内尔成名后，豪尔赫成为里奥内尔的经纪人）在2016年陷入了麻烦，因为有消息称，他们在2007年至2009年逃避了一大笔税款。里奥曾被发现诈骗西班牙政府价值约410万欧元的所得税（合360万英镑），尽管他和父亲两人都在犯罪文件上签了名，但里奥却逍遥法外。他声称对从乌拉圭到瑞士的公司结构一无所知，而正是这些公司结构减轻了他的肖像权收入的税收负担（事实证明，这完全是非法的）。毫无疑问，一位非常聪明且昂贵的律师给他提供了帮助，说服了陪审团这一点。他的父亲实际上被判处18个月的监禁，但他声称他的税务顾问曾说过这种做法是完全合法的，所以即使是他父亲的判决也几乎肯定不会被执行。

逃税可能会使一个国家的国库失去急需的现金，但这种操纵的肇事者往往认为这是一种没有受害者的犯罪行为，因为没有人因此挨饿，也没有人因此直接遭受经济损失。在其他类似的情况下，许多富人和有权势的人实施的贪婪行为让数百万人承担后果。为此，我们将简要地谈论以下三个例子。

以众多知名银行家之一——斯坦利·奥尼尔（Stanley O'Neal）为例，他的完美合法的贪婪行为直接导致了2008年的全球金融危机。他在2007年之前一直担任美林首席执行官，在他的指导下，银行在高风险的次级抵押贷款市场进行了广泛的投资[1]。其直

1　次贷本质上是指把钱借给那些可能无力偿还贷款的人。

接后果是，这家银行的坏账敞口过大，以至于破产，不得不被美国银行收购。有几份报告显示，奥尼尔允许高风险投资的决定是有意为之，这些投资增加了将这家银行拖垮的可能性。事实上，人们认为这是种无意间的激励，导致他的总体遣散费（据报道为4 800万美元）比原本要高得多。显然，他觉得自己完全没有受到让公司破产带来的任何惩罚，因此他放任自己内心的玛门狂奔。

一个特别冷酷无情的恶性贪婪例子，是有关1985年"生活援助"慈善活动筹集资金的故事。该活动是为埃塞俄比亚遭受严重饥荒的数百万饥饿男女和儿童提供食物，该活动导致英国各地的慈善捐款达到前所未有的水平。然而事实证明，绝大多数援助资金并没有给予应被援助的对象。

当这些人的贪婪导致如此多的人类痛苦时，他们怎么能安于现状呢？2012年，一份权威的科学杂志发表了一项研究，其结论是："更高的社会阶层预示着不道德行为的增加。"该研究的含义是，社会经济地位较高阶层的人更贪婪。社会经济地位是根据职业、财富和教育程度等因素，描述某人在社会经济地位中的位置。该研究表明，相对于社会经济地位较低的人，社会经济地位较高的人始终表现出反社会倾向。他们更以自我为中心，对他人的观点缺乏认知。他们也很难产生同理心，在识别他人感受的能力上明显存在缺陷。

在繁忙的十字路口对不同类型的汽车进行监控，也显示出富人比穷人更有反社交的倾向。昂贵的汽车是社会经济地位较高的车主的代表，与通常由社会经济地位中等或较低的人驾驶的汽车相比，昂贵的汽车明显更有可能违反高速公路法规，在十字路口阻塞其他车辆和行人。

来自较低社会经济阶层的人往往生活在由更少的资源、更多的安全威胁和更大的不确定性所定义的环境中，因此，我们可以合理地预期，他们会偏离本能，纯粹是由于绝望而更频繁地采取行动。但事实似乎并非如此。欺骗他人的倾向似乎取决于人们对被抓住的后果可能有多严重的认识。换言之，如果下层社会的人被抓到过于贪婪，他们可能会觉得自己更容易受到针对他们的社会制裁。他们中任何人的贪婪暴露出来，都会发现自己处于困境，需要帮助时却发现自己孤立无援。另一方面，那些来自较高社会经济地位阶层的人，可能只是觉得自己受到了更大财富的保护，因为如果他们在贪婪行为中被逮个正着，并发现自己面临社会或法律惩罚，他们可以用这些财富来减轻惩罚。

大规模的贪婪

行为动力学建模是一门研究多种交流如何在大群体中进行的科学分支。与大多数神经经济学研究中使用的一对一研究相比，它创造了一种有效的方法来模拟贪婪是如何在更大的范围内运作的。这种更大规模的贪婪可以归结为多次迭代：要么剥削合作伙伴（以牺牲他们的利益为代价获取更大比例的利润）；要么合作，更公平地分配利润。

这与一般海盗故事中常见的情节转折没有什么不同，一旦他们最终找到了埋藏的宝藏，其中一个海盗就会考虑是否要杀死一个或多个同伙，以增加自己的战利品份额。在商业世界中，这种背后捅刀子的欺诈行为通常会以更微妙的方式实施，但其基本动机，即不计对合作伙伴的负面影响，实现利润最大化，本质上都是相同的。

无论是在商业领域还是海盗领域，贪婪的行为往往是由这样一种恐惧所激发的：如果你不先对其他人采取行动，他们可能会先把你打败。双方都知道，如果他们试图同时利用对方，双方都得不到任何好处，因此对可信度的评估成为最终决定的核心。

在这方面，人、机构和国家之间的信任水平，对决定是合作还是贪婪行为的大脑机制起着很大的作用。

有时，表面上贪婪的行为实际上是由对贸易伙伴缺乏信任的焦虑而引发的，而不是原始的、毫不退让的贪婪。那么在现代世界中，贪婪和自私，有没有可能真的从根本上是由恐惧驱动的呢？

对这些大规模经济互动进行建模的计算机模拟表明，合作的选择通常在几轮之后被取消，这些贸易伙伴经常在互惠的选择上违约。持续缺陷的选择很快就在相互作用的各种因素中蔓延开。只有一个例外。只要存在大量同质的合作伙伴集群，集群中心的合作伙伴被其他合作伙伴包围，与叛逃者接触最少，合作就能蓬勃发展。换句话说，孤立的合作群体可以在一轮又一轮的交易中生存下来。因此，建立一个由合作而不是纯粹的贪婪驱动的经济是有希望的。同样，如果我们继续沿着目前的轨道发展，那么我们将面临一场全球性灾难。

全球贪婪的长期影响

在一个长期看来将不可避免地走向可怕错误的体系中，专注于短期利润，可能是全球范围内贪婪之罪最令人担忧的方面之一。公地悲剧是威廉·福斯特·劳埃德（William Forster Lloyd）在1833年描述的一个理论场景，即如果所有人都利用自己的权利在公地（整个社区共享的草地）上放牧他们的牲畜，那么牧场很快就会过度放牧，以至于没有草留给任何人。如果集体中的每个人都永远专注于得到他们想要的东西，而不考虑每个人那样做的长期后果，那么共享的商品最终会毁了所有人。

我们的集体贪婪正在毁灭地球。世界各地的过度捕捞已导致鱼类资源的永久性破坏，世界各地的珊瑚礁正在以前所未有的速度消亡。为了给高利润的经济作物腾出空间而砍伐雨林，使脆弱的土壤失去了其替代养分的能力，使其再也无法维持植物的生命。我们每拿一个塑料袋，就为海洋逐渐充满塑料的过程做出了"贡献"，到2050年，海洋中塑料的数量将超过鱼类。以自我为中心的小个体贪婪行为正在成倍地增加，造成毁灭性的全球后果。我们需要从沃尔特·米歇尔（Walter Mischel）的棉花糖试验中获得灵感，试着变得更像那些控制了自己对即时满足的原始冲动的孩子们，支持那些从长远来看效果更好的行为。

尽管有如此极端的贪婪，但当大脑中相关的社会回路启动时，大多数人发现自己有动机公平分配财富。世界各地有许多社区组织起来保护公共区域，如保护牧场不受过度放牧的影响，保护渔业水域不受过度捕捞的影响。只有当不这样做的负面后果影响到社区中的每一个人的贪婪的欲望时，这个系统才会起作用。

如果外界干预，打破这种微妙的平衡，然后迅速消失，让其他人来处理后果，整个体系就会崩溃。这些机制在较小的规模上控制着个人的贪婪。当人们发现自己成为慷慨行为的接受者时，就会产生强烈的回报冲动。但当人们反复经历信任的背叛时，他们很快就会得出结论，如果自己不能打败他们，那不妨加入他们。我们之前考虑的行为动力学模型研究似乎明确支持这种民间智慧。

神经经济学研究清楚地表明，财富的不公平分配激活了通常在人们感到不适或厌恶（例如AI）和社会痛苦（dACC）时所涉及的大脑区域。反过来，这会促使人们希望看到反社会行为受到惩罚[1]。看到一个贪婪的人因为违反公平行为规则而受到惩罚，可能会引发奖励通路的活跃，这表明许多人会从看到骗子受到惩罚中获得乐趣。当作弊者没有受到惩罚，当贪婪的人被允许一次又一次地从不平等的份额中获益时，问题就出现了。

如果我们要作为一个物种在全球范围内从贪婪带

1　有趣的是，这是在男性参与者的大脑中观察到的，而不是在女性参与者的大脑中。

来的生存威胁中生存下来，我们就需要采取措施，更好地立法打击腐败，让我们这个世界的现代玛门为那些直接给他人带来痛苦的决定负责。如果有更多的诸如伯尼·马多夫之类因贪婪而受到惩罚，而有更少的诸如斯坦利·奥尼尔这样能从让数百万人遭受经济崩溃后果的决策中获得巨额利润，那么，在未来，贪婪的人可能会在故意欺骗其他人之前三思而后行。

当谈到地球供养人类生命的能力时，无论我们的社会经济地位是高等、低等还是中等，我们人类的命运确实是密不可分的。或许有一天，这将有助于遏制过度贪婪？如果富人用他们的巨额财富购买的法律保护不再存在，消除了不受惩罚的感觉，现代的玛门们可能会选择抑制他们贪得无厌的欲望，并开始倾向于有利于所有人的决定。与此同时，经济泡沫将继续增长，贪婪者将继续获利，银行由于投资于风险投资将继续破产，但总会被救助。因为我们知道，没有其他系统能够维持全球经济增长。所以我们一圈又一圈地来回打转……

第七章

嫉　妒

攀比是偷走快乐的贼。

——西奥多·罗斯福（Theodore Roosevelt）

在恶行描述的所有行为中，嫉妒无疑是最无趣的。色欲和暴食无疑是令人愉快的；放假时想怎么打盹儿就怎么打盹儿是人生最大的乐趣之一，所以懒惰也绝对是有乐趣的；考虑到人们在赢得《大富翁》这样的游戏时似乎总是很高兴，很容易推断出，这是现实生活中人们进行贪婪的"壮举"后自鸣得意的感觉。对一份工作的赞美所带来的自我提升是一种不可否认的伟大感觉，因此这就是骄傲的喜悦。当我们向一个伤害过我们的人施以凌辱时，我们也能得到短暂的满足，所以愤怒也是有它的趣味（见第八章，第257页）。但是没有人喜欢比别人更糟糕的感觉——所以在嫉妒中是没有喜悦的。

没有人愿意看到一盘看起来更美味的食物摆在另一个人面前，也没有人愿意在自己没有性生活的时候听到别人的性生活是多么的刺激。听到别人有更久的年假和更多的工资，我一点也不高兴。发现他人的房子、汽车和家庭娱乐设施比我们自己的更好时，也不会让我们满意。

嫉妒总是让人不快，主要表现在不适的程度和特质上。当我们听到没有邀请我们参加的聚会是多棒时，我们会感到嫉妒的刺痛；当我们听到一个同学的财富、幸福和成功远比我们多的时候，我们就会产生嫉妒的浪潮；当我们发现自己被一位职业竞争对手超越，尽管他们的工作没有什么特别，但他却赢得了赞誉和认可，这也让我们遭受了嫉妒的刺痛。至于嫉妒在触发到刺伤之间落在哪里，很大程度上取决于我们将自己与谁比较，以及他们与我们之间的差距有多大。

在20年的大部分时间里，苏珊·菲斯克教授和她普林斯顿大学的同事们在美国和世界上其他几个国家进行了几十次社会心理学实验[1]。这些实验表明，人们判断他人的主要维度往往集中在两个关键标准上：能力和热情。能力和热情都不具备的人，往往成为我们鄙视的对象；能力和热情都强的人，往往赢得我们的尊重；很热情但能力低的人，往往受到我们的同情。嫉妒是留给那些我们认为能力很强但不热情的人的。

1　他们想确保他们的发现不仅与美国人有关，这是一个很好的改变。

嫉妒总是使我们仰望那些我们认为有能力的人，但当他们被认为远远超出我们的地位时，就不会如此。当我们想到那些比我们有优势，但其他方面与我们或多或少相差无几的人时，我们往往会感觉到嫉妒使我们咬牙切齿。邻居、同龄人、来自学校的朋友、家人、同事和体育运动的队友——这些都是常见的嫌疑犯。嫉妒通常是在相对较小的差距中触发的：比如当一个同事得到一个更舒适的办公椅，一个邻居得到了一个你想要的精巧小玩意儿，或者一个老朋友在Facebook上发布了他们奢侈生活的照片。

　　贪婪是无限的，永远不顾眼前的财富，想得到更多，嫉妒则完全是相对而言的。每当嫉妒的感觉被释放，总会触及一个特定的人和我们自己之间的直接比较。当外部世界缺少我们可以直接比较的人，那么就不会有嫉妒。这意味着嫉妒和其他的恶毒的七宗罪的另一个关键区别是它是由外部因素而不是纯粹的内部因素驱动的。它需要竞争对手有更漂亮的衣服、更好的假期、更令人兴奋的爱好、更大的成功和更优越的特权，才能在他们拥有的和我们没有的之间形成对比。

　　广泛的心理学研究表明，嫉妒感的触发有四个基本前提。第一，与我们自己比较的人在社会地位上必须或多或少具有可比性。除非一个人本身就是贵族阶层的成员，否则他们不太可能对皇室成员的生活方式感到嫉妒。皇室与普通人的生活差异太大，以至于嫉妒无法真正产生。第二，我们对自己和他人的比较，必须直接关系到我们自己的情况。除非我们自己是一个男演员或女演员，当我们发现一个熟人在一部轰动的电影中成功地担任主角时，我们所经历的情感不太可能涉及嫉妒 [1]。超级富豪们可能会嫉妒地盯着对方的超级游艇，但对于一个连船主都不是的人来说，也不是游艇俱乐部的一员的人来说，当他们看到停泊在港口的豪华船只时，不会有嫉妒的情绪。他们可能会有钦佩、怨恨、矛盾、震惊、不解，但没有嫉妒。第三个先决条件是，被嫉妒的东西必须是很难达到的。第四个条件是必须认识到这种优势是不应得的。

玛丽·科尼耶和娜奥米·奥尼从12岁起就在伦敦东部的森林之门上同一所学校并成为好朋友。和许多青少年的友谊一样，玛丽被认为嫉妒娜奥米的美丽和受男孩的欢迎。虽然青少年嫉妒的强度在人们进入成

1　我个人可以证明这一点。在我唯一的表演经历中，我曾和罗里·金尼尔（Rory Kinnear）同台演出了一部学校话剧。当他在最近的詹姆斯·邦德电影中作为主角的得力助手出现在大银幕上时，我为他激动不已。我认为他很聪明，他的成功是完全应得的。如果我是一个演员，我可能会有不同的感觉！

年期时趋于缓和，但据她们一位共同的朋友说，在这个案例中，它发展成一种完全的痴迷。玛丽开始在许多方面模仿她的朋友，导致娜奥米后来声称"她抄袭了我的一生"。2011年，当玛丽·科尼耶给娜奥米·奥尼当时的男朋友发了一系列的短信时，一切都达到了高潮。她们互相辱骂了几个月后才开口说话，其间玛丽·科尼耶策划了一个邪恶的阴谋。2012年12月30日，时年21岁的玛丽在娜奥米工作的维多利亚秘密斯特拉特福德分店外等候。玛丽戴着面纱遮住脸，一路跟着她回到了她在埃塞克斯达根汉姆的家。当她们经过一个相对安静和隐蔽的地方时，玛丽拿出一个罐子，把里面的东西泼到了娜奥米的脸上。浓硫酸灼伤了娜奥米的皮肤，造成她脸和胸部疼痛，化学烧伤导致了永久性的毁容。当玛丽·科尼耶在策划和实施这一可怕的暴力行为时，显然受到了多种情绪的影响，但嫉妒无疑是这一可怕罪行的核心。嫉妒如何激发如此具有毁灭性的、有预谋的攻击的并不是一件简单的事情。也许宗教和哲学关于这一特殊的致命罪行可以提供一些重要线索。

历史观点

世界上大多数主要的宗教都告诫人们不要让嫉妒

脱离束缚。描述穆斯林兄弟们概念的伊斯兰教的圣训说："不要互相憎恨，不要互相嫉妒，不要背弃对方，而要像兄弟一样做真主的仆人。"印度教圣书《巴伽梵歌》（12.13）引用了克里希纳勋爵（Lord Krishna）的话："那些虔诚的信徒对我来说是非常宝贵的，他们对世界上所有的生物都没有嫉妒之情。"佛教有"irshya"（额尔什雅），翻译为"羡慕"或"妒忌"，它与欲望、愤怒、无知和骄傲一起，成为玛雅哈传统所描述的阻碍觉悟的五大罪行之一。

在一般的说法中，尽管"envy"和"jealousy"或多或少是可以互换的，但它们在本质上是不同的概念。"jealousy"是指当你已经拥有某个人或某物时所经历的情绪，你不顾一切地不想输给另一个人；而"envy"是指当另一个人拥有某个人或某物时所经历的情绪，你极度希望自己也拥有这些东西。

所以嫉妒，这个绿眼怪兽[1]，是一种让一个人对已经拥有的东西采取保护性行动的感觉，比如有人保护自己的爱人不受竞争对手的浪漫的影响，或者一个

---

1   "绿眼怪兽"一词出自莎士比亚之手：《威尼斯商人》中提到"绿眼嫉妒"一词，而"绿眼怪兽"一词最初出自伊阿古之口，当时他试图阻止奥赛罗因嫉妒表现出的愤怒。

孩子不让别人玩他们的玩具。另一方面，嫉妒包括想要别人拥有的东西。这使我们想到十条戒律中的一条："不可贪图邻居的家，不可贪图邻居的妻子、女用、牛、驴和邻居的一切。"圣托马斯·阿奎那曾说过，嫉妒的本质是"为他人的好而悲伤"，这一定义与诅咒一样，因为它很简洁。早在他之前，教皇格里高利就提供了一个更为详尽的解释，其中有一个很有帮助的清单，列出了那些令人憎恶的情绪是如何激发人们伤害他人的："嫉妒产生了仇恨、贬低、诽谤、邻居的不幸带来的快乐以及他人辉煌带来的不快。"

从古老的宗教文本到现代的哲学，我们发现了一些奇妙的观点，不仅是那些令人遗憾的行为可以激起嫉妒之情，更重要的是激起嫉妒之情的原因。亚瑟·叔本华（Arthur Schopenhauer）指出："一个人，一看到别人的快乐和财产，就会更加痛苦地感受到自己的不足之处。"把别人所拥有的与我们所拥有的东西进行对比时，会令我们感到自卑。在理解这如何导致像玛丽·科尼耶那样的可怕的怨恨行为时，伊曼努尔·康德（Immanuel Kant）在描述嫉妒的人发现自己"有意破坏他人的幸福"时，肯定把这一点描述得最为精彩。

顺便说一句，当但丁写到那些犯有嫉妒罪的人最终会被铅丝缝上眼睛时，他也许曾经希望以此减轻人们的痛苦，而不是让它变得更糟。如果我们不知道别人在干什么，我们就不能把自己和他们相比，这样就可以拔去嫉妒之蛇的尖牙。

可悲的是，玛丽·科尼耶的眼睛始终睁得大大的。多年来，娜奥米的美貌似乎让她更加痛苦地感觉到自己的缺陷。由于她强烈的妒忌之情，她最终"有意破坏"了娜奥米的"幸福"，剥夺了她的美貌，从而使自己变得更加美丽。这是一种恶意的嫉妒形式，在经典文学作品都可以看到它。

镜子，镜子

格林童话中邪恶的继母角色因嫉妒而臭名昭著。当魔镜回答"谁是最漂亮的人？"出乎意料地将答案从通常的"你是最漂亮的女人"转变为"白雪公主已经成为比你漂亮一千倍的女人"时，嫉妒爆发成了一种杀气腾腾的愤怒。在几次试图消除竞争失败后，邪恶的皇后最终成功地诱骗可怜的白雪公主吃了一个有毒的苹果。

奥赛罗是威尼斯军队的一名将军，他把一个地位不高的士兵提升到比旗手伊阿古更高的军衔。这在伊阿古身上引起的嫉妒激发了一个典型且错综复杂的莎士比亚式的致命复仇阴谋。伊阿古巧妙地利用嫉妒的力量，以荒谬的、间接的通奸证据为基础，诱骗奥赛罗掐死妻子苔丝狄蒙娜。只有吟游诗人才能如此轻松优雅地编织出一个关于嫉妒的故事。

从嫉妒引发的权力斗争到对竞争对手名声的恶意破坏（这就是上文中教皇格里高利提到的"诽谤"），充斥在我们每天的报纸、社交媒体新闻稿和当地的八卦网络中。在日常生活中，当我们处于嫉妒的魔掌中时，一个正常健康的人会走向极端。范围从偶尔的恶意嫉妒行为（如在邻居昂贵汽车的漆面上拖出钥匙痕迹），到卑鄙的邪恶行为（如密谋造成竞争对手永久性的毁容）。无论这种反应是微小的还是毁灭性的，嫉妒都能激发人们做出完全不理性的、纯粹是为了毁灭他人的行为。当嫉妒行为发生时，对自己来说都会带来巨大的损失。

想想这个。如果你能在年收入5万英镑（周围其他人收入不超过4万英镑）和年收入6万英镑（周围其他人收入不超过7万英镑）之间做出选择，你会选择哪一个？一项引人入胜的研究表明，如果在两种不同规模的工资之间做出类似的选择，人们乐于接受较小的工资，只要这意味着他们比他们周围的其他人得到更多。如果能确保别人不会比他们享有优势的话，人们真的愿意把钱扔进下水道。

嫉妒精神学

研究嫉妒的最有影响力的脑成像研究之一是由高桥秀彦（Hidehiko Takahashi）和他来自日本各个科学机构的同事进行的，并于2009年发表在著名的《科学》（Science）杂志上。他们发现，当核磁共振扫描器中的人面对一个更成功的对手的描述时，这个人感到的嫉妒感越强，在dACC的背侧或上部产生的活动就越大。想起什么了吗？我们以前遇到过这样的情况，比如自恋者在遭遇社会排斥时感到过度不适，又比如人们发现自己陷入了被不公平地分到一小块蛋糕的不适困境。每当一次社交活动产生的结果低于一个人的预期时，这种所谓的"认知失调"总是会在这个特定的大脑区域引发可靠的反应。

在这项特定的研究中，dACC发现的最有可能的冲突涉及对他们的优势对手的正面描述与人们对自己的感觉的直接对比。dACC是否是与他人相比时处于相对劣势的不愉快情绪的来源，还有待观察。由于观察到在自恋人格量表中得分较高的人，以及那些在被社会排斥时经历了更多社会痛苦的人，这一领域的活跃程度更强，这当然是有可能的。为了支持这一解释，以及增加dACC的活性，这项研究还观察到腹侧纹状体的活性降低。我们之前已经在与进食、色情图片和赢钱相关的预期奖励值的背景下遇到过背侧纹状体几次（参见第三章、第四章和第六章）。腹侧纹状体的活性降低通常发生在预期的奖励未交付时。在这种情况下，它可能反映了对一个优越的竞争对手的描述所引起的不适感。

每个人都在生活中的某个时刻经历过嫉妒的感觉，偶尔的不愉快的经历被称为"偶发性嫉妒"。"性格嫉妒"是不同的。它并非稍纵即逝，不是偶尔的轻微嫉妒，而是以更高的频率发生，停留更长时间，影响更深。在性格嫉妒量表上得分高的人通常会同意以下陈述："无论我做什么，嫉妒总是折磨我"或"嫉妒的感觉总是折磨我"。有一个很好的量表来记录不同的人在日常生活中受到嫉妒的程度，这样做的好处是它非常适合于脑成像研究。中国广州华南师范大学的向（音译）和他的同事进行了一项核磁共振研究，该研究根据个体的性格嫉妒得分，寻找不同的大脑结构差异，并将他们的发现发表在《自然》（*Nature*）杂志旗下的《科学报告》（*Scientific Report*）上。深入了解那些长期嫉妒的人大脑中发生的事情是很重要的工作，因为它与各种负面结果有关，包括抑郁、自尊心低下和工作出勤率低。

他们发现，嫉妒的人dlPFC一个区域的大小与普通人存在显著差异，该区域与普通人右侧前额发际线的位置大致相同。从每个人的性格嫉妒得分来看，他们每天经历的嫉妒越多，观察到的dlPFC就越小。在73次脑部扫描的数据中观察到这一点后，他们通过在27个完全不同的人身上重复实验来证实这一点。在这两项研究中，他们还进行了一项测试来测量情商（EQ）[1]，发现一个人的情商越高，dlPFC板块的体积就越大。在整个大脑皮质的广大区域中，处于dlPFC标签之下的区域通常与自我调节情绪和抑制冲动行为的能力有关。此处所涉及的dlPFC的特定部分似乎表达了抑制嫉妒相关的烦躁情绪的能力，而这种重要的认知能力似乎受到这种特殊大脑结构的大小的影响。

那些性格嫉妒得分较低的人，可能会得到更好的情商得分，这一点不足为奇。这些情商较高的人似乎能够更好地发挥自我安慰的影响，以平息因接触到更成功的同龄人的信息而引发的嫉妒情绪。言下之意是，

1　EQ通常被认为是IQ（智商）的对应物。"情商"一词被创造出来是为了捕捉智商无法捕捉到的智力的其他方面。智商测试包括晶体智力和流体智力的测试，即一个人的知识的广度和深度，以及他们找到问题解决方案的能力，且这类问题以前从未遇到过。另一方面，情商衡量一个人识别和调节自己情绪和冲动的能力，解读他人的情绪状态，并利用所有这些情绪信息做出正确的决定，与他人进行积极的社交互动。

这种抑制嫉妒的影响的根源是一个发展得更好的dlP-FC。

我们现在已经掌握了产生嫉妒的关键大脑区域和抑制嫉妒的其他区域，看到了嫉妒产生的环境，以及人们每天在受到它的破坏性影响时所付出的努力。有人猜测，玛丽·科尼耶对她儿时朋友的嫉妒所驱使的攻击涉及一个过度活跃的dACC、一个萎缩的抑制嫉妒的dlPFC板块和非常低的情商。但如果不扫描她的大脑，我们将永远无法确定。最大的问题是，考虑到嫉妒可能带来的麻烦，我们究竟为什么会进化出嫉妒的能力呢？

嫉妒的起源

正如我们在前面几章中所看到的，虽然幸福和悲伤等基本情绪往往会出现在出生后的第9个月，但社交情绪需要更长的时间，大约在36个月大时才会出现。这是因为嫉妒和内疚、尴尬以及羞耻一样，需要先塑造三个重要的神经系统，然后才有可能生成它们。

能够唤起嫉妒的一个先决条件是自我意识。有证据表明，自我意识通常出现在出生后第6个月左右。第二，小人们也需要发展能力去理解别人也有自我意识，然后完善自己独特的一套感情、优先事项、意图和欲望。我们在前一章中简要介绍了这一现象，这种现象被称为"心智理论"。第三，初出茅庐的人需要弄清楚相关的社会规范：他们的家庭、监护人和他们所生活的社会对他们期望的行为范围。确切地知道某个群体对我们的期望是能够在适当的时候感到内疚、尴尬、羞愧或嫉妒的必要前提。第三个步骤可以根据我们在世界上的什么地方长大，或者实际上我们寻求哪个特定的群体的认可而变化很大；但前两个步骤是通用的。

社会情感的体验——内疚、尴尬、羞愧和嫉妒——有点令人痛苦，这是有充分理由的。如果它们是令人愉快的，那么它们在阻止不适当的社会行为方面就不会很有用。它们是一个晴雨表，通过它们我们可以衡量我们的反社会倾向。当我们意识到自己的行为没有达到别人的期望时，我们会感到羞愧和内疚：羞愧是对违反主流社会规则的一种情感惩罚；当我们超越道德界限时。我们会感到内疚。我们的进化会让我们感觉到像这样令人不快的自我意识情绪，因为它们会帮助我们维持我们出生的或试图讨好的任何一个群体的善意。它们有助于减少因我们的不当行为而招致社会惩罚的可能性。它们帮助我们从每一次社会失礼中吸取教训，阻止我们重复反社会的决定，并加强而不是削弱我们的内圈成员资格。另一方面，嫉妒则略有不同。

考虑到嫉妒本质上的比较性，它被称为"他人的财富"情感，当我们注意到他人和我们之间的差距使我们处于劣势时，我们会感到嫉妒。嫉妒所起的作用通常与控制我们自己的反社会行为无关，而是更多地关注他人的动态，特别是他们与我们相比的表现。它提醒我们，我们可能落后于同龄人——这种社会情感驱使人们努力"赶上邻居"。

嫉妒可以被看作一个情感灯塔，警告我们不平等会让我们变得更糟。这种不愉快的经历——一种由他人优越感引发的社会痛苦——对我们而言就像荆棘，为采取行动提供了动力。可以采取各种行动来纠正这种不平衡，但并不是所有的行动都具有破坏性。例如，嫉妒感可能会激励我们坚持平等分享的权利。只要我们大惊小怪，就足以确保我们在未来不会被别人占便宜；它的副作用是迫使我们成为他人的眼中钉。虽然大多数社会情绪主要帮助我们调整行为，避免失去内圈的喜爱，但嫉妒却是另一种方式，它有助于确保我们享受到与其他人相似的群体成员带来的好处。在所有这些情况下，我们必须采取行动减少我们的痛苦，无论这意味着要改善我们的行为，或者如果我们受到不公平的对待时，让别人改善他们的行为。

他人的嫉妒情绪也可以帮助我们调节自己的行为。它可以帮助我们平衡自私、贪婪的本能，不断地最大化我们的利益，同时也需要避免让我们最亲密的盟友感到不快。我们可以尝试采取措施改变我们自己的行为，以避免引起别人的嫉妒。古希腊人在这方面有一些巧妙的伎俩（见第九章，第295页）。因此，嫉妒的另一个功能是帮助我们找到自我利益和群体利益之间的平衡点，从而避免落入他人恶意的接收端。

这种平衡点的设定，可以根据每个给定的亚文化中普遍存在的社会规则，从一个国家到另一个国家，从一个地区到另一个地区发生变化。无论在什么地方建立平衡，他人的嫉妒都可以在显示感知到的失衡方面发挥重要作用。在一些社会中，人们实际上陶醉于对他人的嫉妒，有时甚至采取措施强调所有有利于他们的不平等。而在其他文化中，人们会发现这种不平等是可耻的，因此立即采取措施来掩盖或纠正这种不平等。

嫉妒、内疚、羞愧和尴尬的感觉都是胡萝卜和大棒组成的狡猾神经系统的一部分，而众所周知的胡萝卜就是幸免于大棒的承诺。对这些自我意识情绪的体验促使我们避免重复任何引起不愉快心理状态的行为。而且，因为我们从个人经历中知道嫉妒是多么地让人不快，以及其他人可能因此准备去做的事情，所以这可能有助于控制我们自己的行为。所有自我意识的情绪，尤其是嫉妒，对我们规范人类集体行为的能力至关重要，将我们推向亲社会的目标：不是让我们陷入诱惑，而是将我们从邪恶中解救出来。这个系统总体上运行得很好，但它远不是完美无缺的。

不　公

嫉妒通常以不公正感为核心。我们的大脑有一种令人印象深刻的能力，几乎可以在瞬间判断价值。正如我们之前看到的（见第六章，第187页），奖励途径的反应更强烈地受到价值高的商品的刺激，而不是价值较低的商品。同样的神经机制可以专注于他人的财产或生活环境，迅速确定他们与我们相比做得有多好。我们一眼就可以分辨出我们的蛋糕与其他蛋糕的大小不同，从而在AI中触发响应，也许还会在dACC中触发响应。如果我们的蛋糕比其他人的更大——太好了！一种自鸣得意的暖意可能会在我们身上蔓延。如果蛋糕比其他人更小——嫉妒的齿轮可能会开始转动，导致一种强烈的冲动，想要寻找一种方法来纠正这种不

平衡 [1]。

嫉妒是由任何感知到的差异引发的，这种差异让我们觉得自己的境况更糟。以食物嫉妒为例——这是我们都可以接触到的东西——它通常开始于看到一盘食物被放在别人面前，看起来和闻起来都比我们自己的更有食欲。我们不仅羡慕我们的用餐对手能够吃到更令人满意的一餐，而且羡慕他们卓越的决策能力。一旦嫉妒让我们注意到了这种感知到的不平等，我们可能会开始考虑如何中和它，也许是试图说服他们互换食物。如果我们成功了，那么我们就可以成为享受高级用餐体验的人。如果我们打交道的人是合作的、和蔼的，那么食物嫉妒带来的不适往往可以很快得到缓解。如果另一个人愿意分一半给你，这种嫉妒也会很快消失。一旦两个潜在的食物经验都变得相同，因不平等而生的嫉妒便奇迹般地消失了。这样，嫉妒就可以成为促进社会平等的力量。

婴儿并不总是做得对的。当他们感觉到另一个孩子得到了最好的玩具时，当他们得到的食物比其他人的都小时，或者如果其他兄弟姐妹似乎比他们得到的东西更多时，他们往往会迅速发怒。成年人也通过负

1　假设双方在优先顺序上占据相似的地位。

面强化了解到，如果他们想要一点安宁和安静，他们需要避免（或至少掩饰）明目张胆地诱导嫉妒。当然，我的教女两岁半的弟弟已经掌握了这一点。在教女生日那天，我不能当着她弟弟的面给她礼物，否则随之而来的愤怒可能会让她家的屋顶倒塌。他刚刚萌芽的公平感对于他相对于他的姐姐所得到的东西是如此的敏锐，以至于他由嫉妒引发的愤怒似乎永远一触即发。他有自我意识，对别人的观点也有初步的认识，但在他还不到3岁的时候，他对什么是"公平"的感觉很大程度上是一项正在进行的工作。在此之前，他们家里的礼物赠送必须是隐蔽的，以防幼儿世界的末日接踵而至。

从本质上讲，兄弟姐妹间的竞争通常可以归结为嫉妒。尽管所有这些眼泪都是会让人神经疲惫，但这也是可以适应的。年幼的弟弟妹妹比年长的哥哥姐姐更不能够控制他们的幼稚情绪，他们会倾向于需要更多的关注，你可能会认为他们实际上需要这些关注。除了让年幼的弟弟妹妹得到父母更多的关注之外，它还让年长的哥哥姐姐习惯于接受生活中一些不可避免的不平等。兄弟姐妹间的竞争，尤其是嫉妒所感知到的兄弟姐妹的优势，通常在成年后变得成熟。在某些情况下，它们可能会持续下去，偶尔还会被完全夸大。

2002年2月的一天晚上，一名来自多塞特巴特科姆教堂农场的英国男子乔纳森·格里芬穿着黑色衣服，脸上涂上迷彩颜料，抓起一副夜视镜，让一个朋友把他送到了他兄弟所在的五头圣金廷村的农场附近。他偷偷穿过田野，闯入农舍，开始砍轮胎、砸散热器、割断了几辆拖拉机的油管、砸碎了挤奶厅的所有设备，造成价值7 000英镑的损失。这只是一场为期六年的破坏行动的开始，之后还包括各种各样的破坏行为，从砍开一袋袋青贮饲料和化肥到上胶挂锁、破坏金属门和破坏机械挖掘机。是什么激发了这场浩劫？没有人确切地知道，但他被从他父亲的遗嘱中除名很可能是其中一个因素。乔纳森的父亲弗兰克在1994年去世，比第一次事件发生早了8年。父亲最后的遗嘱和遗书上说，他的斯金纳农场——位于多塞特郡布兰德福德附近斯托克威克的农场——由他的遗孀弗洛伦斯和乔纳森的哥哥大卫平分。乔纳森本人什么也得不到，尽管他在那里工作了六年。2008年，乔纳森被判犯两项单独的刑事毁坏罪，但始终坚称自己无罪：

在我父亲去世之前，我结婚了，搬到了另一个农场，我让大卫经营斯金纳农场，就像他一直在做的那样。我对遗嘱没有任何意见，那完全是转移注意力的话。大卫会打电话给我妈妈，告诉她我一直在做一些事情，并让她劝告我不要再做了。我和同事讨论过这件事，后来我说的那些事情变成了"招供"。他们说我有夜视镜，但我从来没有拥有过。警察拿走了我所有的工具，搜查了我家，没有发现任何与犯罪有关的东西，但是我却洗不脱嫌疑了。我并没有真的和我哥哥闹翻，他只是故意这么说。在法庭上，我试图指出所有的谎言，但它只是让我看起来有些强迫症。我想我只能接受惩罚了。

为了便于讨论，尽管乔纳森·格里芬声称自己无罪，但让我们假设法庭有足够的证据让乔纳森·格里芬因损坏拖拉机而被判处12个月的刑期，并为其他各种刑事毁坏行为额外判处3个月。他很可能确实犯下了这些罪行。为什么有人会这么多年来，去做这么多努力，晚上偷偷摸摸采购（而且似乎是小心地隐藏）伪装装备和夜视镜，只是为了给他们的兄弟的生活带来麻烦？

遗产纠纷因其可能导致家庭破裂的潜在危害而臭名昭著。表面上看，争吵都是为了钱。实际上，在内心深处，这一切都可以归结为嫉妒。它含有所有的必要成分。与一个特定的人进行比较，这会让一方处于明显的劣势吗？是的。与个人生活直接相关的情况？是的。竞争对手有相似的社会经济地位吗？是的。被认为难以实现的优势是不公平和不应得的？是的。是的。是的。

钱只是计分的一种方式。更重要的衡量标准是那些真正深入人心的，但几乎不可能客观量化的指标，是爱和认可的社会货币。当父母的遗嘱将金钱或财产留给一位亲属而不是另一位亲属时，令人嫉妒的潜台词是所有人都清楚的：他们对一个人的爱和认可多于对另一个人的喜爱和认可。由于这些暗示，家庭成员之间因有争议的遗嘱而引发的嫉妒引发的恶毒行为非常常见，并可能导致绝对毁灭性的后果。在写这本书的过程中，据报道，一名年轻男子在发现已故父亲——伦敦著名的24小时小吃店贝格尔烤砖巷的创始人之一——将他排除在遗嘱之外后不久，他就将母亲和妹妹捅死了。几年前，在梅菲尔伯克利广场的安娜贝尔夜总会的所有者去世后，他留给了两岁的孙子1.03亿英镑，而他的儿子只得到了100万英镑。儿子立即提起诉讼挑战遗嘱。这类故事层出不穷……

遗产纠纷很容易对家庭成员中造成痛苦，以至于许多知名人士从一开始就选择完全清楚地表明，他们死后，子女将一无所有。美体小铺的创始人安妮塔·罗迪克把她所有的钱都捐给了慈善机构，这是出了名的。摇滚明星斯汀已经公开表示，他的三个女儿和三个儿子将不会从他估计的1.8亿英镑财富中得到一分钱。比尔·盖茨和梅林达·盖茨将只给他们的孩子每人留下

1 000万美元；鉴于他们在银行里有数十亿美元，他们其实只留下了极少部分财产。鉴于恶意嫉妒的力量可以激发各种行为，从仅仅令人火大到彻头彻尾的杀戮，采取措施减轻嫉妒似乎是完全合情合理的。然而，它激发恶意行为的能力只是嫉妒的阴暗面，它也有较好的一面……

善意嫉妒

嫉妒可能感觉不好，但它所激发的行为并不总是以眼泪告终。缩小你和一个比你有优势的同龄人之间的差距总是可以通过以下两种方式之一来实现：提升你自己，或者把他们拉下来。

亚里士多德，一如既往，是最早描述嫉妒是一种美德形式的人之一。在注意到他人的优点后，一个人可能会受到激励去研究这些优点，并试图效仿他们。这种形式的嫉妒可能会迫使我们模仿那些我们认为更优秀的同龄人身上的令人钦佩的品质。在过去的几十年里，有几项研究已经证明这种现象在工作场所的实际应用。人们发现嫉妒的情绪会增加工作动机，提高工作绩效，并导致对嫉妒目标的钦佩和学习欲望。这是善意的嫉妒。它可以激励我们采取行动，将我们的努力集中在我们的技能不足的领域，并激励我们通过艰苦的工作来提升自己。只要它最终迫使我们加倍努力，达到与我们与自己相比较的人的相同水平，嫉妒就可以成为一种美德。

但即使是善意的嫉妒，如果过分的话也会产生负面影响。在一些极度好胜的人中，它通常激发一定程度的动力，最终发展成工作狂。对于那些把工作放在首位而不考虑生活其他方面的人来说，总体结果并不理想。也就是说，对于那些认为努力工作的前景绝对令人反感的人而言（见第五章，第153页），善意的嫉妒可能被证明是非常有用的。它实际上可能提供了他们需要的动力去工作，去认真工作。如果懒惰者对嫉妒的反应是额外的动力，那么它可以被当作鞭子来挥舞，被用来敲打贝尔菲戈的脑袋，阻止懒惰的诱惑。由于这些复杂性，嫉妒是所有恶行中最令人困惑的一种。

幸运的是，当我们注意到自己和他人之间的差异时，它并不是每次都起作用。这也是因为马克斯·厄尔曼（Max Ehrmann）在他的诗《生命所渴求》中指出的那样："永远都会有比你更伟大和更渺小的人"（你可以在附录中找到这首诗）。总是嫉妒几乎每个人绝对是令人筋疲力尽的，而且很可能是灾难性的。现代媒体的强大影响力非常清楚这一点，并尽其所能从这种高度激励人性的嫉妒的力量中获利。

广告、吹牛和消费者支出

　　嫉妒每天都被用来推动全世界的利润。广告业已经做了几个世纪了。它们用明目张胆的手段刺激大众的贪婪，包括用极其美丽的模特、说不出的酷炫电影和音乐明星展示他们的商品，以及在电影和流行电视连续剧上小心翼翼地植入产品广告。让我们最喜欢的名人代言某些产品会鼓励我们更积极地看待有问题的商品。它充分利用了善意嫉妒的激励力量。在大预算的广告活动中隐含的信息是，通过购买名人碰巧使用的任何令人满意的商品，我们可以缩小他们和我们之间的差距。虽然在财富和地位差距较小时，嫉妒通常会更强烈地产生，但当我们与来自相似背景的人进行比较时，利用名人的优势在于，我们对他们的一些感情可以被转移到手表、服装系列或奢侈品上。

　　名人代言并不是什么新鲜事。自17世纪60年代Wedgwood首次获得王室认可以来，英国王室就一直在帮助它兜售陶器。快进两个半世纪，我们发现好莱坞演员乔治·克鲁尼（所有男人都想成为他，所有女人都想和他在一起）与Nespresso签署了一份价值4 000万美元的协议，成为他们的品牌大使。男人们暗地里羡慕他的魅力、老练和外表；我们需要做的就是买一台咖啡机来缩小他和我们之间的差距。即使这不奏效，至少我们实现了在我们自己的家里或办公室里拥有咖啡师质量的咖啡的梦想。女人们渴望他的样貌和魅力，所以无论哪种方式，他与品牌的联系有助于她们将该品牌与其他品牌区分开来。在20世纪末，名人代言的世界由音乐、体育和舞台明星主导，但最近这一趋势已经发生了变化。如今最受欢迎的"影响者"是社交媒体的明星。但在我们研究这一现象之前，我们首先需要探索社交媒体本身激发嫉妒的能力。

虽然广告似乎在其能力范围内尽其所能来点燃嫉妒之火，但在社交媒体中，它更多的是一种设计上的意外。就像其他任何社交活动一样，人们有一种自然的倾向，会把自己呈现在有利的环境中。如果我们要去参加派对，那么我们会倾向于穿上最好的衣服，而不是像周日早上那样穿着我们的家居服在家里闲逛。人们倾向于想要给人留下积极的印象，这意味着在使用社交媒体渠道与朋友和同龄人联系时，自然会有夸张的倾向——Facebook就是最明显的例子。这些固有的偏见有效地使人们的社交媒体反馈得更多的是"生活亮点秀"，而不是他们生活中真实发生的事情的忠实表现。这可能会给人们留下一个错误的印象，以为其他人都享受着比他们实际生活质量好得多的生活。当有好消息可分享、有有趣的观察或某种值得夸耀的成功时，他们会急切地发帖。当所有的新闻都枯燥乏味，观察到的结果平淡无奇，或者他们发现自己被失败所困扰时，他们就会安静下来。更糟糕的是，当他们发帖时，他们会将令人兴奋的外出夜晚、美味的饭菜、假日住宿和活动的照片框起来，让一切看起来都比实际上好得多，所有不好的部分都被小心地省略了。随着社交媒体以这种方式过滤现实生活，筛选出不好的东西，放大好的东西，它最终会给人们留下一个明显的但却是错误的印象，即每个人的生活都比自己的生活优越得多。

正如我们所知道的，嫉妒最有力的刺激是通过一个小差距向上比较。在这方面，把我们与朋友和家人联系起来的社交媒体，比如Facebook，应该比那些与我们社交圈以外的人联系起来的社交媒体服务（比如Twitter）更能激发人们的嫉妒。社交网络通过戏剧性地扭曲现实，让自己看起来比实际更成功、更受欢迎、更快乐，很难再想出一种更适合煽动嫉妒的工具。但这种怀疑是否真的得到了一些确凿数据的支持？

有些人花了很多时间在Facebook上，从而过度暴露在别人的生活亮点展示中，他们更容易感到沮丧。但这并不发生在每个人身上，这似乎取决于人们实际如何使用它。对于那些以互动方式使用Facebook的人来说，为了与朋友和家人保持更经常的联系，对他们甚至可能会产生广泛的、积极的心理影响。如果它真的让他们感觉到更多的社会联系，它甚至可以提高自尊。对于那些以旁观者的身份在Facebook上花费时间的人来说，情况并非如此。他们在没有实际参与的情况下查看别人的Facebook更新，这些是潜伏者、跟踪者和偷窥狂。当他们经常使用Facebook引发嫉妒时，他们最终会感到沮丧。对于那些在性格嫉妒量表上得分高的人来说，尤其成问题，不管他们在使用社交媒体时是如何与他人互动的。

Facebook上的嫉妒与潜伏者中的抑郁之间的正相关是否意味着与社交网络的密集接触实际上会导致抑郁症状的增加，这一点还有待观察。有可能两者是由完全不同的东西引起的。这是一个目前正在研究和激烈争论的话题，但它肯定不会超出可能的范围。在我们等待纵向研究的确凿证据来证明因果关系的同时，我们真正需要做的就是讨论一下相关的轶事证据。

几年前，我的几个好朋友删除了他们的Facebook账号（因为他们经常与其他人进行比较），这使他们的情况有了很大的改善。对于那些已经达到每小时强制查看社交媒体动态几次而没有任何特殊原因的人，最好的建议是他们可能需要尝试减少参与度。如果你对自己的生活感觉不是很开心，那么从理论上讲，任何减少每天社会比较事件数量的努力，都应该有助于减少嫉妒，从而减少总体上经历的社会痛苦。试试突然戒掉网瘾，看看会发生什么。

2017年1月，《营销周刊》（*Marketing Week*）发布了2016年最受欢迎的20大影响力人物榜单。就我个人而言，我只认出了前十名中的一位，那是因为她就是自拍女王肯达尔·詹娜[1]。让我们看看你们的表现：1.海莉·鲍德温；2.《时尚》杂志的威廉姆斯；3.肯达尔·詹娜；4.艾瑞斯·阿普费尔；5.卡莉·克劳斯；6.吉吉·哈迪德；7.贝拉·哈迪德；8.斯蒂芬·库里；9.艾米丽·拉塔科夫斯基；10.阿什利·格雷厄姆。那么，以上名字你能认出多少呢？电影明星在哪里？没有一个流行歌星，怎么会呢？现在的结果都是出于社交媒体的力量。如果你在Twitter和Facebook上有几十万粉丝，那么就该是你的了。模特海莉·鲍德温是鲍德温演员世家的一员，她在Twitter上有100多万粉丝，在Facebook上有30多万粉丝，2016年还出现在Guess、汤米·希尔费格、H&M和Ugg的广告宣传活动中。沃格·威廉姆斯是一名爱尔兰模特，她通过

---

1 我之所以认出她的名字是因为我为《傲慢》一章所做的研究！

在《与星共舞》和《熊格里尔：任务生存》等真人秀节目中亮相，在社交媒体上一举成名。

社交媒体上的明星，特别是模特已经开始在影响力方面取代传统名人的原因值得商榷。多年来一直是影响消费者的首选的体育偶像，被社交媒体潜伏者推下了排名。英国游泳明星丽贝卡·阿德灵顿排在第11位，足球运动员克里斯蒂安·罗纳尔多排在第17位，篮球运动员斯蒂芬·库里和沙奎尔·奥尼尔分别排在第8和19位。这不仅仅取决于追随者的数量，还更多地与明星们如何有效地通过不断更新他们的日常活动来唤起与追随者之间亲密的错觉有关。如果他们能有效地减少我们和他们之间差距的感知，那就实现了三件事。我们对他们感觉更熟悉，更喜欢他们，嫉妒的力量增强，一切都一触即发。隐含的承诺一如既往：通过拥有他们所有的任何东西，我们可以缩小我们和他们之间的差距。不同的是，社交媒体的有效使用使得明星和消费者之间的差距比以往任何时候都要小，这意味着嫉妒的感觉更加强烈，所以他们的任何持有、穿着或使用的东西都被人们在网上争相购买。

史诗级的失败

"史诗级的失败"是社交媒体界一种流行的娱乐形

式，它描述了每天人们试图在社交媒体上以积极的眼光展现自己，但总是一脑茫然。打闹喜剧已经流行了几个世纪。在中世纪，当小丑假装伤害自己时，那些聚集在皇宫里的人会哈哈大笑，同情地体验了一些傻瓜的痛苦，然后如释重负地说，不是他们像傻子一样跳来跳去遭受羞辱。从20世纪20年代开始，马克思兄弟和查理·卓别林的电影就是利用了我们从目睹他人的不幸中获得快乐。在电影摄影机发明之前，我们在剧院里生活了几个世纪。从20世纪40年代末开始，即使是普通公众也可以成为喜剧明星。通过精心设置和隐藏的摄像机，电视连续剧《偷拍》捕捉到了日常生活中人们的耻辱时刻，让在客厅里观看的家家户户感到高兴。20世纪末，家庭摄像机无处不在，这意味着家里的人们也可以开始参与到这项活动中来，把他们的家庭灾难的录像发送给类似《你被陷害了》之类的电视节目。现在，每个人都在不断地用智能手机拍摄所有的东西，并将这些视频发布到网上，像Rudetube这样的电视节目现在播放的是Youtube上收视率最高的视频，这些视频往往都是人们在无意中对自己造成了某种伤害。我们对此类视频乐此不疲。

这让我们回到了教皇格里高利关于嫉妒的罪恶清单，其中包括"邻居的不幸带来的快乐"。在这个时代，它似乎已经成为我们最喜爱的娱乐形式之一，而不是人们为了拯救自己的灵魂而警惕地尽力去避免的事情。目睹别人的不幸所带来的快乐被称为"schadenfreude"（幸灾乐祸），从德语到英语的直译是："harm-joy"。当我们为竞争对手的成功而感到嫉妒时，我们会感到不快，幸灾乐祸则反映出对他们的失败感到喜悦。

亚瑟·叔本华的观点是，"感到嫉妒的是人类，品尝幸灾乐祸的是恶魔"，但并不是每个人都这样认为。虽然我们乐于嘲笑任何遭受了很容易降临到自己身上的小事故的人，但当我们羡慕的人——那些凭借自己的优势给我们带来社会痛苦的人——经历了一次不幸的打击时，我们会特别满足。就我个人而言，听到切尔西俱乐部输掉了一场比赛，我感到很兴奋，尽管我支持的球队经常在联赛中失利，甚至无法参与那个比赛。这可能是因为，不管我们高呼多少类似"我们是目前为止最伟大的球队，这个世界从来没有见过这样的球队"的话，事实却是切尔西球队要好得多。因此，当我听说我们的本地竞争对手遭遇了尴尬的失败时，幸灾乐祸让我笑了起来。这一例子是十分典型的。全球各地热情的体育迷听到对手队遭受损失、尴尬和不幸的消息都会感到高兴，特别是当他们自己支持的队处于劣势的情况时。同样，对于任何在银行业以外工作且收入不高的人来说，听到不诚实的金融从业者因不诚实的工作行为而受到惩罚，可能会感到非常满意。安然公司[1]倒闭后，数百万北美人对其董事会成员被判处长期监禁的消息感到欣喜，原因是他们伪造了账簿以掩盖巨额亏损，并制造了公司在创造巨额利润这一假象。我们喜欢看到那些身处高位的人跌倒。

从进化心理学的角度来看，从地位较高的人的不幸中获得快乐是有道理的。在人类历史的绝大多数时间里，当我们生活在一个规模更易于管理的群体中时，生活的定义是获取有限的稀缺的资源，并且存在着持续不断的生存之战。在这种情况下，对于群体中占主导地位的成员来说，他们得到更多意味着你得到更少。如果地位更高的人遭遇了不幸，这对你和你的家人来说可能是个好消息。进化心理学就是这样解释这种恶魔般的快乐是如何产生的。

嫉妒和幸灾乐祸之间的一个主要区别是，虽然嫉妒倾向于跨越等级划分中较小的差距，但幸灾乐祸却有可能跨越更大的财富差距。这可能就是小报如何将

1　一家价值数十亿美元的美国能源公司，在2001年因重大会计欺诈事件曝光而倒闭。

我们对他人不幸的贪婪胃口变成大生意的原因。详细描述运动员、音乐家和其他普通大众认为比其他人富裕得多且不公平的人的堕落情况，可能会带来很多的乐趣，肯定会引起读者的好感。然而，嫉妒和幸灾乐祸仍然有着紧密的联系。

研究幸灾乐祸的神经科学研究表明，当我们得知竞争对手的命运变糟时，腹侧纹状体活动就会增加，这通常被解释为人们在得知他人不幸时感到满意的根源。在腹侧纹状体变得更活跃的同时，也观察到了AI活动的减少。到目前为止，我们主要考虑AI对厌恶性刺激的反应。但是，许多fMRI研究涉及大脑中与产生共情能力有关的区域，这些研究也一直将AI能激活与感受他人情绪状态的能力联系在一起。因此，为了体验幸灾乐祸带来的伤害和快乐，AI可能首先需要被抑制，以降低我们与他人共情的能力，然后才能在他人的不幸中体验到快乐。

我们之前考虑过的嫉妒研究也调查了同样100名志愿者在得知竞争对手的不幸时的幸灾乐祸程度。研究得出的结论是，一个人在听到对手优势的描述时所经历的嫉妒程度越强，听到他们倒台时幸灾乐祸引发的腹侧纹状体活动的强度就越大。

从对手的偶然不幸中获得快乐是一回事，但采取积极的行动导致对手的垮台则是另一回事。我们将以一个悲惨的现实故事结束这一章，该故事讲述了嫉妒性格是如何激发邪恶的暴力行为的。在过去的几十年里，美国遭遇了一系列模仿犯罪的大规模谋杀案。这些独自作案者的特点通常是，精神失常地用几件武器武装自己，带着明确的意图去杀害大量无辜的人，或多或少不加区别。2014年，艾略特·罗杰杀死了他的三个室友，然后开车在镇上转悠，在加州大学圣巴巴拉分校校园内和附近平静地向年轻人开枪。根据他发给朋友、家人和心理医生的一份10万字的"宣言"，他声称自己是被压倒性的嫉妒情绪驱使去做这种可怕的暴力行为的。恶意的嫉妒显然是最具破坏性的力量之一，它会把人们分裂开，而不是把他们团结在一起。

无论是他们的优越外表（如白雪公主和她邪恶的继母），他们的权威地位（如奥赛罗和旗手伊阿古），还是他们的财富（如格里芬农夫兄弟），当对手的优势被认为是不公平时，恶意的嫉妒可能会冒出丑陋的头。有时候，当嫉妒已经酝酿和发酵了许多年后，精心设计的幻想可能会开始出现，比如用什么恶毒方法导致竞争对手的垮台来使竞争环境变得公平。想要感受幸灾乐祸带来的满足感的欲望甚至可能激发可怕的暴力行为，比如美国的艾略特·罗杰和英国的玛丽·科尼耶。

玛丽·科尼耶对娜奥米·奥尼的嫉妒情绪持续多年，最终成为首席检察官在审判中所说的"着魔"。但引发她可悲暴力行为的最后一根稻草，似乎是源于一种深深伤害玛丽·科尼耶自尊的侮辱。法庭上出示的一份证据有助于让陪审团相信，这起罪行值得判处12年监禁。事实证明，就在她向朋友脸上泼了硫酸后不久，玛丽·科尼耶在Whatsapp账户上传了一张弗雷迪·克鲁格[1]的照片，并附上了这样一句话："现在谁看起来像拥有《错误转身》角色的脸了？"《错误转身》是一部恐怖电影，它以恐怖的毁容角色为特色。据说，在早些时候的一次辩论中，娜奥米·奥尼把玛丽·科尼耶的外表比作这些人物。这些把她的阴谋背后的动机表现得淋漓尽致。这使我们看到了最后一个恶习，也可以说是最具破坏性的致命之罪：暴怒。

1　弗雷迪·克鲁格是恐怖电影《猛鬼街》中一个伤痕累累、面目全非的明星。

第八章

暴　怒

我与友人结怨：

我倾诉宣泄，怨怒便告止息。

我与敌人结怨：

我沉默不语，怨怒便暗暗生长。

——《毒树》（*Poison Tree*），
威廉·布莱克（William Blake）

现在，我们进入撒旦的巢穴，即被宾斯菲尔德主教指派去犯下暴怒之罪的地狱王子的巢穴。他的王国充满了过度的愤怒、侵略和暴力。当涉及把人分开而不是把人聚在一起的潜在伤害时，暴怒肯定是"无与伦比"的。毕竟，死亡是将一个人与他所爱的人分开的终极力量，在所有致命的罪行中，暴怒是使人们最快走向死亡的。

　　伤害他人的欲望有两种，一种是冲动，另一种是冷漠。它们造成的伤害可以是身体上的伤害，也可以是心理上的伤害。撒旦很少单独行动，其他致命之罪总是乐于插手并伸出援手。嫉妒和色欲合谋在被恋人抛弃的人的大脑中触发暴力幻想。在争夺抢手资源的战斗中，嫉妒和贪婪激起了愤怒。冲突发生在很多方面：个人之间、几代人之间的家族血仇、邻居之间的花园篱笆，以及国家之间的边界争端。所有这些背后的动机通常都可以归结为受伤的自尊心。借用拿破仑·波拿巴的话说，即使是贯穿历史直至今日的宗教战争，也不过是不同群体为了争夺最好的假想朋友而斗争而已。

与死亡有关的危害不仅限于生命的丧失。失去亲人的家庭成员和朋友付出了最大的情感代价，留下来哀悼他们的逝去，在没有他们的情况下应付生活。愤怒造成的伤害也不限于死亡，它们可以使人们的整个生活成为一场活生生的噩梦。家庭暴力会让伴侣和孩子永远生活在恐惧之中；在学校和当地社区遭受欺凌的受害者可能会产生自杀的念头，最终留下可能会持续一生的心理创伤。

在对恶行的探索过程中，基于熟悉的逻辑节奏，你可能对接下来会发生什么已经有所了解。对于这些可怕的、恶意的行为，总有一些正面的东西可说，这也是我们离不开的一个方面。它为我们的祖先提供了某种生存优势，并在许多代人的遗传过程中一直延续到今天。考虑到愤怒的冲动可以迫使我们直接进入他人侵略的前线，尽管这对我们的生存前景构成明显的危险，但如果没有任何好处，它肯定早就从人类基因库中消失了。

人类是出了名的好战。鉴于人类这种物种在短期内积累的资源远远多于我们所需的（第六章，187页），与其他哺乳动物相比，人与人之间的暴力具有特别高的成本效益比。潜在的成本可能高得离谱，但潜在的好处也是巨大的。如果杀死人类对手就能控制剩余的食物、工具、衣服、武器，从而控制权力，更不用说庇护所、土地和与被入侵家园的女性们一起创造后代的可能性，那么可以说潜在的好处可能超过了巨大的风险。重伤和极有可能的死亡是为失败付出的高昂代价，但当一场胜利的征服所产生的意外之财有可能产生足够的力量和资源，从而赋予许多后代生存优势时，从长远来看，这仍然是值得的。当群体的财富和权力得到充分的提升，甚至可以增加他们的曾孙成功遗传自己基因的机会时，这种冒险策略的优势是显而易见的。如果你怀疑这一点，只要考虑一下它对成吉思汗的DNA生存前景有何影响（参见第四章，107页）即可。

由于在"文明之前"的历史中，它带来了如此巨大的红利，因此在整个动物王国中明显存在的暴力冲突倾向被保留为人类本性的核心部分。这并不意味着我们必须根据自己的侵略性冲动行事来实现自我发展。现代社会使用了各种各样的技巧来减少攻击性对抗，比人类历史上任何时候都成功。但我们仍然将这些冲动保留在我们的行为中，它们仍然对人们的日常行为有着重大影响。

这是一个令人头晕目眩的广阔的主题领域，因此有必要在关于愤怒的各个方面进行规训，因为愤怒与当前问题最相关。在探索我们为什么要做那些我们知道不该做的侵略性的事情时，我们将努力解决愤怒的表达在社会上是否合适以及何时不合适。我们将努力理解攻击性行为在帮助我们界定可接受行为和鼓起勇气直面我们的恐惧中所起的作用。特别令人感兴趣的是，愤怒从大脑的哪里来，以及大脑结构和功能上的任何一致性差异。这些差异能够抑制其攻击性，而其他则不能。

暴 怒

你上次生气是什么时候？今天早上？昨天？上个月？还是不记得了？对我而言，是前天。

我当时正坐火车去英格兰南海岸的布莱顿拍摄《大脑的秘密》[1]，在途中我碰巧一直在写这一章，所以当我们到达终点站时，我的桌子上满是科学论文和书籍，我花了一点时间才收拾好。最终，我成为最后一

1　我在Insight TV主持的一个科学系列节目。

个下火车的乘客。由于我到站的时候有很多空闲时间，所以我一直在磨蹭——首先我要承认这一点。

站台服务员走进车厢，沿着过道朝我走来，在我收拾东西时匆匆瞥了我一眼，然后迅速从车厢里退了出去，消失了。几分钟后，我收拾好开始向出口走去，但当我按下开门按钮时，门纹丝不动。我很快就想到锁上车厢所有门的机械装置可能已经被激活了，但这似乎不太可能，有两个原因：没有宣布列车将停止服务；月台乘务员看到我时什么也没说。所以我觉得还好，假设我有足够的时间，在火车可以重新装满乘客并再次启动返程之前，我感到很自在。我感到迷惑不解，但并没有感到惊慌，因此我走到下一节车厢，并按了该车厢第一个"开门"的按钮，又一次没有用。我想尽了所有的其他可能性来解释我的困境，现在我相当确信火车可能正在停止服务，我开始跑动起来。我冲向第三节车厢，恐惧和愤怒不断上升，我终于走在站台服务员的前面，在他关闭那些门之前，我设法按下了"开门"按钮。当我匆匆走在过道时，我开始觉得自己越来越愚蠢。当我终于设法走下火车的时候，我完全被激怒了。

我想不出一个合理的解释，为什么这个人，一个我以前从未见过的人，似乎故意把我困在火车上。为什么会有人这么做？他怎么能简单地看着我的眼睛，对几分钟后他将要做的事不作任何警告，然后沿着火车走，一节又一节地锁上车厢的门，而且他完全清楚这会使我陷入困境？正是"他可能是故意这样做"的想法激起了我的愤怒。但我忍住了，提醒自己，你永远不会知道真相，这可能只是一个无意冒犯的错误。意外确实会发生。

我走到他的身边，从我的角度描述了发生的事情，并尽可能平静地要求他做出解释。他咕哝了几句，大意是："好吧，先生，旅客们有三分钟的时间下火车……"没有道歉，只是一个站不住脚的借口。没有合理的解释来平息我的愤怒，我毫不含糊地向他发泄了一顿。

我通常不会对一个完全陌生的人大骂一通。事实上，我讨厌对抗，并尽可能避免对抗。那么，为什么我在这个特别的场合会彻底失去冷静呢？考虑到当时我碰巧正在写这一章，后来我花了很多时间思考是什么让我勃然大怒。但在此之前，让我们先来看看愤怒的生物学起源以及它在划定社会界限方面所起的作用。

愤怒的益处

愤怒在每一个健康、神志健全的人的情感中都占有一席之地。大卫·休谟（David Hume）甚至说过，"愤怒和仇恨是我们与生俱来的情感，缺乏它们有时是软弱和愚蠢的表现。"

愤怒是感觉受到威胁时的一种典型的情绪反应。在这方面，它可以被看作一种防御机制。攻击性可以帮助人们克服恐惧，并在受到他人虐待时为自己挺身而出，而不是温顺地容忍这种不良行为。愤怒也能提供反对道德越轨的动机，甚至在当事人没有直接参与的情况下，引发干预。它可以激励人们追究他人的反社会行为的责任，给自己画上一条底线，防止此类行为在未来重演。愤怒在规范社会行为方面可以发挥至关重要的作用，因为当它不能消除人们对对抗的自然恐惧时，就会导致持续的沉默。如果没有人能够鼓起勇气站出来对抗反社会行为，那么尽管遭到广泛反对，伤害和压迫还是可能会蔓延。因此，愤怒可以用于个人和群体层面的亲社会目的。它在儿童发育的早期就开始发挥重要作用。

愤怒是七种普遍的基本情绪[1]之一，最早出现在4~6个月大的婴儿身上。它们普遍存在于所有人类婴

1　其他的几种，如果你还没记住的话，是快乐、兴趣、惊喜、恐惧、悲伤和厌恶。

儿身上，无论他们出生在世界的哪个地方，都是在这个年龄出现的，这可以从伴随每种情绪的不同面部表情看出。愤怒通常是在婴儿遇到阻碍而无法达到预期目标的情况下表达的。它被认为提供额外的能量来帮助婴儿克服障碍，有时还能在克服障碍时获得外部援助。从6个月到12个月，这些愤怒的表达不再转瞬即逝，而是可以持续更长的时间，并在更广泛的情况下触发。

通过约束孩子的手臂或拿走一个有趣的玩具，可以引发愤怒。事实上，这个玩具甚至不需要拿出孩子的视线范围。当孩子按下按钮时发出噪音的玩具突然停止工作，通常也会引起愤怒的反应。从本质上讲，当对环境的控制被剥夺时，愤怒是一种典型的反应。表达愤怒的一个目的是影响他人，使控制得以重新建立。

愤怒在养育子女方面也会带来好处，只要在适当的场合谨慎使用它。当被用来阻止孩子们进入危险的环境时，攻击性的表现可以起到一定的作用。如果一个蹒跚学步的孩子朝着快速行驶的车流方向走去，父母的情绪会迅速发生变化，从温和的哄骗到愤怒的喊叫，再到"停!"这种愤怒也许仅仅是为了避免灾难，让一个走错路的孩子从马路上捡回一条命。愤怒的表达可以是一种界定可接受行为和不可接受行为的有效方式。

据我所知，我爸爸很少生气。在过去四十年里，我罕见地目睹了他的愤怒，这个独特的"表情"体现在他的脸上：他的上唇只在脸的一侧抽搐着，露出一颗犬齿，警告他的怒火正在逼近。这是在一个特别难忘的场合，当他为了保护一个家庭成员时出现的表情，我目睹他恐吓一个比他高出一个头，像一堵砖墙一样的袭击者，并使他屈服，使用的就是他这个愤怒的表情，他甚至不用提高声音。

当这个经典的哺乳动物威胁信号——食肉动物的咆哮——闪现在他脸上时，我和我的兄弟姐妹们就知道我们已经越过了界限。我们总是会立即停止我们正在做的任何事情。这是一个很好的威慑，因为看到这种原始愤怒的表情闪现在一个典型的冷静、随和、耐心的人的脸上，与其平时的表情形成了一个强烈而有效的对比。他从不需要采取攻击性的行为，因为当我们特别不守规矩和特别不听话的时候，光是他脸上的威胁，就足以让他得到想要的回应。

有鉴于此，我自己在布莱顿车站的愤怒爆发更有道理。当我在一节又一节车厢里按下开门的按钮时，我已经失去了控制。我感到被困、无助和脆弱。一旦我确认了这不是一起不幸的意外，我陷入这种困境的原因很可能是有人故意为之，我几乎肯定是受到了一种欲望的驱使，那就是我认为自己能代表车站惩罚乘务员的不端行为，我想让他知道他已经越界了；我觉得自己受到了不公正待遇，因此责骂他似乎是合乎情理的；我想让他对自己的行为感到后悔，这样他就可以在将来对别人做同样的事情之前三思而后行。

　　说实话，他让我觉得自己很愚蠢，这可能也是一个重要因素。我的自尊心受到了伤害，因为我看出他在无缘无故地愚弄我。我想伤害他的感情，就像他伤害我的感情一样；以眼还眼，以牙还牙。我知道这很幼稚，但也许幼稚是有充分理由的。回想起来，当我跑过车厢时，我的恐慌程度不断上升，我清楚地记得当时我在想："我从小学起就没有过这种感觉了。"当这个想法在我脑海中闪过的时候，我想起了我以前的学校操场，在一个特别的冬天的几个星期里，一年级以上的卑鄙的孩子们每天都以我为攻击目标[1]。没什么大不了的事，只是五六个人用雪球砸我，雪球的中心嵌着坚硬的冰块而已。这发生在大约一个星期里的每次休息时间，在寒流流经期间。诚然，以许多人遭受欺凌的经历来衡量，这是相当温和的，但对我来说，这仍然是可怕的。那天在布莱顿的火车上，我的喉咙和胸口

1　　在他们的狡辩中，我是一个显而易见的选择，因为我总有一张大嘴巴。

被那些故意伤害的遥远记忆的触须缠绕得透不过气来。

把我的想法告诉那个人无疑是令人满意的。这释放了我压抑的情绪，让我觉得自己已经在沙上画了一条线，这条线将来可能会对他人有益。它给我一种感觉，我所遭受的轻微不公正已经被消除了。然而，惩罚不公正行为的愿望，可能会导致比口头斥责严重得多的后果。渴望得到甚至可以激发真正可怕的身体暴力行为，正如我们在上一章看到的玛丽·科尼耶的案例。而且，我们都非常清楚，愤怒有时甚至会进一步刺激人们去杀人。

描绘一个杀人犯

当你想到一个典型的杀人犯时，你会想到什么？一个男人吗？狡猾的眼睛？不整洁？也许是胡茬？蓬乱的头发？衣着邋遢？也许是一些文身，一两个面部伤疤，不寻常的穿孔……诸如此类。通常的耻辱徽章，如就智力而言，你可能会想到智力低于平均水平的人。有些人可能因为学习困难、家庭生活困难、纪律问题、逃课以及不可避免地与错误的人混在一起而在学校里苦苦挣扎。不管你突然想到什么，大学教授肯定不是你想的那种人。

2016年，曾任西奈山伊坎医学院前助理教授的赵恒军（音译）从家乡乌卡霍开车前往位于美国纽约州查帕奎市中心。他把车停在兰格的熟食小店[1]外，掏出一支猎枪，指向门口扣动了扳机。他击中了一个无辜的旁观者和他的目标——西奈山医学院院长丹尼斯·查尼教授。查尼教授是一位世界著名的神经生物学家，他的出版记录包括许多详细介绍他对情绪和焦虑症研究的论文。该犯罪行为的动机是什么呢？七年前，赵恒军因伪造科学数据被查尼教授解雇。幸运的是，查尼教授完全康复了；另一位阿拉巴马大学的艾米·毕晓普博士的受害者则没有这么幸运。

2010年，在毕晓普博士经常参加的生物系全体会议开始50分钟后，她平静地掏出手枪，开枪打死了三名同事。研究生院院长黛布拉·莫里亚蒂从桌子底下钻出来寻找掩护时意识到自己离毕晓普很近，便试图抓住她的腿把她摔倒在地。毕晓普闪开了，用枪指着莫里亚蒂的头，扣了三下扳机：咔嚓，咔嚓，咔嚓。幸运的是，枪卡住了，这是莫里亚蒂能活下来讲述这个故事的唯一原因。除了毕晓普杀害的人（包括她的老板戈皮·波迪拉），其他三名同事也在枪被卡住前受伤。2012年9月24日，毕晓普被判终身监禁，不得假释。

1　碰巧是比尔·克林顿和希拉里·克林顿最喜欢的地方。

为什么一个拥有哈佛医学院学位的聪明人，会在许多认识她的目击者面前犯下明显有预谋的三重谋杀？她的动机非常明确：几个月前，她被终身教职拒之门外，现在正在制订自己的提前一年离职通知期。终身教职是一份渴望终生从事的学术工作，而谁应该获得这些稀有而令人垂涎的职位的决定，是由其他教员做出的。这是经过多年艰苦卓绝的工作和永恒的不确定性之后，少数幸运儿得到的最终奖赏。《今日心理学》的一名博主也经历过同样的惨痛经历，他表示，这实际上是"被同事炒了鱿鱼"。

世界各地的监狱里挤满了那些在疯狂的时刻实施暴力的人，他们对后果毫不在意。我们都熟悉这样一种观念，即人们在愤怒中突然爆发时，不会考虑长期结果。但当一个看起来聪明的人精心策划了一个计划，在许多目击者的眼皮底下进行冷血谋杀时，这就更令人震惊了。这些悲剧故事中最让人惊讶的部分是，为什么有人会犯下他们根本没有机会逃脱惩罚的罪行。是什么驱使一个人做出如此愚蠢的事？因为毕晓普的例子，我们并不认为女性不容易有攻击性，而是女性的愤怒通常以一种比身体暴力更微妙的方式表达出来。调查攻击性的性别差异的研究表明，男性倾向于直接暴力，而女性倾向于间接和非暴力的表达。然而，当沉溺于愤怒的罪恶时，任何人都可能被激发出可怕的暴力行为，无论他们的性别或智力如何。

愤怒的起源

　　男性实施暴力的频率远远高于女性。事实上，90%的谋杀都是男人干的。考虑到男性和女性对暴力倾向的明显差异，在寻找可能的生物学罪魁祸首时，人们首先想到的往往是睾丸激素（睾酮）。在妊娠中期，男性胎儿的睾丸确实会产生大量睾丸激素，这会引导大脑沿着更倾向于攻击性行为的轨迹发展。事实上，来源不同的睾丸激素的激增也可能发生在女性胎儿身上，结果也类似。一种被称为"先天性肾上腺增生"的疾病涉及肾上腺分泌大量睾丸激素，推动女性神经系统沿着男性化的道路发展。这些女性在成年后往往比同龄女性更具攻击性。此外，男性性激素的激增发生在青少年时期，这往往与攻击性水平的上升同步。但是，尽管睾丸激素在增加男性的身高、体重和肌肉组织方面确实发挥着关键作用，但在成年后引发攻击性行为的过程中，它的参与却不是那么明显。

　　试图降低具有暴力倾向成年男性睾酮水平的干预，似乎从未像预期的那样成功。最有可能的解释是，睾酮对攻击性水平的主要影响发生在大脑发育的早期。

一旦一个好斗的大脑被建立起来，降低睾丸激素水平对一个人的暴力倾向几乎没有影响。当一个人完全成年时，睾酮在形成攻击性气质方面所起的作用已经完成，因此在那个时候抑制它似乎没有多大作用。

虽然试图用抗睾酮药物减少暴力行为的尝试往往是无效的，但事实并非完全如此。哈佛医学院的哈里森·波普（Harrison Pope）和他的同事们进行了一项研究，他们给100名男性服用睾丸激素促进剂或安慰剂，以确定这是否会增加他们的攻击性水平。令人担忧的是，滥用类固醇导致的睾酮水平过高，可能会导致健美运动员和运动员产生失控的攻击性行为。尽管睾酮水平升高的影响有些偶然，但在50名服用真正的激素的男性中，有8人的攻击性水平明显或适度上升。

再看大脑中与攻击性有关的区域，杏仁核某些子区域的完整性似乎至关重要。我们以前遇到过这种结构，其背景是对威胁产生恐惧和焦虑的感觉。在两个人类病例中，肿瘤压迫杏仁核与极端暴力行为有关。第一个是乌尔里克·梅霍夫，她在20世纪60年代末和70年代初作为联邦德国恐怖主义团伙"巴德尔-梅霍夫集团"的联合创始人，参与了数起武装抢劫和爆炸事件。另一位是查尔斯·惠特曼，1966年，他在得克萨斯大学奥斯汀分校开枪，造成16人死亡；当天早些时候，他已经杀死了自己的妻子和母亲。我们稍后会看到，当我们研究一些精神疾病时，这些疾病通常与攻击性和暴力行为的不相称程度有关，杏仁核经常被牵涉其中，但很少是孤立相关的。

另一个对愤怒情绪和攻击性表达至关重要的大脑区域是ACC。自20世纪70年代以来，人们已经知道，电流刺激杏仁核或ACC可以在实验动物中引发愤怒的发声。相反，切除这些结构——通过手术故意破坏它们——通常会减少愤怒的表达。最近，这些相当粗糙的研究得到了许多非侵入性脑成像实验的补充。

为了在实验室里研究攻击性，研究人员发明了几种巧妙的方法来实现志愿者的愤怒。这些方法总是利用这样一个事实，即增加一个人的挫折感最终会将他们推向强烈的愤怒情绪（即暴怒）。这些方法从直接侮辱他们，到用一项不可能完成的任务挫败他们，再到让他们互相电击对方。令人抓狂的"点减法任务"也非常流行；让志愿者解决没有正确解决方案的、不可能猜出的字谜，似乎也是一个特别受欢迎的方法。但泰勒攻击范式（TAP）无疑是最令人讨厌的，因为它能引发最类似于愤怒的情绪。

泰勒攻击范式的任务是让两名志愿者互相给予不同强度的痛苦电击。当一个人感到他刚刚受到的打击比他之前给对方的打击更严重时，愤怒的程度就会增加。与前一轮相比，每个人选择施加给对方的电击强度的差异，被用来代表他们当前的报复欲望[1]。

在参与泰勒攻击范式任务时，使用fMRI监测整个大脑的活动水平，可靠地观察到在参与者感到有攻击性时，产生了ACC的激活。最重要的是，ACC的活跃程度似乎反映了这个人在多大程度上有动机增加下一次惩罚的力度。这是特别有趣的，因为正如我们将要看到的，对宗教而言，是什么使愤怒变得如此邪恶，把复仇的问题看得非常严肃。ACC似乎是这些强烈报复欲望的主要来源。请注意，这些特定的激活区域并不在前几章中反复出现的ACC中，而是在它的下面。

从历史的角度看愤怒

总的来说，当愤怒来临时，众神并不是总能树立最好的榜样，因为他们明显倾向于表现出攻击性。犹

1　这个场景让我想起了我小时候最喜欢的一个游戏，我曾经在假期和我最好的朋友一起玩。我们只有一双拳击手套，所以我们每个人都戴一只拳击手套，用它轮流轻轻地打对方的脸。这真的是一场信任游戏。你别打我太狠，我也不会打你太狠。但它总是会升级。我们每个人似乎总是觉得对方使用了更多的力量。我们似乎偶然发现了我们自己版本的泰勒攻击范式！难怪它总是以眼泪告终。

太教—基督教的上帝当然不反对通过残酷的暴力行为来表达不满。希腊诸神——其中最糟糕的是阿波罗——似乎永远都在对任何反对或仅仅是惹恼他们的人施以暴力惩罚。在印度教的圣书《薄伽梵歌》中，我们发现化身为奎师那的毗湿奴向阿诸那王子解释，作为战士和国王，杀死敌人是他的宗教职责。在宗教中，侵略显然并不总是令人不悦的。

《旧约》中提到的"以眼还眼"的概念，乍一看似乎认可暴力。事实上，现代犹太教将这些经文解释为指导人们如何补偿损失。这是关于将赔偿范围限制在损失的价值之内，确保所寻求的赔偿不超过损失的价值。耶稣自己更进一步，他认为一个好的基督徒不应该寻求报复，而应该学会容忍。这种方法肯定有助于避免针锋相对的报复升级，这通常是在泰勒攻击范式任务中观察到的。

教皇格里高利对善之怒与恶之怒二者之间的关键区别发表了如下判断："有一种愤怒是由恶引起的，而有一种愤怒是由善产生的。急躁是邪恶的原因，神圣的原则是善的起因。"这种对愤怒的道德定义显然是自私的。仅基于此，人们就很容易把它全盘否定。也就是说，急躁可能有助于解释愤怒的阴暗面，这一点更值得关注。愤怒成为一种罪的阈值，在一定程度上在于对攻击行为是否深思熟虑；这一暗示可能值得深思。这将表明，短期的、冲动的、仓促的决定是邪恶的，但如果仔细考虑，就不会那么邪恶了。

亚里士多德把愤怒描述为"一种想要别人偿还痛苦的强烈愿望"。一个世纪后，塞涅卡将愤怒定义为"所有情绪中最可怕和最疯狂的"，并将那些在无法控制的愤怒中做出的非理性选择解释为"短暂的精神错乱"。这似乎再次表明，愤怒的缺点在其冲动的表现。他接着列举了很多愤怒影响我们判断的行为，我们会"不顾体面，不理会人际关系；对任何事情的执着和专注一旦开始，就不接受推理或劝告而固执己见；在毫无根据的借口上激动，无法辨别公平或真相"。

与其去追寻塞涅卡和教皇格里高利的推理路线，不如让我们更多地思考亚里士多德关于不可抗拒的冲动的概念的含义。圣托马斯·阿奎那在他对愤怒之罪的描述中明确谴责了复仇的冲动："如果一个人希望以任何与理性相反的方式进行报复，例如想要惩罚一个不该受罚的人，或者超越他应受罚的范围，或者再次违反法律规定的秩序，或者不是为了应有的目的。那么他就会明白这一点，即如果报复不是基于维护正义、纠正过失的话，那么愤怒的欲望就是罪恶的，这就是罪恶的愤怒。"

这将使暴怒之罪成为一种寻求报复的欲望，而这种报复与激起愤怒的行为不成比例。虽然"以牙还牙"可能被认为是合理的，但超过这一点就是侵入了犯罪行为的领域。让我们将这种思想应用于我们之前考虑过的侵略行为的例子。我承认，我对车站服务员的发泄是出于一种"报复"的愿望，所以它符合亚里士多德的定义。我的行为很可能会被旁观者贴上"短暂的精神错乱，不顾体面"的标签，因为他们可能根本不知道是什么时候感觉到的不公正激起了我头脑发热、情绪化的反应。我的行为当然有一点搞笑，但我对我的愤怒感到内疚，这一点毋庸置疑。关于我是否犯了暴怒之罪的问题，我认为圣托马斯会让我脱身。我的回答可以说既不是"超越他应受惩罚的范围"，也不是"违反法律规定的秩序"。另一方面，我们在美国的助理教授可能会遇到麻烦。想一想他们想要的报复是否与感知到的不公正成正比，显然是不成正比的。如果按照但丁的规范，有撒旦这样的恶魔在地狱等待惩罚触犯愤怒之罪的人，那么艾米·毕晓普和赵恒军很可能会发现他们是永远的罪人。

鉴于我们从宗教和哲学方面得到的信息是混杂的，在这种情况下，我们将不得不进一步深入研究愤怒的完全可接受的表达在哪里转向邪恶这一问题。对一种被感知的不公正做出某种侵略性的反应在道义上是对还是错的问题，不仅仅是这两个学科所关心的。刑事司法系统每天都要进行这样的调查。因此，我们现在将简要看看法律界对愤怒的看法。

如何确定受罚范围？

1999年，英国农民托尼·马丁在不经意间引发了一场关于在英国保护财产权的巨大争论。他开枪打死了一名16岁的男孩，因为这名男孩闯入了他在诺福克的家，意图实施入室盗窃。当这起案件在法庭上审理时，他最初[1]被判过度使用武力，并因谋杀罪被判终身监禁。三年后，在另一起案件中，一名叫弗雷德·海姆斯托克的男子向一辆可疑地潜伏在他位于林肯郡的与世隔绝的农场上的汽车开枪，用猎枪子弹填满了其中一名坐在车里的男子[2]的肚子，需要几个小时的手术才能取出。当海姆斯托克先生的案件被审理时，他被判无罪；陪审团认定他在所有指控中都是无辜的。在这两种情况下，都是用枪射击，导致一个人的身体充满

1　在上诉后，控罪减为过失杀人罪，并相应地调整了他的监禁刑期。实际上，他最终在女王陛下的允许下只服刑了三年。

2　后被证实为职业窃贼。

了子弹。在一个案例中有人死亡，在另一个案例中仅仅是受了伤。当侵略者在法庭上受审时，这就是造成关键区别的原因吗？

法律允许我们在保护自己、保护我们所爱的人和我们的财产的情况下实施潜在的致命暴力行为。一定程度的暴力是被制裁的，但它必须与对我们犯下的罪行相称。在托尼·马丁的案件中，他近距离射杀了一个孩子，因此被认为他的意图是杀人；这是对企图入室盗窃的不成比例的回应。在弗雷德·海姆斯托克的案例中，他枪击的是一辆静止不动的车，车内漆黑一片，所以他不能确定车是否有人。他的行为不被认为是意图杀人，并且被认为与他所面临的情况相称，所以他被宣告无罪。

根据具体情况，法律对类似的暴力行为有不同的处理。法官慎重考虑合适的判决时，一个关键的考虑因素是意图。如果一个人打算开枪杀死就站在他面前的人，而不是盲目地朝一辆意图不太明确的车开枪，那么前者的犯罪就被认为程度更加严重。如上文所讨论的，另一个考虑因素是对情况的反应是成比例的还是过度的。还有一个考虑因素涉及行为人在犯罪时的心理状态。法律区分了冲动的暴力行为、冷血和预先计划的暴力行为。与圣格里高利的观点相反，人们对头脑发热的冲动的看法并不那么严厉，而是更温和。

这样做的逻辑是围绕着被判刑的人是否可能在未来构成威胁。任何人在因愤怒或恐惧而失去理智时都有可能做出暴力行为。如果犯罪发生在异常情况下，导致"短暂的精神错乱"，完全不符合平时的性格，那么这个人通常被认为不太可能再次做出类似的事情，通常会被判比有长期暴力行为历史的人更轻的刑期。然而，如果同样的罪行是在类似的情况下犯下的，但是以冷静的计划和精心策划的暴力行为为背景，判决将会重得多，因此艾米·毕晓普被判终身监禁，不得假释。

评估犯罪严重程度的另一个主要因素是被告的长期心理健康状况。一些成年人被认为，相比其他人，他们更应该对自己的行为负责。有几种精神疾病与过度的攻击行为有关，因此我们接下来转向这些问题性攻击行为的神经学原因。

核磁共振成像

艾米·毕晓普没有在一时冲动下掏出她的枪，也没有在头脑发热的情况下向她的同事开枪。法庭出示了证据，证明她在实施报复之前已经在射击场练习了几个星期。同样，赵恒军在那一天开车去查帕奎时，也不只是碰巧把猎枪放在车里。当他因为伪造数据而被解雇时，他已经用了多年的时间来反复思考他所遭受的"不公正"。在丹尼斯·查尼解雇他的那天，他没有在"短暂的疯狂"的瞬间拔出枪；枪击是在他被解雇七年后发生的。在这两个案例中，暴力行为都是以一种冷静的、精心策划的方式进行的。在这方面，他们与心理变态的暴力有着表面上的相似之处，而不是类似酒吧斗殴、足球流氓和街头斗殴的冲动性、爆炸性的行为。虽然没有确凿的证据，但据我所知，毕晓普或赵恒军都没有精神病。尽管如此，观察精神病变大脑的运作方式可能会提供一些有用的线索，了解一种有助于实施冷血和有预谋的犯罪的精神状态。

因暴力行为而在监狱服刑的罪犯中，有很高比例的人被诊断为精神病态[1]。在美国监狱系统，精神病态的比率估计在25%到45%之间。这为一系列极其雄心勃勃的核磁共振成像研究提供了一些奇妙的主题，以了解暴力的精神病态患者的大脑有什么不同。肯特·基尔（Kent Kiehl）在罗伯特·黑尔（Robert

---

1　这不能与精神病混淆，后者涉及偏执妄想和听觉幻觉。精神病患者（患有精神病）很难准确理解现实。精神病态（心理变态）的人对现实有很好的把握，但他们很难理解别人的感受。

Hare）的指导下接受培训，发明了目前世界各地都在使用的衡量精神病态的官方系统，并在之后接受了新墨西哥大学的一个职位。他们同意资助一个雄心勃勃的研究项目，即扫描暴力精神病态患者的大脑。基尔教授委托西门子按照他在德国的规格制造了一台核磁共振扫描仪，将其运至美国，并用卡车将其拖入新墨西哥州西部惩教机构。在我们了解他们在精神病态患者大脑中发现的东西之前，重要的是要澄清一个常见的误解：并不是每个精神病态患者都注定会犯下暴力罪行。

精神病态并不总是与不受控制的攻击联系在一起。尽管凶残的精神病态患者在电影、犯罪剧和备受关注的新闻故事中很受欢迎，但实际上许多人都是完全守法的公民。在警察、军队、法律甚至外科领域中，有很高比例的人表现出了精神病态的独特特征，但从来没有犯过精神病态患者臭名昭著的犯罪行为。虽然普通公众的精神病态比率徘徊在1%的关口，使得他们在我们周围无处不在，但许多人都是负责任和富有成效的社会成员。精神病态患者，无论是暴力与否，都具有深刻的情感超脱的特征。缺乏自我意识的情感使他们不受可怕的暴力和痛苦场景的影响，即使这些场景会让其他人感到不安。无论是精神病态患者犯罪还是遭受打击，即使是最可怕的经历，他们在情感上也能保持不受影响。

在理想的世界里，一项寻找产生精神病变的暴力倾向的关键大脑区域的实验将暴力精神病态患者与非暴力精神病态患者进行比较。不幸的是，通常只有暴力的人才会被识别出来，因为他们通常被刑事司法系统所抓获。由于精神病态患者中非暴力者没有对任何人造成任何伤害，或者至少没有被发现犯下任何罪行，所以往往不会受到科学的审视。可悲的是，这不是一个完美的世界，所以我们将不得不利用已知的东西进行工作。

在过去的十年中，基尔教授和他的同事使用他们的便携式fMRI扫描仪来识别暴力精神病态患者与精神病态患者对照受试者的大脑中的几个重要差异。他们发现，ACC和杏仁核对令人不安的视觉和声音的反应存在功能差异。两种结构在精神病态患者中产生的反应都比非精神变态患者的反应弱。另一项研究确定，精神病态大脑中的杏仁核在体积上较小，而且在触发通常的生理级联的能力方面似乎存在功能障碍，而正是这种生理级联使人准备好应对令人厌恶的刺激。难怪精神病态患者似乎无所畏惧，他们协调恐惧反应的大脑系统在生理和功能上都存在缺陷。推测赵和毕晓普扣动扳机的那一刻，他们的杏仁核可能发生了什么，这是很有趣的。当他们做出报复行为时，他们是不是像精神病态患者一样冷静？抑或是他们的杏仁核对这种情况产生了正常反应，使他们的手掌出汗，他们的心脏像其他人一样疯狂地跳动，意识到自己处于可怕的境地？

在结构差异方面，通常发现精神病态患者在不同的OFC区域的组织体积较小。这一点特别有趣，因为它可以作为部分原因来解释他们做出合理决定的能力失调。从人类和动物研究的最新结论是，OFC的侧面部分——更靠近大脑的一边而不是中线——包含神经元网络，代表每个可能的行动过程的预测值。如前一章中所讨论的（参见第五章，第153页），mOFC将这一点与其他重要的背景因素结合起来，例如最近类似决定的结果、当前的情绪状态和可能的长期后果，以便做出最终的选择。精神病态患者大脑OFC中组织体积的减少，以及由此带来的计算能力的降低，或许可以解释为什么他们的决定似乎没有考虑到一些重要因素，比如他们的选择的长期后果。

在精神病态患者的大脑所涉及的诸多问题中，有两个特别值得关注。首先，精神病态患者在情感同理心方面是缺损严重的，所以他们在考虑可能造成他人伤害的行为时，不会感到情感上的沮丧。其次，他们似乎不关心自己行为的后果。我最喜欢的理论是，这些缺陷从根本上是交织在一起的：他们对未来的自己没有任何同理心。

我们认为同理心是我们感受他人感受的能力。我们都努力像关心现在的自己一样关心未来的自己。但在很多方面，未来的我们和现在的我们几乎和另一个人一样，完全不同。这就是为什么我们现在过度吃不健康的食物，尽管我们知道这意味着以后会变得更胖。这就是为什么我们和不是我们配偶的人发生性关系，尽管我们知道从长远来看，背叛信任往往是无法克服的。这也是为什么我们不去锻炼身体的原因，即使我们知道缺乏锻炼会让我们在以后的生活中更有可能患上心脏病。当我们发现自己胖了、离婚了或者配置了起搏器时，我们非精神病态患者可能会后悔我们过去的行为，但精神病态患者不是这样的。他们重度缺乏的同理心不仅适用于他们未来的自己，也适用于其他人。在犯罪之前，或者在他们为过去的行为付出惩罚的时候，他们也不关心未来自己的命运。毕竟，缺乏自责是精神病变的一个关键特征。

和一般的精神病态患者罪犯一样，赵和毕晓普显然不关心他们计划的暴力行为的后果。他们都是受过高等教育的人，他们有足够的时间去思考他们打算做的事情可能产生的后果。他们肯定知道这会让他们入狱，但他们根本就不关心未来的自我。他们在学术界的职业梦想的破灭会不会在不起作用的mOFC中得到体现？会不会变得如此不安，以至于他们"强烈的报复的欲望"变得如此强大，以至于与实施报复相关的预期回报似乎值得付出在监狱里度过余生的惩罚？我们没有办法确定，这只是纯粹的猜测；但对我来说，这是一个令人着迷的可能。

从冷酷到暴躁

我们对可能有助于解释愤怒行为的神经学薄弱环节的搜索，将我们从以冷酷、精心策划的暴力为特征的精神疾病领域，带入了那些涉及炽热、冲动和爆炸性愤怒的领域。在寻找过度攻击性倾向是如何产生的线索时，我们将考虑如何准确检测他人情绪的能力对愤怒水平的影响，即攻击永远处于触发式状态，并搜索可能参与帮助我们每天调节愤怒的大脑区域。

在精神病学中，通常在精神病态患者中看到的"冷酷且经过计算的"攻击风格被描述为"积极主动"或"工具性"攻击，因为暴力被用作达到目的一种手段。"头脑发热"的攻击方式被称为"反应性"攻击，因为暴力行为通常没有明显的目标。

经常遭受身体、心理或性虐待的儿童，往往会沿着神经发育的道路走向被动攻击。反复暴露在他们的日常生活中遇到的现实威胁中，他们的大脑会逐渐重新连接，努力适应环境的要求。这导致他们对威胁变得高度警惕，换句话说，时刻保持警惕。这与精神病态患者大脑中反应迟钝的杏仁核完全相反，精神病态患者即使看到可怕的场景，杏仁核也会让他们平静下来。

一旦杏仁核发生了适应性变化，这个人就很难准确地感知他人的情绪状态。在正常情况下，杏仁核会对愤怒或害怕的面孔产生可靠的反应。这是十分有用的，因为一个人脸上的愤怒表明他们可能是一个直接的威胁，而一个人的脸上的恐惧表明他们可能在附近发现了某种危险。无论哪种方式，它都有助于杏仁核触发战斗或逃跑的反应，为行动做好准备。问题是，在那些杏仁核反应过度的人中，即使是中性的面部表情也会触发强烈的反应，将身体和大脑转换为行动状态。当那个人感觉到他们身体的生理变化为对抗做好准备时，比如他们的心率加快、呼吸加快、高度警觉等，他们经常得出结论，觉得自己一定是受到了威胁，所以他们的攻击性水平开始上升。这可以解释为什么这么多无缘无故的暴力行为都是以这样的指责开始的："看什么看？"

间歇性爆发性精神障碍（Intermittent Explosive Disorder, IED）是一种反复发作的突发、冲动的攻击和暴力行为，对极微小的挑衅做出往往与当前的情况完全不相称的反应。IED患者经常无缘无故地发脾气，容易发生路怒及家庭暴力事件。这种情况与高情绪唤起有关——IED患者也经常误解前面描述的面部表情和肢体语言——同时，当他们的攻击性开始上升时，很难抑制他们的攻击性。

最近的一项脑成像研究调查了三组不同的年轻男性的冲动控制：第一组是IED患者，第二组是可卡因成瘾者，第三组是健康的对照组。研究发现，与其他两组相比，当IED患者无法控制自己的冲动反应时，他们的dlPFC的两个子区域更为活跃。有趣的是，这两个子区域中的一个区域的反应与一个人在所有群体中的攻击性反应倾向呈正相关[1]。换句话说，不管这个人是IED患者、可卡因成瘾者还是健康人，dlPFC的这个"与愤怒有关"的子区域在日常生活中越活跃，就越有攻击性。这表明，当一个人失去冷静时，无论他们是否有精神疾病、可卡因成瘾或者十分健康，这一区域都可能发挥着重要的作用。

1　根据标准化的侵略标准。

在精神病学领域声名狼藉、难以控制自己攻击性发作的另一人群是老年人，他们正在应对额颞叶痴呆（Frontotemporal Lobar Dementia，FTLD）影响。然而，并非所有FTLD患者都容易出现这种特殊症状，出现该问题的只是其中的一小部分。研究扫描了大量FTLD患者的大脑，发现只有当dmPFC[1]的某些部分受损时，这些爆发的愤怒才会发生。这表明，dmPFC可能含有神经回路，这些区域正常运作的任何人都能成功地控制自己的攻击性。这是一个有趣的区域，可以用来评估人们试图提高他们的愤怒管理能力。

愤怒管理

我们在社会上的地位需要我们有能力表达愤怒来维护自己，但要继续成为群体中受欢迎的一员，我们还需要拥有控制我们的攻击性的能力，除非在绝对必要的时候才可以表现出来。这种特殊的技能和表达愤怒的能力同样重要，如果有什么更重要的话，那就是一开始就表现出控制愤怒的能力。考虑到在我们远古

---

1 你会记得mPFC位于大脑的内表面，在前额后面左右半球相互摩擦。dmPFC就是靠近头部顶部的mPFC。基于这些患者研究，dmPFC是我们正在寻找的攻击抑制源的主要候选者。

祖先的时代被逐出群体可能带来的致命后果，进化选择的压力非常明显，这种压力刺激了大脑区域的发展，使我们能够"咬住舌头"，除非爆发是有战略意义的。

任何一个选择与更大、更有侵略性、资源更好的人打架的人都很可能会发现自己被从基因库中抹去。即使他们最终不会卷入暴力行为，但屈服于进行愤怒对抗的诱惑也有可能毁掉他们的声誉。声誉可能需要一生的时间来建立，但只需一次错误判断的爆发，就会变得支离破碎。当表现出的攻击性具有威胁性时，它们往往会激活杏仁核。这使得攻击性的爆发比其他社交活动更令人难忘，所以人们不会很快忘记它们。换句话说，他们倾向于对侵略者怀恨在心。恰当地管理攻击性的能力对于让人们团结在一起而不是把他们分开是至关重要的。

前额叶皮质的区域似乎在我们的愤怒管理技能中起着重要作用，这个区域包括但不限于dmPFC，是大脑最后一个完全成熟的部分。在许多情况下，这个过程直到25岁左右才能真正完成。在某些人身上，不良的生活经历阻止了这些大脑区域的完全发育。对侵略行为的不良管理可能会造成致命的后果，然而不可取的暴力对抗的威胁并不局限于头脑发热或心胸冷漠的个人本身，有时它可能会对整个群体产生影响，甚至对尚未出生的后代也是如此。

历史上到处充斥着血仇的例子，家族成员不得不为一场在时间的迷雾中祖先之间发生的不明智、自发的对抗付出代价。它所需要的只是一个高度敏感的杏仁核，将中性的面部表情误解为威胁，再加上受损的dmPFC/dlPFC回路使人无法控制自己的脾气，对对手的报复可能会持续很长时间。13世纪，意大利贵族家族之间的血腥竞争可以持续数年，14世纪，苏格兰宗族参与了这类斗争；17世纪日本武士的敌对派系也是如此。直到19世纪末，美国还有像哈特菲尔德和麦考伊这样交战的家族。与我们在泰勒攻击范式实验中看到的针锋相对的电刑不同，这些争执涉及一个家族、氏族或武士派别的成员实施谋杀以报复之前的谋杀。

即使在当今相对和平的西方世界，这些部落本能仍然通过足球狂热表现出来。英国足球在20世纪后期义的代名词，当时对手球队的球迷会在事先安排好的地点碰面，在街上和看台上打斗。从神经科学的角度来看，可以认为这些人有效地训练了他们的杏仁核，使其对敌人的颜色高度敏感。看到对手球队的足球条幅，足以引发一场强大的"战或逃"反应，导致一周又一周的暴力事件。尽管近年来与足球流氓有关的问题有所缓解，但这些本能仍然存在于铁杆球迷中。

2017年6月，在伦敦桥发生的恐怖袭击中，一名名叫罗伊·拉纳的男子与四名武装分子对峙，这四名武装分子冲进博罗市场，用绑在他们手腕上的大刀随意刺伤无辜的市民。那天晚上，他赤手空拳同时对付四名袭击者，分散了袭击者对其他人的注意力，为武装警察争取了宝贵的时间，从而挽救了许多人的生命[1]。是什么触发了罗伊·拉纳的攻击性行为，让他克服了恐惧，并提供了难以置信的勇气来对付四个愤怒的人？要知道他们拿着巨大的猎刀，而他自己却手无寸铁。可能的原因是其中一名恐怖分子穿着阿森纳的足球衫，这促使罗伊站起来大喊："该死的，我是米尔沃尔！"他一头扎进战壕，与昔日的敌人[2]作战。

愤怒和攻击性有好有坏。如果使用得当，它可以用来表示违反可接受行为的界限，而不必诉诸身体攻击。即使是暴力行为也可以为社会和法律所接受，但只有在防止犯罪行为的范围内，而且只有在与当前情况相称的情况下才可接受。这有时是一个灰色地带，对这些条件已经满足或尚未满足的地方做出判断，会让法院每天都感到头疼。

1　袭击开始后不到10分钟，袭击者全部被击毙。
2　米尔沃尔和阿森纳都是伦敦的足球队。

当攻击性构成了不成比例的复仇欲望时，侵略就可以被明确地贴上恶魔的标签。正如我们在泰勒攻击范式研究中看到的，大脑中产生复仇冲动区域的最佳候选区域位于ACC：激活越强，报复的程度就越大。我们都有过这样的感觉，当这个区域的活动水平上升时，它开始支配我们的整个精神状态。对所感知到的不公正进行愤怒的反思可能会持续很长一段时间，直到最终演变为复仇行为，而复仇行为往往是完全过火的。正如俗话说"锅里的水烧开了"，我们发现自己非常有动力去复仇，让他们后悔自己的所作所为。但复仇的欲望是极其短视的，它很少考虑可能出现的长期后果。撒旦的控制使人们对自己未来的命运漠不关心；他们所关心的只是对他们所遭受的不公正进行报复。在这方面，这种工具性攻击似乎与暴力精神病态患者有相似之处。然而，由于他们在同理心方面的困难和杏仁核受损，精神病态患者可以平静地对他人造成伤害，因为他们不具备通常的情绪，而正是这些情绪会阻止我们对他人做出可怕的事情。功能失调的决策回路也让精神病态患者倾向于忽视他们最终将不得不承受的不可避免的惩罚。另一方面，最可怕的是像艾米·毕晓普和赵恒军这样的人也会做出同样短视的决定和冷血的暴力行为，尽管他们表面上头脑正常。

第九章

拯救我们的灵魂

心灵属于它自己，它可以创造一个地狱的天堂，或是一个天堂的地狱。

——《失乐园》(*Paradise Lost*)，
约翰·弥尔顿 (John Mitton)

在这一章中，我们将讨论一些想法和技巧，它们可能有助于减少七宗罪对我们自己的生活和整个社会所造成的伤害。遗憾的是，没有灵丹妙药。不管怎样，没有一个能一夜奏效的永久性解决方案。但是，有一些方法可以训练大脑更有效地抵制诱惑，只要这个人有足够的决心将它应用到日常生活中。一次完整和彻底的修复需要几个月甚至几年的时间。对于没有耐心的人来说，有一些技巧可以帮助我们慢慢地远离自私的决定，转而选择亲社会的选项，这些选项有助于增强我们成为集体中被接受的一部分的感觉，并让我们获得稳定的团体成员身份带来的所有好处。

成功地把握好恶与善之间的分寸，与其说是一门科学，不如说是一门艺术。科学正在慢慢地迎头赶上，在最后一章中，我们将窥视一些更复杂的未来干预措施，这些措施有朝一日可能会帮助我们更好地控制我们的反社会冲动。

现在，我们将依次处理每一种致命之罪，并考虑我们现在可用的策略，以便更好地管理诱惑。将这些策略应用到我们的日常生活中甚至可能有助于拯救我们的灵魂——尽管不是从地狱之子手中解脱出来。对我来说，来世以及与之相关的一切很可能只是想象的产物。相反，通过帮助我们与他人建立更有意义的联系，而不是被社会孤立，我们或许能够在地球上呼吸新鲜空气的同时提高生活质量。

这本书的主要目的是利用科学来阐明为什么我们会做我们知道不应该做的事情，希望了解当我们努力去有效地管理我们最不愉快的冲动时，我们大脑中发生了什么。知识本身就可能帮助我们做出更好的生活选择。沿着面包屑的足迹穿过令人眼花缭乱的巨大迷宫，相互关联的研究领域产生了一些惊喜。从自我重要性的过度发展，通过分别对食物和性与不可抗拒的欲望斗争，到永不满足的欲望，觊觎别人所拥有的，希望他们失去他们的优势，一直到强烈的复仇欲望——我们发现大脑的某些区域出现了一次又一次。

这些可能是教皇格里高利将反社会行为聚集成七宗罪的根源吗？还是过于简单化了？如果与我们的恶魔搏斗的基础是相同的认知缺陷，那么对解决潜在的大脑问题是否有全面的帮助？如果教皇格里高利关于骄傲是万恶之王的观点是正确的，那么关于减少自恋倾向的方法可能会给我们所有的反社会冲动带来好处。

在我们继续之前，先快速声明一下。请记住，作为一名神经学家，我没有接受过任何医学培训。那些关注全面的精神疾病的人，应该向接受过医学训练的精神病学家或接受过心理训练的治疗师寻求建议，并将这些建议优先于你在这里读到的任何内容。心理咨询有多种方法可供选择，并有大量数据的支持来表明心理咨询在何处产生效益。相比之下，在本章中，你会发现一些关于科学预感的策略，我们可以考虑使用这些策略来帮助控制我们更不愉快的冲动。这些方法可能有助于我们在明确知道不应该做什么但无论如何还是要做的情况下，重新获得控制权，不去做这件事。它们从未经过大规模、双盲、临床试验等的严格测试，这些测试旨在控制每种恶行症状方面的有效性。

有鉴于此，让我们考虑七类策略，这些策略可能有助于我们做出更多的亲社会选择和较少的反社会选择。

打败堕落天使路西法

鉴于目前西方世界普遍存在的自恋现象，我们必须努力找出导致我们丧失谦逊的关键因素，并设法消除，这一点至关重要。到底是什么让现代世界为路西法创造了如此肥沃的条件，让他年复一年地扩大他的粉丝群？将自恋现象披露在世界人民面前的美国研究人员列出了以下可能的罪魁祸首：

- 明星、偶像成为最具影响力的榜样。
- 在线社交网络成为自恋者的游乐场。
- 导致自我价值感受损的育儿方式。
- 在教育中建立自尊的错误方法。

试图改变育儿方式、教学方式以及广播或在线媒体的监管方式，并非易事。有那么多的活动部分，让各方看到希望，协调一致地朝着营造一个抑制而非促进自恋的环境前进，这是一个巨大的挑战，但并非不可逾越的挑战。

正如我们在"傲慢"一章（见第二章，第35页）中所看到的，当涉及育儿时，两个极端都存在着陷阱：过分忽视和过分关注的方法都是有问题的。为提高人们对这一点的认识，或许可以将其纳入国家育儿信托的教学大纲，将是一个良好的开端。无条件地提供爱和支持的重要性，连同对可接受的行为给予一致的指示，以及在这些期望已经达到或尚未达到时给予准确的反馈，可以从一开始就灌输给父母。

导致自恋流行的一个主要因素与20世纪晚期旨在

提高儿童自尊的计划有关。这是因为孩子们在实验中得到了表扬，让他们自我感觉良好，但他们不管自己是否付出了很大的努力，也不管自己的行为是好是坏。这样做的目的是让孩子们感觉到自己的价值，但这只会让孩子们不顾自己的行为而期待得到表扬。难怪享受权利和自视甚高的人比例直线上升。

多媒体技术领域的新世界发展得如此之快，那些有权力和责任立法的人根本跟不上。一方面，这是令人兴奋和自由的；但另一方面，它留下了一个没有监管的真空，任何事情都可以在其中进行。当安迪摩尔在1999年创造了《老大哥》真人秀节目，并继续在全世界销售该模式时，约翰·德·莫尔不可能知道真人秀节目会以如此之快的速度继续增长，以至于在短短几年内，它就扭曲了文化视角，让人们不知道哪些行为是社会可以接受的。当Facebook在2004年推出时，马克·扎克伯格及其联合创始人不可能知道，它最终会成为一个自恋行为被如此放大的环境。在不到几十年的时间里，在社交媒体上吹嘘和夸大每一次积极的经历和成就，已经从不受欢迎和主动劝阻，成了社交媒体上的被接受和受欢迎，有时甚至是日常生活中必要的一部分。既然我们已经开始看到社交媒体和真人秀节目可能会如何影响现实世界的行为和雄心壮志，那么是时候认真考虑一下，我们是应该让这些现象顺其自然，还是应该介入其中，对抗日益高涨的自恋浪潮。但在我们开始游说英国通信管理局制定新的监管规定，或试图说服学校在他们的个人、社会、健康和经济学课程中引入预防自恋的举措之前，我们需要弄清楚因果关系的细节。与此同时，我们应该开始关注如何减少自己的自恋倾向。

别自以为是

近些年来，正念冥想已经得到了深入研究，它对精神健康的积极影响现在得到了广泛的科学研究机构的支持，以至于现在可以在国民保健系统（NHS）上使用它。最近发表在《神经科学自然评论》（*Nature Reviews Neuroscience*）上的一篇综述文章总结了20多项大脑成像研究的结果，这些研究调查了各种冥想形式的影响。其结论是，冥想练习不仅有益身心健康，还能改善认知功能。许多冥想形式的关键原则是，在本质上放弃主观视角，放弃把自我置于每一种思想、情感和感官体验的中心，取而代之的是定期练习以更客观的视角看问题。有证据表明，一个人练习正念冥想的时间越长，他们的基线皮质醇水平就越低。考虑到一个人在自恋人格量表上得分越高，他们的皮质醇水平往往就越高，因此仅凭这一效应就可以为一般的自恋者带来好处，甚至可能减轻他们对周围人的破坏性影响。定期和长期地练习冥想（这两项都是神经可塑性改变的先决条件）会对大脑几个区域的结构和功能产生影响，而这些区域可能与控制傲慢之罪紧密相关。

几项正念冥想脑成像研究发现，额极皮层[1]某些部分的变化与元意识有关。元意识是人类对突然出现在我们头脑中的感觉和想法进行反思的能力。在许多冥想练习中，一个关键的策略是鼓励人们培养一种不带评判的心态，在这种心态下，任何不请自来的想法和感觉都应该被承认（而不是被屏蔽），然后允许它们再次从脑海中消失。经常练习这样的思维习惯对提升幸福感非常有帮助，因为它会逐渐消除伴随许多人一生的无益的、负面的评论。

"反刍思维"指的是对近期和历史事件的负面思考，通常会持续很长一段时间。这种思维模式往往是自我批判的，众所周知这是许多不健康的精神状态的核心特征。人们往往会对自己过去的行为感到后悔，或者把注意力集中在别人眼中的轻率行为上，例如，他们

1　额叶的"极"是位于正前方的额叶部分。前额叶皮层是一个总括的术语，它描述了位于前额后面的大脑半球。

会想"我要是没那么做就好了，他们现在会怎么看我呢"？但是，通过巧妙地调整使用元意识技能的方式，我们都可以学会使用它来减少我们的社交痛苦，而不是加剧。由于自恋者特别容易感受到社交上的痛苦，正念冥想可能是解决傲慢之罪的一种非常有效的方式。

深刻的孤独感和孤立感——通常源于童年时的一种认知，即自恋的人没有内在价值——的痛苦可以通过一直寻求他人的赞赏来减轻。当他们确实收到奉承、认可或其他形式的社会支持时，会引发的短暂的满足感暂时缓解社会痛苦，但对根本原因却无能为力。最好首先消除自恋者的dACC产生的过度社交疼痛。几项关于冥想的脑成像研究已经得出结论，冥想有可能诱发整个ACC和白质束的物理变化，从而使ACC的激活被PFC调节。这意味着练习冥想可以提高练习者的情绪自我调节的能力。如果一个自恋型人格量表得分很高的人想要采取措施减少他们的社交痛苦体验，应该用几周或几个月来日常练习正念冥想，而不是仅仅几分钟或几小时。由此帮助他们发展更好的情绪管理的大脑路径，就可以减少反刍思维，减少对他人积极反馈的依赖。这对他们来说是件好事，也会减轻他们的朋友、家人和同事的负担。因此，他们的关系网可能会改善，让他们从安全感中受益，这种安全感来自感觉自己是一个真正被接纳的内圈成员。

虽然正念冥想需要大量的练习才能诱导有益的大脑变化，但有一种相对快速的修复方法，可能会在此期间起到作用。社交疼痛实际上可以用一种通常用来减轻身体疼痛的药物来消除。正如第二章（第35页）所提到的，当人们经历身体疼痛时激活的核心大脑区域与他们感受到社会疼痛时所涉及的区域显示出相当大的重叠。这种药物降低了这些大脑中枢的活动，长期以来，人们都知道它对抑制身体疼痛有有益的影响。各种以鸦片为基础的止痛药物，如鸦片、吗啡和海洛因，会诱发潜在的高上瘾化学物质，并使疼痛麻木，但这种特殊类别的药物不会。这不是用愉悦的感觉来掩盖情感上的痛苦；实际上，它首先减少了大脑的激活，从而产生疼痛被抑制的感觉。因此，对普通消费者来说，它基本上是安全的。

一项令人惊讶的研究表明，这种药物——对乙酰氨基酚——一种常用的非处方止痛药——可以减少社会疼痛的感知。无论疼痛知觉是通过自我报告的主观测量，还是通过使用fMRI客观测量，都证明了这一效果。参与者被要求服用为期三周的对乙酰氨基酚，报告说他们在面对社会排斥时感受到的伤害更少，在另一项实验中，与社会疼痛相关的大脑区域（dACC和

AI）的激活也有所减少。如果自恋者日常生活中的社交痛苦可以通过预防性地使用传统止痛药 [1] 来减少，那么他们的反社会倾向也可能会减少。对乙酰氨基酚——顺便说一下——也以另一个名称售卖：扑热息痛。

自恋与运动成瘾、社交媒体成瘾、酗酒、赌博和强迫性购物之间存在正相关关系——所有这些都是冲动控制问题。这种行为可能反映出，自恋者试图减少或分散其放大的社交痛苦感受。观察对乙酰氨基酚是否对这些行为有任何影响是一件有趣的事情。如果自恋者没有那么强烈地感受到他们的社交痛苦，那么强迫性锻炼、发Twitter、喝酒、赌博或购物的欲望可能就会消失。

处理过度自恋的一个更极端的方法可能涉及深层大脑刺激（Deep Brain Stimulation, DBS），当然，这只适用于那些因为自恋引起严重问题的人。这是因为DBS是通过外科手术将电极植入功能失调的大脑区域，以便将微弱的电流施加到大脑的特定部位。全世界已经成功实施了成千上万起的此类手术，为患有晚期帕金森病、严重强迫症和其他一系列神经问题的患

1　也就是说，如果这种药物被提前使用，在实际引起社交疼痛之前，就能减少大脑中产生社交疼痛的区域的活动。

者带来了长期的症状缓解。当电极被植入患有各种慢性疼痛问题的人的dACC时，也取得了一定程度的成功。如果有朝一日，对乙酰氨基酚疗法被证明可以通过减少社交痛苦感觉控制自恋症状，那么DBS可能是寻找治疗严重病例的有效疗法的下一步。

还有一些疗法以自我消解为目标进行发展。有充分的理由相信自恋是一个特别以自我为中心的心态。如果在适当的情况下，也就是在抑郁症研究中经过专门培训的心理咨询师的支持下，那些遭受高度自恋坏的后果的人可能会从与他人密切联系的经历中受益。

击败魔王别西卜

经常暴饮暴食会直接导致一些非常严重的疾病。相反，限制卡路里摄入可以通过减少炎症水平来保护大脑并减缓衰老过程，否则炎症会开始干扰认知功能。限制每天的食物摄入量会带来巨大的好处，但说起来容易做起来难。强大的营销力量使这项任务变得更加困难，他们一心想从我们容易被利用的、过度放纵的弱点中获利。

一旦暴饮暴食的习惯形成就很难改变，所以最好尽早养成健康的习惯。青春期是一个高度自恋的时期，也是一个青少年开始对社会不公感到愤怒的时期。在这几年里，青少年往往开始对"重大问题"产生强烈的情绪，诸如表达对全球变暖、动物试验、核武器、生态破坏和物种灭绝等问题的不满。这种情况发生在青少年时期的原因是，这是神经发育的阶段，在这个阶段，他们可以开始超越自己的兴趣、家人的兴趣和所属的文化来看待问题。这也是年轻人对各种感知到的不公平变得极度敏感的阶段，他们渴望在生活中找到更深层次的意义。

事实证明，所有青少年的焦虑都可以被利用来改变他们对垃圾食品的态度。当看到跨国食品公司使用极端利己而不讲道义的手段的证据时，他们通常会感到愤怒。通过证明企业从我们不断膨胀的腰围中获利，并且对影响健康的后果的了解，垃圾食品可以从被视为无害诱惑的来源，转变为可耻的丑闻。令人惊讶的是，这最终能促使他们减少对不健康的高脂肪、高糖食品的日常消耗。鉴于青少年是出了名的难以抑制自己的冲动，这简直是个奇迹。

膳食纤维可能是对抗我们贪吃欲望的冠军，但迄今尚未被认可。多年来，食用纤维的重要性完全集中在它促进肠道运动的作用上。最近的证据表明，这种富含营养的水果、蔬菜和全谷物的基本成分的纤维有一个更重要的好处。事实证明，虽然我们不能从纤维中吸收任何营养物质（因为人类肠道酶不能分解纤维），但纤维对我们还是十分有益的。它喂养所谓的有益肠道细菌，这些细菌会产生各种各样的化学废物，其中一些会进入我们的大脑，让我们更快地感到饱腹感。

如果我们想长寿，并在老年时保持大脑处于良好状态，我们都需要摆脱糖分的控制。有充分的证据表明，高糖饮食对身体和大脑健康非常有害。因此，考虑放弃早晨吃的高碳水化合物，如加工谷物、丹麦糕点、油炸食品或果酱吐司，转而选择未经加工的全麦谷物，如粥、什锦麦片或格兰诺拉麦片。这些食物不仅提供了大量的缓解饥饿感的纤维，而且还提供了大量的缓慢释放的碳水化合物，这些碳水化合物会逐渐释放它们的糖分子到血液中，而不是一次释放所有的糖分子。而选择那些快速释放的碳水化合物则会诱导大量的胰岛素从胰腺喷射，以处理涌入血液的大量糖分。但这意味着血液中的葡萄糖会大量流失，一个小时左右之后，你的糖分（以及能量、耐心、情绪等）就会很低。相比之下，选择那些缓慢释放糖分的食物则不会导致如此大的胰岛素释放，这可以让你保持一个适中的血糖水平，为整个上午的身体和大脑提供能量。这有助于避免养成在一天中寻找美味但不健康的零食来补充你的血糖水平的习惯。

习惯性地摄入营养丰富、释放缓慢的碳水化合物、高纤维含量的食物，使你的精力和饥饿程度在一天中保持在一个更均衡的状态，这只是成功的一半。我们还应减少对营销策略的接触，这在阻止宾斯菲尔德主教选中的暴食恶魔的斗争中发挥了巨大作用。这种营销策略是专门设计的，目的是让加工食品看起来是可取的选择，而且价格合理。对于身体质量指数健康的人来说，每天吃外卖食品或超市里便宜的即食食品是不正常的，也是不健康的。所以，当你的电视屏幕上出现快餐广告时，换个频道；当它们在你的电脑屏幕上弹出时，换个网站。当你在回家的路上经过你最喜欢的快餐店时，要绕道而行，避开它。当你在超市的时候，不要拿着甜点、糖果和蛋糕，只是沿着过道走。这听起来可能有点夸张，但是让你的眼睛、耳朵和鼻子远离那些逐渐侵蚀你决心的影响是至关重要的。每次接触都让你更接近屈服于想吃甜食和高脂肪食物的冲动——这正是我们的大脑进化所偏爱的味道。如果你允许这些东西进入你的房子，那么你会在某个时候把它吃掉。抵制暴饮暴食的唯一方法就是一开始就不买那些不可抗拒的食物。

拥抱朋友、爱人、家人甚至宠物，都会导致神经激素催产素的释放。这能带来舒适感，并有助于在团队成员之间建立信任。当催产素被直接注射到大脑中时，它会产生很强的厌食性，也就是说，它能阻止我们感到饥饿。它通过与下丘脑腹内侧的受体结合，暂时降低食物的奖励价值，让我们感觉不那么饿。因此，当我们试图抵制暴饮暴食的诱惑时，我们都应该考虑寻求身体上的关爱，而不是零食。通常，当我们吃东西的时候，我们真正追求的是舒适，所以催产素的其他来源——一个拥抱或者仅仅是一次愉快的交谈，让我们感觉到人与人之间的联系——可以提供我们实际上渴望的安全感。

如果你睡得不好，第二天你就会做出不好的饮食决定。如果你经常睡得不好，那么这可能会使你发胖。虽然听起来很奇怪，但要改善饮食习惯，立即采取措施改善"睡眠卫生"是你能做的最好的事情之一。如果你的卧室是你唯一能睡觉、读书或做爱的地方，那么在几个星期后，你的大脑会调整它对在那个特定空间发生的事情的预期。但如果你每晚睡前花10到30分钟在床上摆弄智能手机，那么你的大脑就会下意识地在你上床睡觉时为刺激做好准备，而不是准备关掉手机睡觉。不仅如此，你浏览的每一条短信、电子邮件、互联网搜索、Facebook帖子、Twitter、Instagram软件照片和应用程序都会让肾上腺分泌出微量皮质醇。

所有这些小小的皮质醇喷射的累积效应是，它们会在你真正想要入睡的时候，相反地提高你的警惕性。然后在早上该醒的时候起不来。

如果你经常在半夜醒来，那么你最好开始消除每一个潜在的干扰因素，这些干扰使你每晚无法保持7到8个小时的睡眠状态。

●视觉——如果有光线渗入你的房间，你可能需要遮光百叶窗。

●听觉——佩戴耳塞。

●触觉——确保床垫和床单光滑。

●嗅觉——试着添加一些镇静的气味，比如薰衣草精油。

当我们在半夜醒来的时候，我们通常不记得到底是什么真正唤醒了我们，所以我们可能需要做一些侦查工作。如果经过几周的专注实验，这些所列出的东西都没有产生任何影响，那么很可能是你的智能手机造成的。

原因如下。想想这个，不知道为什么你半夜醒来。也许你已经辗转反侧，最终处于肢体血液供应被切断的状态。也许外面有一种很大的噪声把你唤醒到半清醒状态，但声音没有大到能回忆起发生了什么。不管是什么原因让你猛然惊醒，你现在是清醒的，所以你做了什么？在这种情况下，大多数人都会看他们的智能手机。这是个馊主意。

智能手机成为睡眠的主要敌人，我们的腰围也会随之增加，原因远远不止睡前摆弄手机会推迟我们入睡（尽管这些都是影响因素）。当我们半夜醒来查看智能手机上的时间时，我们不可能不看那些显示有未读信息或10条信息的图标。在所有未回复的电子邮件、短信、社交网络通知和未接来电中，有些可能很重要，但实际上它们都可以等到第二天早上。垃圾邮件中很有可能有紧急情况，这就会向血液中注入皮质醇，然后进入大脑，将大脑从睡眠模式中唤醒。

皮质醇水平在夜间缓慢但稳定地自然升高，所以到了早晨，我们会感到轻微的压力，这让我们做好了起床的准备。它实际上有助于释放我们起床所需的能量，迎接我们可能面临的任何挑战。然而，当皮质醇在夜间睡眠期间被触发时，我们很难再回到睡眠状态，这意味着我们会在早晨感到有点疲惫。这种情况可能已经持续了很长时间，以至于你都不记得神清气爽地醒来是什么感觉了。其实不一定非要这样。

就皮质醇的不适时分泌而言，没有什么比智能手机更能让我们在半夜为没有必要的事情担心的了。至于你可能会错过那些未读信息的想法，忘掉它吧。未知会让人的思维在所有可能等待的事情上盘旋不定。如果你想睡得更好，你真的必须勇敢一点，把你的智能手机放在卧室门外。如果不这样，你的睡眠将继续受到干扰，你白天对健康饮食的努力将永远受到疲劳的阻碍，而疲劳并不是日常生活的正常组成部分。

我们都听过这样的建议，即当你去超市的时候"永远不要饿着肚子购物"。原因是饥饿素，如胃促生长素，会使任何高热量食物的预期奖励值飙升。当血糖水平降低时，我们抵抗高热量食物诱惑的能力就会大大降低。这部分是由于饥饿素，但也因为参与发挥自我控制能力的dlPFC区域对OFC的影响较小，而OFC是衡量各种食物预期奖励价值的大脑区域。这些大脑区域之间的功能脱节使人们更有可能高估甜食或高脂肪食品的价值，并冲动地去满足眼前的欲望，而不是做出更好的长期选择。可以通过在购物前20到30分钟吃缓慢释放碳水化合物的零食，或者在吃饭时选择我们要吃的东西，在正确的时间摄入一点额外的糖来改变这一切，在做决定之前降低饥饿素的水平，帮助补充血糖。因此大脑有足够的能量来支持有纪律的食物选择。具体来说，通过提高dlPFC区域中葡萄糖的可用性，它可以对OFC产生更大的影响，因此你可以做出更好的食物选择。在我们选择进餐的食物时，确保我们只有适度的饥饿，这意味着我们有更好的机会选择有利于长期健康的目标，而不是满足即时的诱惑。

最后，人们往往在一天刚开始时做出更好的决定，而之后则会做出更糟糕的决定。所以选择晚餐要吃什么，越早越好。更重要的是，一个人做出的决定越多，这种"决策疲劳"就会发生得越快。无论选择是简单还是复杂，似乎都没有什么区别。这就是为什么在艰难地做了一天的决定之后，我们更有可能发现自己狼吞虎咽地吃完了一整块家庭装的巧克力，而我们最初的想法只是吃一两小块。俗话说"有备无患"！

远离阿斯蒙蒂斯

色欲是自第一次被认为是社会冲突的原因以来变化最大的致命之罪。在人类历史的大部分时间里，性传播疾病和意外怀孕是许多人痛苦的根源，尤其是那些不想要的婴儿。自从发明了有效的避孕方法，特别是像避孕套这样的屏障避孕方法以来，这种负面影响已经大大减少（假设它们被正确使用）。我们将要考虑的由色欲之罪所引起的危害包括性犯罪、通奸和过度使用色情制品所带来的破坏性影响。我们将研究现有的方法，以帮助我们抵御这些淫乱的恶魔。

重申色欲一章的主题，人们无法有意识地控制是什么让他们感到性兴奋，但对这些性唤起的感觉采取行动却是另外一回事。当对这些冲动采取行动时，很有可能使他人处于危险之中。有一些化合物药物可以抑制性欲。性冲动不是犯罪，但仍可能对人际关系造成严重损害。我们只能强调从长远来看的重要性，以一种使对此类冲动采取行动显得愚蠢和容易抵制的方式来界定欺骗的诱惑。

要消除性侵犯者带来的威胁，我们还有很长的路要走。通常来说，给性犯罪者服用药物来降低他们的性欲并不理想，支持其使用的科学数据也并不总是非常有力。它们包括三种不同类别的药物。第一种是人造的雌性激素，如甲羟孕酮。这是医生给那位40岁的教师开的处方，他的脑瘤使他产生了无法控制的性冲动，此前他被指控猥亵儿童。这类药物通常作为口服避孕药开给女性，或作为更年期妇女的激素替代疗法。有证据表明，这种药物对男性的影响是它可以在治疗后的一到两个月内消除异常的性行为。然而，这是有代价的，因为它的使用对很大比例的男性会有副作用，最常见的是体重增加和头痛。在这种情况下，这些副作用的主要问题是它会干扰依从性，即患者服用药物的意愿。性侵犯者常规服用的第二类药物是选择性血清素再摄取抑制剂，这是一种抗抑郁药物，其对性欲的抑制是一种众所周知的副作用。它被推荐给早期表现出性变态症状的青少年，因为效果相对温和。这样的药物治疗是希望它将有助于规范成人性行为，避免发生更大的问题。第三种药物是促性腺激素释放激素类似物。它作用于下丘脑，抑制一种激素的释放，这种激素通过血液进入睾丸，增加男性性激素睾酮的分泌。最初，这类药物是用来治疗前列腺癌的，而前列腺癌因睾丸激素的存在而恶化。在一个月的治疗后，循环睾酮可以被降低到通常只有通过阉割才能达到的水平。使用这种药物，变态性幻想的发生率直线下降，性行为也是如此，而且副作用比其他选择要好。

据预测，在未来几年内，将有可能根据大脑对一系列标准化色情图像的反应，检测出那些倾向使儿童处于危险境地的人。然后呢？我们是不是得把他们锁起来以防万一？强迫他们服用药物进行化学阉割？或者要求他们接受脑部手术，使他们永远无法产生男性性激素？在我们采取措施保护公众免受尚未对其性欲采取行动的恋童癖者的侵害之前，还有许多重大的伦理障碍需要克服。如果没有犯罪，但他们的大脑对儿童产生性反应，而不是对成人产生性反应，我们该怎么办？这些都是非常棘手的问题，没有简单的答案。但有一件事似乎很清楚，即社会对有恋童癖冲动的人的厌恶情绪，无论这些冲动是否被付诸行动。目前人们正驱使这些人躲起来，躲进黑暗的网络中，而不是进入可能帮助他们控制冲动的诊所。这似乎非常危险。

现在我们来谈谈通奸。和你朋友的伴侣睡觉从来都不是明智之举。对这样一个决定的后果深思熟虑一下，有助于召唤力量来抵制阿斯蒙蒂斯的诱惑，即背叛摧毁信任——简单明了。信任一旦失去就再也无法恢复。是的，有些人会原谅伴侣的不检点，但一旦背叛，信任就永远无法完全挽回，而信任是每一段成功的长期关系的核心。

每个人都有可能对自己的伴侣不忠。但在实际发生之前，这只是一种理论上的可能性。可能发生，但从来没有发生过。在这一点上，我们有充分的理由感到乐观，并认为这很可能会一直保持下去。另一方面，一旦有人背叛了他的伴侣，一切都会改变，因为他们实际上有了过往的记录。从那时起，它不再仅仅是理论上的可能，而是实际上已经发生了。再次发生某事的概率与第一次发生某事的概率大不相同 [1]。这似乎是

1　如果你回想一下"暴怒"一章，你会发现它遵循了与法律相似的逻辑，在法律中，那些有暴力犯罪记录的人被判的监禁比那些没有暴力犯罪记录的人更严厉。

一个微妙的区别，但它其实相当巨大。当一次未经批准的不忠行为发生时，再次发生的可能性似乎要高得多。从信任被背叛的人的角度来看，他们很可能会觉得自己很愚蠢，很可能会后悔自己天真到认为永远不会发生这件事。这就是造成永久性损害的地方。一旦一个人经历了背叛的毁灭性打击，他们就永远不会从背叛中完全恢复过来。

当我们受禁果的诱惑时，阿斯蒙蒂斯会和我们玩各种各样的心理游戏，试图消除反对意见："这并不意味着什么""就是性""我有一种永不满足的性欲，我需要它"。或者经典的回答是："他们不会知道的，不会伤害自己的伴侣。"问题在于，所有这些借口都忽略了一个最重要也是最不容置疑的事实：一旦两个人之间的信任被打破，就永远无法修复。婚外情的确存在，但一旦欺骗被揭露，他们的关系就会受到损害。当阿斯蒙蒂斯提供欺骗某人的机会时，这就是需要关注的重点。打败阿斯蒙蒂斯的引诱的想法是：去那里，信任就会消失。没有信任就没有真正的亲密，所以不忠会破坏亲密的关系，即使他们的感情能坚持下去。在极少数情况下，欺骗确实能隐藏很多年，但制造欺骗的谎言无论如何都会造成损害。人们总是认为他们能够向伴侣隐瞒真相，但总有一些事情最终会暴露。可能是这个人自己不断恶化的罪恶感，或者是他们的掩饰故事的前后矛盾，或者是第三方介入揭露了谎言；没有人能永远逍遥法外。这是你可以用来打击阿斯蒙蒂斯的另一根棍子。当令人陶醉的通奸诱惑出现时，抵制诱惑最有效的方法是：信任需要数年的时间来建立，但破坏它只需要一次的欲望行为，因为背叛永远不会成为秘密。

过度消费色情制品会造成破坏性影响，比如对使用安全套的负面态度，以及对现实生活中性亲密中最佳行为的曲解。显然，试图改变一个普遍不受监管的行业是不切实际的。最有效的方法可能是考虑用更好的方式来限制访问，并建议人们如何以减少伤害的方式使用它。在访问方面，最有效的应对方式是惩罚互联网提供商，毕竟最终是它们控制数据流。想要他们限制免费的网络色情内容的访问是完全可行的，这完全在他们的权力范围内。问题是，如果一家公司这样做了，那么所有公司都会参与竞争，因此需要进行有效的协调。

逐渐对色情上瘾的强迫性行为会使现实生活中的性伴侣无法满足自己的性欲。考虑到健康的性生活对人类健康的巨大好处，这确实是一种可怕的状况。如果一个人每天都看色情片，那么他们在现实生活中的性行为会因此而受到影响。那么当他们听说禁看色情片几周后他们的性欲就会恢复时，他们可能会感到高兴。鉴于许多人的色情习惯根深蒂固，这说起来容易做起来难。在早期，许多人会努力抵制诱惑。如果知道几周不看色情片是有可能重新建立正常的性行为的，这可能会激励人们尝试一下。

色情作品对整个文化的影响就更成问题了。

色情作品描绘了各种各样的行为，但这些行为对促进长期关系几乎都没有什么作用，而长期关系可以说是性行为中最具价值的方面。色情摄像机专注于捕捉进入，因为这正是市场的需求。但当性爱中确实对长期关系有积极影响的方面——拥抱、亲吻和爱抚——出现时，它们总是被快速推进。因此，色情导演和消费者都系统性地忽视了在现实生活关系中性产生的最重要的某些方面。当年轻人在自己的卧室里盲目地模仿他们在屏幕上看到的东西时，他们并不知道与正常性行为有什么不同，并将其视为常态。解决方案？任何想提高抗利尿激素和催产素水平以利用性的力量的人，而不是完全专注于性高潮的多巴胺刺激的人，都应该从坦陀罗[1]学习性爱技巧，而不是从

1　7世纪或更早些时候以来的古印度教或佛教的密教经典。

YouPorn中学习。

痛斥懒惰贝尔菲戈

首先，我们转向狡猾地伪装成勤劳的懒惰的阴险形式。对于那些数字产品的奴隶来说，他们被设计精美的计算机程序迷住了，被吸引进而投入无穷无尽的空闲时间盯着屏幕，但结果却没有实现任何有意义的目标，那么第一步就是放下它。更好的做法是，把智能手机、平板电脑和笔记本电脑放在一个完全隔绝的房间里，调成静音。有证据表明，只要把智能手机放在触手可及的地方，工作记忆就会减少10%，流动智力也会减少5%。

如果你真的试图把你的电子产品放在一边，却发现它奇迹般地重新出现在你手中，那么你可能会考虑投资K-Safe（手机保险箱）之类的东西。这些坚固的塑料盒子有一个可锁的盖子，由倒计时器控制。你转动盖子上的表盘，把计时器设置为倒计时，从1分钟到10天，它会把任何诱惑安全地锁起来，直到计时器为零。最让人印象深刻的是——以我的经验来看——一旦你知道你不能在一段时间内打开那个盒子，你很快就会把它完全抛到脑后。如果你想到要使用电子产品来检索内容，仅仅知道它仍然处于被锁起来的状态，就能让你很快忘记它，转而做别的事情。你还会发现自己会非常仔细地考虑每次锁它的时间。

这个场景与古希腊神话中的尤利西斯故事有着惊人的相似之处。尤利西斯知道塞壬的歌声吸引了许多船长，让他们的船只触礁，所以他命令他的船员航行过去之前把他绑在桅杆上，这样他就算受到她们的歌声诱惑，也无力采取行动靠得更近，从而得以避免船只触礁[1]。把强迫性欲望的源头放在一个受时间锁定的盒子里也会产生类似的效果，让你无法回应那些你很清楚会在稍后某个时刻攻击你的诱惑。当涉及管理我们所面临的诱惑时，尽可能地像尤利西斯一样思考确实是值得的。

我们都会时不时地与懈怠的诱惑作斗争，但当逃避责任的冲动出现时，我们每个人的反应会有很大的不同。糟糕的数字卫生状况，影响到的是那些数字奴隶而不是掌握技术的人，他们总是把宝贵的时间从有用的工作中一点点地转移出来。任何人在开始被无限的拖延海洋淹没之前，只需要简单地解锁智能手机或

1　塞壬是美丽但危险的女人，她们用美妙的音乐和歌声引诱水手到岩石上。尤利西斯狡猾地命令船员们在耳朵里塞满蜡，这样他们就听不见塞壬的歌声了。

平板电脑，然后关机。如果你可以采用一种策略，一次将自己与手机分开一小时，使其超出手臂够得着的范围，让自己不查看手机，你会发现自己更容易在每次短暂的休息后继续工作。你将重新训练你的大脑，使其能够再次保持持续的注意力，而之前你通过不断的媒体多任务处理使这些能力偏离了轨道。虽然上网查看社交媒体动态通常比工作更有趣，但盯着天空发呆就不那么有趣了。因此，如果你和无聊之间唯一的联系就是工作，那么工作似乎比你一直拿着智能手机更有吸引力。人们走神的次数越多，就越能释放出他们与生俱来的创造力，所以即使你花更多的时间盯着天空看，这也不一定是件坏事。

你也可以考虑买一根跳绳。这样每当你失去了继续工作的意愿，就不是摆弄手机或上网，至少可以在偷懒的时候做些运动，这就是所谓的"美德捆绑"。任何时候，当你想要从你需要做的繁重的脑力工作中放松时，做一些能让你身体充满活力的事情，就会巧妙地把懒惰的罪恶转化为真正的美德。这不仅会给你一段有限的时间从精神工作中解脱出来（在你开始绊倒脚之前你只能跳这么长时间），而且身体的刺激也会诱导释放令人兴奋的荷尔蒙来唤醒你疲惫的大脑，重新充电，当你回到真正的工作中时，帮助你集中注意力 [1]。2018年初发表的一项研究表明，仅仅10分钟的适度锻炼就足以直接改善认知能力。

每个人都有自己的激情。在内心深处，他们会发现一些内在的回报。问题是，不是每个人都知道他们的激情是什么。与此同时，人们通常在空闲时间看电视、电影和YouTube上可爱动物做傻事的视频。这样做的问题在于，它鼓励人们花更多的时间四肢伸开躺在沙发上，正如我们现在所知道的，这比看上去的要致命得多。

业余爱好通常包括一系列要遵循的行动，以实现某种最终目标。但是，爱好的主要乐趣来源是由于执行了一系列的行动而产生的快乐，而不是达到最终的结果。以收藏家为例，他们投入了大量的时间和精力去寻找新的收藏品。一旦他们"完成"他们的收藏，他们的工作就会完成，他们的爱好就会消亡。那么他们要怎么做才能对打发自己业余时间的方式感到满意呢？能带来最大快乐的爱好永远不会结束。那些热爱

---

1 如果跳绳不是你在工作场所休息的可行方式，请考虑一下：如果你的一些同事周期性地花几分钟出去，让他们的肺里充满烟雾或电子烟蒸气，为什么你不每小时花几分钟在空气中旋转跳绳呢？

徒步旅行的人总能找到另一个地方去徒步旅行；画画的人总能找到别的东西来画；那些热爱运动的人，只要他们的身体允许，就会一直为另一场比赛而努力；那些会演奏乐器的人总会发现他们需要提高的技能，总会找到另一首需要掌握的音乐。爱好本身是有益的，因为它们涉及为追求目标而做的事情，且并不完全关注最终结果。电视和电影经过精心设计，可以传递一系列特别设计的奖励时刻，但它们为我们做了所有的工作，剥夺了我们巨大的潜在满足感。更大的快乐来自为我们的回报而工作，而不仅仅是被给予。

有几种处方药可以改善漠不关心的症状。到目前为止，这些还没有被随意地分发给那些非常懒惰的人——那将是不道德的。但从理论上讲，有几类药物可以用来提高人们的积极性。2012年，科学杂志《自然》进行的一项匿名调查显示，20%的学者曾使用或经常使用一种"聪明药"，以提高他们的生产率。问题在于，与咖啡不同的是，这些其他"聪明药"都是在过去几十年才发明出来的，所以我们无法知道长时间使用这些药物可能会产生哪些不受欢迎的副作用。与此同时，商人、在线扑克玩家和学者们正在进行一场赌博，试图用这些相对新颖的物质来遏制懒惰，这应该会给我们一个问题的答案：长期使用这些药物会对人类产生怎样的影响？

也许没有必要求助于药物。许多极度缺乏行动力的人，从来没有经历过对生活失去控制的感觉。他们只是缺乏视角来意识到自己拥有选择是多么幸运。与此同时，他们常常会觉得生活并没有给他们带来更好的结果，抱怨自己的职业前景有多么糟糕，抱怨一切似乎都在合谋让生活变得如此艰难。像这样的人认为"控制点"是外在的——世界控制着他们的命运。他们需要的是建立一个内在的控制点来自己控制命运。这是高动力的一个重要组成部分。

在没有精神疾病的情况下，社会中缺乏动机往往是由于缺乏洞察力、良好的机会或相关经验。属于这一类的懒惰者应该被送去战场。不是为了战斗，而是成为后勤志愿者。亲身体验世界各地难民营里的人们每天必须遭受的真正恐怖，可能会让他们对他们认为理所当然的机会和基本舒适有一些必要的看法。对于今天世界上的许多人来说，完全相信明天会有干净的水喝，有食物吃。另一方面，读这本书的大多数人可能会认为，打开水龙头，让无限的可饮用水从水龙头里喷涌而出是理所当然的。对这些人中的许多人来说，用生命来交换贝尔菲戈回到他阴暗的巢穴会产生意想不到的效果。花一些时间帮助那些尽管生活中完全缺乏选择但仍能保持乐观和积极的人，这可能十分鼓舞人心。至少，了解世界上其他地方的生活是多么艰难和短暂，可能会改变他们回家后的生活方式。这些经历的记忆可能会提高他们纹状体中的多巴胺水平，足以让他们回来后开始追求有意义的目标。

每个人都去世界上饱受战争蹂躏的地区旅行，仅仅为了了解他们自己到底有多幸运，显然是不切实际的（更不用说其危险性）。即将到来的虚拟现实革命最大的希望之一是，人们甚至不需要走出家门，就能够到遥远的地方旅行。显然，这项技术也有可能让懒惰的人变得更懒惰，而不是更勤劳，因为它会阻止人们离开自己的家。但是，如果使用得当，那它会有巨大的潜力[1]：使人们感觉自己正处于现实生活中，此时此刻，自由探索里约热内卢的贫民窟、底特律的裂纹洞穴或加尔各答的贫民窟，去体验现实生活中贫困的景象和声音。这种虚拟现实技术正越来越多地为消费者所用，而且价格也比以往任何时候都便宜得多，因此，利用它让人们意识到自己有多幸运，以及他们有多少机会在生活中做一些有意义的事情，这种可能性是真实存在的。

1　为了了解更多关于虚拟现实的信息，强烈推荐使用VR播客之声（虚拟现实之声）。

与此同时，长期缺乏动力的人可能会被鼓励在离家更近的地方向他人伸出援助之手。在当地的施粥场、老人之家或无家可归者待的收容所做志愿者，可能会开阔他们的视野，让他们体会到帮助他人带来的深深的满足感，并为他们提供一个更全面的视角来看待自己的处境。但谁知道呢，这可能只是提供了一种动力，让他们从沙发上站起来，离开Netflix足够长的时间，去更远的地方研究他们的选择，而不是只是坐在那里等待机会降临到他们身上。

缄默的贪婪财神玛门

用短脉冲的高频磁场刺激整个头骨，破坏驱动贪婪决策的dlPFC脑回路的特定部分，这可能不是每个人都喜欢的事情，但它确实可以使贪欲之神放松控制[1]。很少有专门的研究证明大脑刺激能有效地影响人们犯下致命罪行的倾向，但根据加州大学洛杉矶分校的莱昂纳多·克里斯托夫-摩尔（Leonardo Chris-tov-Moore）及其同事的工作发现，这样的影响确实使人们的经济决策更加亲社会，而不那么亲自我。最

1　这是指使用经颅磁刺激装置的 θ 脉冲刺激方法，包括每200毫秒施加一次50赫兹的磁场。

好的一点是什么？它的工作原理是让我们回到我们的默认状态，使我们的大脑区域失去功能，否则这些区域就会介入，凌驾于我们本质上亲社会的天性之上。同样的结果也可以简单地通过强迫人们更快地做出财务决策来实现，正如我们从大卫·兰德和他的同事们的工作中所知道的，他们的研究表明，快速、自发的决策往往更有利于社会，而缓慢的、深思熟虑的决策似乎让人们有时间说服自己放弃更无私的选择。如果我们能以某种方式引导人们更多地相信自己的直觉，而不是过度考虑这个决定，以至于把别人搞得一团糟，这可能会带来更多的慷慨和更少的自私。这一观察结果也可以用来解释为什么慈善活动往往采取拍卖的形式，因为拍卖具有明显的鼓励自发决定的倾向。

在微软的老板们登上资本主义之树的顶峰时，他们贪婪地攫取市场份额，并且是毫不留情地追求最大化的市场份额。他们用了书中的每一招，有些人甚至可能会说这本书是他们写的。但是，当比尔·盖茨等人用与明目张胆的、与贪婪行为类似的策略粉碎了竞争，积累了财富之后，他们开始对利他主义产生了极大的兴趣。为什么？其中一个因素是，炫耀性的慷慨行为可以提高一个人的社会地位。当你已经是这个星球上最富有、最有权势的人之一时，还有什么能胜过其他亿万富翁，能让你与众不同的呢？我的慈善捐款比你的还多！

令人欣慰的是，这可能不仅仅是一种优越感。给予实际上是内在的回报。做一些能帮助他人的事情会给人带来愉快的感觉，回想无私的慷慨行为也是如此。几项fMRI研究表明，赢钱会增加奖赏通路的活动，而输钱则会减少这种活动。但当把钱从扫描仪中取出并存入一个有价值的慈善机构的账户时，腹侧纹状体的活动非但没有减少，反而增加了。当我们说到人类在与金钱的斗争中有望取得成功时，一个令人鼓舞的证据是，尽管个人遭受了损失，但慈善捐赠在本质上是有回报的。对于像人类这样依赖社会的生物来说，自然地被激励去帮助他人是有意义的。如果能让更多的人认识到给予本身就是一种奖励，而不是终生为个人利益而斗争，也许能减少一些由贪婪造成的附带损害。

我们知道催产素与加强内圈成员之间的联系有关，但也有一个相当有力的证据表明，催产素也会增加对外群体成员的攻击性。其他研究发现，它甚至可能改变群体内外的界限。通过将催产素喷到鼻子上，提高一个人大脑中的催产素水平，可以轻轻地推动他们做出更倾向于合作的决定。通过对参与神经经济学任务的人的大脑进行核磁共振扫描，可以暗中测试他们的贪婪程度。结果显示，大脑中催产素水平的增加会通过减少构成默认模式网络关键部分的额叶的激活来减少贪婪行为。这一区域的活动减少被认为是通过减少自我和他人之间的区分感，使人们变得不那么贪婪，这让我们看到了有趣的大脑成像研究，这个研究是在佛教僧侣的帮助下进行的。

将大多数人放在核磁共振扫描仪中，让他们玩一场经济交换游戏，每当他们成为另一个人贪婪行为的接收端时，他们的大脑就会以某种方式亮起，反映出他们强烈的不适感。在完全相同的情况下，如果扫描仪中的人碰巧是一位经验丰富的佛教僧侣，则不会发生这种情况。即使他们得到了极其不公平的奖金分配，他们的情感痛苦网络也保持着惊人的安静。与我们其他人不同的是，他们在游戏的其余部分做出的选择表明，即使面对与之相反的明显的证据，他们也继续信任自己的贸易伙伴。所有的冥想是否让他们的思维变得平和？他们是把惩罚消化了吗？还是别的什么原因？

如上所述，大量的正念冥想练习逐渐打破了自我和他人之间的精神界限，方式与自我消解的体验并无不同。自我消解的药物治疗针对的是遍布大脑的一种非常特殊的神经递质受体[1]，通常会引起感官幻觉和其他眩晕效果，而冥想仅通过思考就能实现自我消解，因此不会产生这些潜在的令人不安的副作用。虽然可能需要一生的时间才能达到觉悟，但我们完全有理由相信，贪婪的行为可能会随着时间的推移而减少。对经验丰富的佛教僧侣进行的核磁共振扫描研究表明，通过他们数千小时的练习，他们实际上可以重新连接大脑区域，从而创造出"自我"和"他人"之间的分裂感。统称为默认模式网络（Default Mode Network，DMN）的大脑区域——现在许多神经科学家[2]认为其至关重要地生成"自我"——通常在缺乏经验的调解人和根本不冥想的人静静地躺在扫描器里什么也不做的时候非常活跃。然而，在经验丰富的佛教僧侣的大脑中，当他们进行自我反省时，默认模式网络仍然保持着惊人的安静。

如果催产素通过减少DMN的活动，使人们的决定变得不那么贪婪，更有利于社会，而DMN的活动也

1　神经递质受体是位于突触（神经元之间的间隙）的"锁"，一个特定的神经递质"钥匙"被释放到突触，可以进入并激活它。

2　我第一次遇到这个概念是在一次采访中，我采访了神经心理药理学家和全能的传奇人物大卫·纳特教授（Professor David Nutt），他是英国政府的前药物沙皇，因为把摇头丸的危害比作骑马而被解雇。

可以通过广泛的全神贯注的冥想来减少，那么冥想也许可以减弱我们做出贪婪决定的倾向，同时减少由他人的贪婪引起的痛苦。如果我们能找到一种方法，迫使金融业强制实行每日冥想，我们或许就能打赢这场"匮乏之战"。鉴于银行业普遍存在与长期压力相关的健康问题，这可能不像乍看上去那么异想天开。高盛集团（Goldman Sachs）、摩根大通（JP Morgan）和巴克莱（Barclays）等几家投资银行为员工提供正念课程和静修，以期降低疲劳和慢性病的发生率。虽然银行提供这些服务的动机是提高生产力，减少因与压力有关的疾病以及休假时间；但人们希望通过激励银行家抓住这些机会，他们在自我消解方面取得的任何进展都可能会减少他们对更多东西的过度渴望，这是一种受欢迎的副作用。

自我消解可以驱除贪婪的罪恶，但即使你已经说服了人们去冥想，也需要很长一段时间才能开始在鼓励更慷慨的人生观方面得到回报。简单地说服人们无休止地追求更多的钱很少会带来幸福，这可能会更快、更实际。虽然很多人都认为钱越多越幸福，但数据并不支持这一普遍的假设。超过某一阈值，收入和幸福水平之间就不存在正相关。过度的财富带来了过度的压力，有充分的证据表明，富人更难获得内心的平静。

也许给孩子们讲睡前故事，详细描述那些银行存款超过2 500万美元大关的"富豪"的悲惨生活，可以开始抵消已被广泛接受的观点，即只要我们能找到能赚更多钱的方法，我们所有的麻烦都会神奇地消失。如此一来，当他们成长为拥有中等财富的成年人时，他们可能会开始寻找更肥沃的土地来播下满足的种子，而不是永远追求更多的钱。

如果有更多的人能仔细观察超级富豪实际生活中存在的异常激烈的竞争，而非仅凭想象，或许很快就会发现，他们往往比那些收入较适中的人更与社交脱节。例如，在约会场合，超级富豪的后代经常抱怨的是，他们总是为和自己在一起的人的动机而烦恼。"他们是真的爱我，还是只是为了我的钱？"是一个典型的担忧原因。

再也不用工作听起来可能很棒，但对大多数人来说，做一些有意义的工作在产生满足感方面起着至关重要的作用。职业发展，或者仅仅是一天工作的感觉，都是主要的衡量标准，通过这些，我们可以感觉到自己每天、每年都在进步。然而，有无数的例子表明，超级富豪的后代在选择和追求职业时采取了一种平淡无奇的方式。毕竟，如果你真的不需要钱，很容易就会看到有人在新工作的新鲜感消失后、在和同事闹翻后，或者在其他方面变得艰难时，很容易就选择了退出。

没有人比白手起家的百万富翁更清楚地认识到，过多的财富是如何侵蚀而不是提高生活质量的；还有那些从无到有，完全依靠自己力量取得一切成就的人也是如此。加入超级富豪行列后，看到出身于金窝的人遭受的一切：不断增加的压力、对他人动机的愤世嫉俗和强烈的权利意识方面，往往会让新富阶层相信，将财富传给子女从长远来看只会对他们不利。随着越来越多的百万富翁追随斯汀和安妮塔·罗迪克的脚步，选择放弃他们的全部遗产，而不是冒险破坏他们孩子的性格和野心，下一个合乎逻辑的步骤肯定是首先扼杀他们试图赚取数百万美元的抱负。

逃离嫉妒

正如我们所看到的，嫉妒可以激发一些特别可怕的行为。不断地把自己和别人比较，在这个过程中产生自卑的感觉，这是一个不幸的习惯，是痛苦的根源，使那些有着高度嫉妒性格的人对别人做出可怕的事情。有什么解决方案？尽力消除那些鼓励你和别人比较的情况，这是一个很好的开始。

古希腊人认为嫉妒是生活中不可避免的事实，他们发展了社会习俗以避免嫉妒的煽动，甚至制定了法律，在嫉妒可能变得丑陋的情况下消除其负面影响。例如，每次在重大体育比赛中获胜后，获胜者都会习惯性地向观众赠送大量礼物。这种行为的目的是避免观众过于嫉妒他们勇猛的表现，由此产生不愉快的后果。借鉴古希腊的做法，将谦逊和慷慨的精神结合起来，规避由嫉妒引发的潜在报复行为，在帮助减轻这种恶行的反社会影响方面可能是非常宝贵的。陶片放逐法（或称贝壳放逐法）是另一种有效的策略。这项法律的目的是在公众人物被认为过于"炫耀、卖弄、摆架子"时用于熄灭群众中日益高涨的嫉妒情绪。触犯这项法律的人将被流放10年，以缓和紧张局势，之后他们可以满怀荣誉地回到社会，并将所有财产归还。

如果你想减少生活中的嫉妒情绪，你最想要放逐的五个候选人是谁？我当然能想到一些人，我不介意看到他们被放逐到荒野10年或20年。遗憾的是，欧洲不太可能很快重新引入"陶片放逐法"，但我们都可以采取以下几个步骤来减少我们暴露在容易引发嫉妒的影响下。最近的研究表明，对于那些容易嫉妒的人来说，退出Facebook确实能提高幸福感。减少对电视真人秀和以名人为中心的小报媒体的接触可能也会产生意想不到的效果。

另一种减少嫉妒的有效方法是花更多的时间去思

考那些似乎比我们生活得更好的人的真实生活。重要的是要记住，我们几乎总是把自己的生活和别人的生活进行比较，无论是我们在网上看到的，还是我们听到的小道消息。对于那些日常生活中最让我们感到嫉妒的人，也就是那些与我们背景相似、成就与我们的生活特别相关的人，要揭开其生活背后的真相是很困难的，但也许可以扭转我们把别人的感知优势当作表面价值的倾向。

媒体喜欢制造一种错觉，即我们正偷偷地窥探我们喜爱的名人的"真实"生活。新闻机制过滤名人的故事，以确保我们接触到那些最有可能让我们产生最大震慑感和敬畏感的人。这就是报纸的卖点。同样，在我们的社交圈里流传的流言蜚语，我们听到的关于竞争对手的让我们嫉妒的故事，也以同样的方式扭曲了真相，原因也完全相同。传播得最远的谣言是最耸人听闻的，之所以耸人听闻，是因为真相经过了仔细的过滤、夸大和修饰，从而产生了最大的影响，增加了传播到我们耳朵里的可能性。换句话说，最有趣的八卦几乎总是不完全真实的。意识到这些对现实的扭曲是多么普遍，不仅在媒体上如此，在我们的日常工作和社会生活中也是如此，这将是一个躲避嫉妒的好策略。

当我们得知公众人物所享有的特权以及明星们赚

取的巨额金钱时，我们会感到愤怒。这是使名人故事具有新闻价值的主要因素之一，但这并不是全部因素。通过积极调查名人传记作家所记录的童年创伤、毒瘾和破裂的关系，我们可以打破他们生活得比我们更好的幻想。把同样的想法应用到我们日常生活中让我们感到自卑的人身上，想象他们所承受的巨大压力，是什么让他们夜不能寐，还有他们关起门来麻烦不断的人际关系、他们持续的健康问题，甚至可能让我们把嫉妒转化为同情。

与其希望我们能享有他们所享受的所有好处，或者幻想他们可能遭受某种可怕的灾难，不如关注媒体和八卦的扭曲影响，穿透夸大他人优势的烟雾和镜子。如果做得有效，我们可能很快就会发现，我们不会希望媒体的成功诅咒降临到我们最大的敌人身上。与其仰望名人和竞争对手，认为他们比我们更好、更快乐、更优越，我们不如培养出相反的观点。虽然他们的生活在外界看来令人兴奋，但随着对他们的生活有更准确的了解，以及小报炒作的减少，我们可能不会为了世界上所有的钱而与他们交换位置。

有多少次你听到人们这样说："如果我这周中了彩票，我所有的烦恼都会烟消云散。"在低收入人群中普遍存在的一种错觉是，钱越多就越幸福。如前所述，证据与这一观点并不一致。从统计学上讲，中奖更有可能让生活变得更糟，而不是更美好。彩票中奖者经常遇到的问题就有与朋友和家人闹翻。在获得意外之财后，周围的人会突然对这个人表现出前所未有的兴趣。即使只是怀疑他们可能别有用心，也足以破坏之前的关系。这里要借一笔钱，那里需要伸出援助之手，比赛或演出的免费门票，对这家境况不佳的公司的一笔小额捐款。当一个人知道自己赢了一大笔钱时，如果自己不慷慨大方，就会引发别人的嫉妒和怨恨。如果你想想那些引发嫉妒的因素，你就会明白其中的道理。这个人和你的背景相似吗？是的。他们所获得的并非应得的？是的。他们只是运气好，不是吗？随着彩票中奖者的偏执情绪在天平的一边，而他们的朋友和家人的怨恨在另一边，人们很快就开始吵架，他们的群体规模也逐渐缩小。

对于那些我们在传统意义上嫉妒的人，即那些我们觉得我们有相似的背景，但他们的成就水平超过了我们自己的人，还有另一种方法是可行的。嫉妒有可能逐渐从恶意转化为善意，这样你就可以以他们为榜样来激励你去做更伟大的事情。如果你对他们如何取得比你更大的优势感兴趣，那么你就可以不策划他们的失败，而是通过模仿他们成功的方法来缩小差距。

通过投入额外的努力去投资任何你可能需要的培训或资源来提升自己，达到他们的水平，而不是密谋他们的灭亡，你甚至可能发现自己正在越过他们：就像龟兔赛跑一样。记住，当人们到达顶峰时，唯一的路就是走下坡。这对于减弱嫉妒也是有帮助的。处于游戏顶端的人非常清楚这一点，试图在竞争中保持优势所带来的压力，会严重损害他们的生活质量。

从那些让你感到嫉妒的人身上学习，分析他们在做什么，而你没有做，并利用这一点来提高自己，而不是在背后抱怨他们。与其坐在一个容易嫉妒别人的基座上，不如稳步前进，不断向上进步，这往往要好得多。

杀死撒旦

当谈到对付愤怒时，肉毒杆菌可以起到帮助作用。是的，就是在你脸上的肉毒杆菌。2009年在德国进行的一项fMRI研究表明，当人们注射了美容肉毒杆菌来麻痹用于皱眉的肌肉时，这不仅阻碍了他们做出不高兴的面部表情的能力，而且使他们更难识别他人脸上的愤怒表情。当他们看到愤怒的面孔时，大脑实际上会减少杏仁核的活动。要理解为什么会发生这种情况，首先得知道，每当我们看到别人做出任何一种情绪的面部表情时，我们会不由自主地，在没有任何意识的情况下，轻轻地在自己脸上收缩同样的肌肉。这有助于我们重现他们在我们自己大脑中所感受到的任何情绪，使我们能够共情他人的心理状态，这样我们就能以一种与他们的情绪状态一致的方式与他们互动。感受他人的愤怒也能帮助我们进入正确的心态，应对他们察觉到但我们没有察觉的威胁。

向皱眉肌肉注射肉毒杆菌引起的杏仁核活动减少是有希望的，因为它至少在理论上意味着，容易发怒的人不太可能将中性面孔误认为攻击性面孔。这提供了一种简单的干预，例如，有一天可以帮助受虐待的儿童避免走上犯罪的道路。这样的方法是否值得探索，很快就会明了。名人规范向公众传播的少数积极副作用之一是，很多人已经选择自愿将肉毒素注射到自己的脸上以满足虚荣心，应该很容易找到愿意参与一项研究来验证这一假设的人。你现在就可以想象广告词："你有易怒的问题吗？自愿参加这项研究，你将赚100英镑，变得少生气，最后看起来年轻10岁！"

如果你不想让细菌毒素永久性地麻痹你的皱眉肌肉，你可以考虑做一些神经反馈训练。神经反馈包括使用一种非侵入性脑成像技术或另一种技术，实时反馈大脑某个区域的即时活动水平。其目标是让患者有机会通过反复试验，发展出有意识地控制大脑特定区域活动水平的能力，从而达到治疗效果。

神经反馈是将电极连接到头皮上，以提供关于人控制脑电波的能力的即时反馈，称为慢皮质电位。几项研究已经证明，这是帮助人们控制他们的攻击性的有效方法。这种训练不仅可以减少攻击性，还可以减少冲动。患有严重的精神病且因犯罪而被监禁的人是最难治疗的人群之一。想象一下，通过这种技术来获得对大脑功能特定方面的控制，对于那些没有严重精神疾病的人来说会有什么作用，他们只是想要加强对自己脾气的控制。

最近的研究表明，一种使用fMRI而不是头皮电极的神经反馈形式，可以让普通人有意识地控制杏仁核的激活程度。虽然上面描述的慢皮质电位技术具有相对便宜和高度便携的优点，但是它只能同时测量大脑表面的大部分区域。fMRI虽然昂贵得多，而且便携性更差，但它的优势在于可以对大脑深处的活动进行专门监控，比如杏仁核。训练一个人去控制他们的杏仁核活动是否真的能转化为更好的愤怒管理，还有待观察。但是考虑到杏仁核经常被牵连到各种精神疾病中，而攻击性问题是这些疾病的主要症状，fMRI的神经反馈方法似乎前景巨大。

在愤怒行为带来的诸多伤害中，创伤后应激障碍

（Post Traumatic Stress Disorder, PTSD）可能是最具破坏性的。症状包括反复的、有规律的干扰记忆侵入日常体验，持续地回避与创伤体验相关的任何事情，情绪突变和高度警觉。它们通常在最初的事件发生后持续数月，甚至数年。PTSD患者大脑中发生的一些变化，可以解释为什么这些痛苦的记忆会如此频繁地重现。

在PTSD患者大脑中，杏仁核会通过一个生理结构变化过程变得高度敏感，这一过程是对高度紧张事件的反应。脑成像研究发现，PTSD患者的杏仁核反应过度，而通常与情绪反应调节相关的前额叶皮质部分也不如往常活跃。这表明，暴露在可能危及生命的事件中会引发生理变化，从而增强杏仁核对威胁的反应能力，并干扰通常用于控制这种活动的抑制恐惧的脑回路。当环境中没有真正的威胁时，大脑中通常会进行干预，以减少杏仁核激活的区域，使其不能施加任何影响。因此，PTSD患者会发现自己处于一种永久的过度焦虑状态，在没有真正危险的时候，也会感到受到威胁，并且会受到创伤经历的侵入性生动记忆的困扰，这些记忆反复干扰他们的日常活动。

从大脑的角度来看，这是一种努力将惊喜最小化的装置，以便能够准确预测未来会发生什么，这种情况在生物学上是合理的。如果一个人遭到性侵犯，或者一枚炸弹在一名巡逻的士兵的面前爆炸，那么对危险的预测显然不足以避免这种危险。在这方面，一种提高警惕性的生物学机制似乎合理的。尽管长期处于高度警惕的状态对个人来说非常不愉快，并会导致严重的并发症，但它确实有助于避免可怕的经历重演，尽管这会损害个人的日常生活质量。

各种形式的心理治疗已被证明是成功的，可以逐步减少杏仁核对潜在威胁刺激的过度反应，有助于减轻慢性焦虑状态的严重程度。但是，只有当病人能够正确地参与这个过程时，这种方法才会成功。遗憾的是，当PTSD患者被要求回想这件事作为他们治疗的一部分时，负面情绪的洪流往往是如此势不可当，以至于他们很难真的参与其中。

如果患者在服用药物后，在经过专门培训的咨询师的陪同下回忆起那段极其不愉快的经历，他们往往能够更好地参与治疗。这种特殊的药物有一种独特的能力，使人们感到强烈的愉悦感和与他人的社会联系。它似乎有能力阻止压倒性的不愉快情绪的出现，而这些情绪通常是在他们回想起最初导致PTSD的可怕事件时触发的。这使得治疗师能够帮助患者更彻底、更成功地消除PTSD症状对日常生活的干扰。但非法"滥用药物"的情况严重阻碍了这方面研究的进展，但最近仍通过临床试验取得了进展。一项对107名PTSD患者进行的二期临床试验发现，在12个月后接受重新评估的90人中，有61人不再患有PTSD。与以往的治疗方法相比，对那些生活被PTSD搅得天翻地覆的人来说，这种疗法是我们所拥有的最接近治愈的神奇疗法。

最后，我们将回到我们最开始提到的干预疗法来结束本章。回想一下，正念冥想是重塑大脑各个部分的一种有效方式，包括参与元意识的额叶皮质区域，以及我们知道对于产生愤怒情绪、社会排斥带来的心理痛苦和报复欲望很重要的ACC。正念干预已被发现在改善攻击性倾向的自我调节方面具有相当大的实用价值，即使是对那些有智力障碍的人来说也是如此。这些冥想的实践，尽管对佛教来说已经是老生常谈，但却是我们拥有的最接近真正的灵丹妙药的疗法。它提供了广泛的抵制诱惑的好处，并在整个旅程中产生回报，而不仅仅是当你到达最终目的地时的一点好处。

第十章

摆脱诱惑

在这本书的最后一章中，我们将把前面所讨论的各个方面结合起来，阐明一种合乎逻辑的、务实的和以证据为基础的方法，来抵制反社会的诱惑（人类自从开始在地球上漫游以来一直在与之斗争）。对宇宙起源、地球和生命生物学的科学研究所带来的启示，已逐渐使许多人越来越难以从字面上理解古代宗教文本。由此有这样一种趋势，即传统的天堂的诱惑和地狱的威慑所提供的胡萝卜加大棒的方式，在引导我们的行为朝向亲社会和远离反社会冲动方面逐渐无效，因此这个项目似乎是及时雨。

我们将出示科学证据讨论证明亲社会的生活方式的益处，不以自我为中心的态度可能有助于推动我们的选择，使每个人都受益。我们也将思考，从一个以神经为中心的视角来看待罪恶或恶习等反社会行为的原因，可能会帮助我们重新理解他人的行为，从而帮助我们更好地应对他们，减少他们给他人带来的痛苦。我们还将着眼于对未来的展望，即关注新技术，这些新技术可能会在其他方法无法实现目标的情况下向我们伸出援助之手。

捆绑出现的恶习

教皇格里高利坚信，傲慢是万恶之王。在我们迄今为止所列举的例子中，这种观点显然有一定的价值。艾米·毕晓普和赵恒军精心策划的愤怒行为，肯定与职业自豪感受损有关，再加上嫉妒，这三种情绪加在一起就能解释玛丽·科尼耶泼酸攻击和乔纳森·格里芬破坏农场的动机。事实上，七宗罪之间似乎有相当大的重叠，甚至可能根本就没有所谓的单一罪。傲慢可能是最明显的泄露源，从一个到另一个。我们对任何个人犯罪行为的探究越深，我们就越能找到受他人影响的证据。

一个国家对另一个国家发动战争的主要动机往往更多的是出于嫉妒或贪婪，而不是愤怒。正如修昔底德很久以前指出的："所有这些罪恶的根源都是对权力的贪婪和野心；曾经参与争论的双方的暴力就是从这些欲望中产生的。"说到战争，战胜一方性征服的动机不太可能纯粹是受到了恶魔之王阿斯蒙蒂斯激发的影响。毫无疑问，傲慢之神路西法也在助长这种不成比例的挥霍行为方面扮演了一个角色。在这种对性征服的热切追求中，一定包含着一种慷慨的自豪感。

即使在今天，从非洲到亚洲的一夫多妻的文化都是通过一个男人的生育能力来衡量其地位，这往往会导致一些旨在激起他人嫉妒的评论："你有几个孩子？哈！只有六个？！我有四个妻子和两个前妻。她们给我生了二十多个孩子。"尽管这句话完全是虚构的，但这些数字完全是有据可依的。

当贪婪使人积累起一大笔财富时，膨胀的自负感常常让人们感到日常平凡的琐事并不值得他们去做。雇用用人来打扫房子，厨师为他们准备饭菜，司机载着他们在城里转，园丁为他们修剪草坪，保姆照顾他们的孩子……贪婪会不可避免地导致傲慢和懒惰吗？

主要的恶习之间似乎也有许多重叠之处。它们很容易混合在一起，形成这些捆绑出现的罪恶。这是否意味着它们是由相同的大脑回路驱动的呢？在我们寻找导致人们无法控制自恋、性欲、贪婪、反感或攻击性冲动的神经嫌疑犯的过程中，大脑皮层的某个区域一次又一次地出现。犯下全部七宗罪的动机可能来自同一个腐败的神经网络吗？

冲突的痛苦

任何一个想要当场抓住诱惑恶魔的好侦探都会密切注意ACC。ACC在处理冲突方面所起的作用早已为人所知。无论这些相互冲突的信号是感官上的、情感上的、概念上的还是道德上的，大脑的ACC似乎总是参与处理认知失调。当我们同时持有两种或两种以上相互矛盾的信念或想法时，我们会感到精神上的不适，例如："我是一个好人，但这个人对待我的方式就好像我被蔑视一样。"两者不可能都是真的，所以必须有所取舍。ACC的上半部或背侧，也就是dACC，似乎是罪恶之城总部的最佳人选。它与如此广泛的反社会行为有牵连，以至于它甚至可能需要一个新的绰号。那么"痛苦、愤怒和冲突的大脑皮层"怎么样？

在许多以自我为中心的行为压倒更亲社会的态度的情况下，dACC在几个章节都有牵连。在为数不多的直接洞察致命之罪重叠的研究中，有人观察到自恋（傲慢）影响了报复的欲望（愤怒），但前提是检测到的威胁导致dACC激活增加。换句话说，这个人越自恋，他们就越有可能对刚刚拒绝过他们的人施加不愉快的惩罚，如果他们的社会拒绝经历导致dACC的活动激增的话。这项研究的作者将这种活动解释为反社会行为的"触发器"，旨在减少自恋者夸大的自我重要性与社会排斥对这种自我重要性构成的威胁之间的差异。这表明，dACC的活动不仅反映了对冲突的检测和认知失调的处理，而且正是决定报复的原因。由于这种行为本质上是一种报复行为，我们能否推测，如果格里芬和科尼耶的dACC活动受到某种抑制，他们的罪行可能永远不会发生？

这可能太过分了。我敢打赌，任何碰巧读到这本书的严肃的神经学家，很可能会发现自己现在幻想着扼杀我（考虑到正在讨论的话题，这似乎很合适）。科学领域的优秀男性和女性可能希望看到我出局的原因是，如果严肃地建议将dACC重新定义为"痛苦、愤怒和冲突的大脑皮层"，将加剧媒体对研究的歪曲。许多渴望获得头条新闻的科学作家陷入了夸张的陷阱：对研究提出一种过于简单化的看法，以便尽可能制造出最令人印象深刻和最具影响力的头条，而不是对证据进行更平衡的描述。人们通常认为，准确性不比引起人们的注意重要。

事实是，几十年来积累的大量证据，包括直接调查非人灵长类个体神经元反应的研究，以及间接测量人类大脑中相对较大神经元块反应的研究，表明dACC对在直接对立的行为选择中进行选择的困难非常敏感。在大多数对非人灵长类动物的研究中，为了获得最好的果汁奖励，它们会在向左看和向右看之间左右为难。对人类的研究通常涉及人们试图找出一系列选择中哪一种可能产生最大的现金回报，与之后可能出现的某种社会惩罚相平衡。确切地说，目前正在考虑的选择似乎没有最佳决策那么重要，因为最佳决策远非一目了然。无论如何，这个大脑区域所表现出的兴奋程度似乎都围绕着不同选择之间的冲突程度而定。

可以肯定地说，dACC可能在各种日常选择冲突中扮演着关键角色。我应该再喝一杯呢，还是赶在最后一班公共交通工具之前回家？我应该和这个漂亮的人儿调情，还是因为我已经有了一个伴侣，避免冒险会更好？我会像其他人一样看一看甜点单，还是坚持我的想法，冒着忍受嫉妒他人食物而产生挫败感的风险，继续我徒劳的努力，以达到那个可以在海滩上展露的身材？dACC与其说是各种地狱王子居住的巢穴，不如说是天使和恶魔搏斗的战场。

这就是说，dACC的进化可能是为了在人类大脑中起到与各种哺乳动物表亲不同的作用。尽管在腹侧纹状体和眼眶前额皮质首次发展其管理决策能力的时代，金钱还没有被发明出来，但人脑的奖励途径现在会对经济刺激产生反应。因为一旦人类了解到金钱可以帮助我们获得其他想要的商品，这种进化的古老大脑通路的特定区域就可以在我们的物种中重新训练，以完成最大化经济收益的特定任务。同样，早在我们形成文化上可接受的行为与社会禁忌相对复杂的概念之前，ACC在处理简单的认知冲突方面所扮演的角色就已经进化出来了。但是一旦出现这些问题，ACC的一个特定的分支——dACC——可能会在我们这个物种中被重新使用，以处理这种特别复杂和典型的人类冲突。在某种程度上，当亲自我和亲社会的思想发生直接冲突时，这个大脑区域似乎已经成为人类决定该做什么的关键区域，这造成了深刻的社会痛苦。

我们考虑一种恶行可能是所有其他恶行的根源：如果你认同教皇格里高利的体系，那这一种恶行就是傲慢；如果你赞同圣保罗的观点，那就是贪婪。但是，如果傲慢和贪婪都源于一个共同的神经机制——例如，一个反应过度的dACC——将决策推向反社会的深渊，那么他们可能都是正确的。当一个自恋的人发现他们的自我重要性受到社会痛苦的威胁时，贪得无厌的欲望可能是一种吸引他们的策略，这样他们就可以积累更多的资源，这是他们优于他人的可靠证据。反之亦然，一个贪婪的人在不断试图获得更多财富的过程中所取得的成功，可能不可避免地会增强他们的自我重要性、权利意识和虚荣心。

为什么我们必须摆脱诱惑

　　传统智慧告诉我们，经济需要持续增长才能繁荣。但问题是，正如我们所知，从长远来看，这种方式是不可持续的。尽最大努力推动全球经济，完全专注于短期的财富创造，不仅会鼓励那些倾向于把我们分开而不是拉到一起的行为，还会导致破坏地球的后果。激励人们控制自私欲望的最大希望之一，就是让他们更重视死后的生命。不是指来世，现代大多数受过教育的、有科学头脑的人很难再相信这一点了；而是关心我们死后地球上生命的前景，认真考虑我们给后代留下了什么。

　　两千年前，当地球上的人口总数达到几亿时，可以想象的最糟糕的情况是，更多的人意味着人们的生活将因战争、奴役和饥荒而更加悲惨。现在我们有数十亿人口，我们面临着彻底和永久性破坏生态系统和气候模式的真正威胁，在我们身后留下如此多的有毒塑料和核废料，使地球不仅不适合人类生活，而且不适合大多数动植物生活。人类的共同影响已经导致了大规模的物种灭绝，其规模之大，以前只有在灾难性的"天灾"背景下才会看到，比如超级火山爆发或巨大的小行星大力撞击地壳。

　　不管我们是利用新技术来帮助控制我们更糟糕的

倾向（稍后讨论），还是依靠老式的勇气和决心，地球上的生命的未来取决于我们所有人都采取行动，来提高我们抵抗自私欲望的能力，并更加认真地考虑我们日常选择的长远负面影响。否则，我们将发现我们留给后代的是一个无法维持合理生活质量的世界。近几十年来，我们非但没有采取措施抑制我们以自我为中心的冲动，反而看到它们被无情地利用。七宗罪中的每一宗都被全球商业的邪恶势力系统地利用。

"顾客永远是对的。"这句箴言正积极地鼓励着我们的自恋倾向。我们一直以来都有这样一种印象：沉迷于自我是一种美德，因为不断有广告告诉我们要购买美容产品、时尚产品和奢侈品，因为"你值得拥有！"沉溺于自我重要感和培养虚荣心是现代生活的一个重要方面，这会让我们更愿意花钱，从而推动经济的发展。

情色营销已经为我们所熟知，但是在其营销材料中不断接触漂亮的人的影响却很少被考虑；它往往会滋生对自己的不满。这使我们更容易受到隐含的暗示的影响，即通过购买某些产品，我们可以成为更好的人。它甚至扭曲了我们在伴侣身上应该追求的品质的观点，打造了一个不可能实现的理想，进一步增加了我们的脆弱性，让我们更容易产生这样的想法：购买某些商品可能会帮助我们获得那种难以捉摸的满足感。这样做的目的是让我们失去平衡心，永远处于一种担心的状态，我们不应该是我们自己，不应该满足于我们自己。

经常使用无处不在的、免费的在线色情作品，逐渐扭曲了人们对什么是令人满意的性生活的态度，助长了人们对非法性接触的幻想。加强长期亲密伙伴关系的技巧被有意忽视，而最受欢迎的情色电影类型，使这种关系看起来就像一次性塑料餐具一样。现在有专门针对已婚人士的约会服务，使欺骗伴侣比以往任何时候都更方便。

专门针对儿童的宣传策略，其明确目标是培养过度消费的终身习惯。这种策略通过全球肥胖流行病损害身体健康和认知健康，直接导致卫生保健系统超负荷运转。消费者从来没有像现在这样有更多的节省劳力的产品，可以用来帮助他们追求一种避免花费任何超出绝对必要的努力的生活方式。

如果说贪婪是一个临界点，在这个临界点上，追求财富最大化的完美合理愿望侵入了对他人财富的贪念，几十年来，广告界一直在明目张胆地利用嫉妒来推动销售。制造流水线产品和销售活动的都是战略性的组织，目的是不断向市场投放新产品，以确保那些没有最新型号的人，在意识到其他人有更先进的版本时，很快就会感到不满。这就确保了大街小巷、网上商店和购物中心里永远挤满了消费者，他们在寻找更多的商品。

至于愤怒，军火贸易是一项利润丰厚的业务，它利用了全球对暴力的胃口，而英国在其中扮演着重要角色。当涉及暴力犯罪时，电脑行业通过制造一种让游戏玩家坐在座位上就能在暴力犯罪时掌握主动权，赚取巨额利润。无论是屠杀所有移动的东西，还是在虚拟的城市里劫持车辆，随意进行暴力行为，游戏每年都能利用人类对破坏的固有欲望，赚取数十亿美元。甚至可以说，向全球体育迷销售商品，是商业力量利用群体间争斗的刺激来获取物质利益的另一个例子。虽然没有人会因购买足球球衣而受到伤害，但它仍然是符合利用恶习中的愤怒来提高利润的原始冲动。

不管我们的房子已经有多乱，不管我们的衣柜已经有多满，如果我们的不满无法被满足，那么我们总会发现自己在追求更多。最新的伎俩是同时刺激嫉妒、傲慢和贪婪。这三种罪恶的欲望很好地通过宣传与那些有吸引力的、虚荣的、常常十分愚蠢的真人秀明星进行直接比较而触发，这些真人秀明星每时每刻都通过社交媒体更新来炫耀他们的滑稽动作。通过将自恋常态化，展示他们通过新获得的财富和名望所获得的优势，他们在宣传"越多越好"这一概念时所发挥的影响力，已成为营销中最有力的工具之一。难怪大品牌都争先恐后地与他们签约。

我们在面对这些诱惑时早已软弱无力，多媒体运动的影响在今天和这个时代是难以避免的。消除诱惑的前景可能看起来很暗淡，但还是有希望的。虽然最新的营销和广告策略尽其所能利用最新的技术来消除我们自我克制的最后防线，但其他技术可能很快就会介入，把我们从悬崖边拉回来。

科学拯救？

托马斯·因塞尔（Thomas Insel）是一位神经科学家，他对草原田鼠的研究确立了神经激素催产素和加压素在两性关系中的作用。他的学术地位因此迅速上升，最终成为世界上最大的科学组织之一——国家精神健康研究所（NIMH）的主任，任期超过十年。在加入总部位于旧金山的初创公司Headstrong之前，他曾短暂执掌谷歌旗下的一家名为Verily的医疗公司。两家公司的目标都是利用全球50多亿智能手机用户的数据，改善对一系列精神疾病的干预措施。

Verily、Headstrong和其他一些21世纪的医疗保健计划所采取的方法非常简单：结合他们的医疗记录等其他相关数据，跟踪庞大群体中每个人的数字行为，然后保持警惕的、人工智能增强的"眼睛"，来预测症状常见的精神问题，如抑郁、狂躁和精神病等。目的：更好地预测精神疾病的发作，并在为时已晚而无法做出改变之前进行干预治疗。虽然因塞尔在NIMH期间花在基于生物学的研究上的200亿美元失败了（他自己也承认了），但如果这些新的数百万美元的"大数据"研究项目成功了，那么没有理由不采用同样的方法来帮助我们应对反社会的行为，比如传统上说的七宗罪。尽管这种方法是有希望解决的，但它仍然无法发展，直到与恶习作斗争被视为科学问题，而不是神学问题。

我们对社会孤立如何损害我们的身心健康的新知识，也许就足以激发更好的决策策略。如果历史的教训是可以借鉴的，那么仅仅告诉我们应该做什么和不应该做什么，不太可能对引导我们走向正道、避免狭隘有很大的帮助。如果没有一个具体的动机来激励人们追求不那么诱人的道路，在各种强大的诱惑面前，指手画脚的方法就没有希望获得丰厚的回报。另一方面，更好地理解我们在衡量对社会有影响的决定的利弊时大脑内部发生了什么，可能有助于推动我们更多地朝着亲社会的方向发展。更深入地了解不这样做的后果可能也会有所帮助。如果我们经常屈服于满足即时的诱惑，它可能不仅会对我们的社会关系造成损害，从长远来看，我们的健康也会受到损害。了解到这一点，可能会使那些自私的冲动更容易被抵制。

罪行甚至也有可能相互抵消。这里的诀窍是通过说服人们相信这样做符合他们自己的私利和最大利益，来激励人们善待他人。懒惰的诱惑可以被贪婪和嫉妒所抑制。人们甚至可以利用他们拥有最好的一切的感觉（骄傲）或他们获得更多的渴望（贪婪）作为动力来源，更频繁地做出亲社会的选择。如果感觉与他人有意义的联系所带来的生理和心理上的好处是他们想要并且应该得到且得到更多的，那么为了实现这一点，他们做出的所有决定都应该考虑到这将对他们的群体成员所产生的影响。

为了支持这一听起来很奇怪的解决方案，最近的一项研究表明，在神经经济游戏的胜利者中，睾丸激素的增加非但没有让人们表现得更具攻击性，反而是通过做出更多亲社会的决策来实现对竞争对手的支配。目前的主流文化普遍传播这样一种信念：谁的钱最多，谁就是赢家。这项研究表明，通过调整参与规则，将亲社会的决策视为成功的最终标准，人类的竞争天性可以被利用。激励他们通过最慷慨而不是最自私的行为，在竞争中胜出。实验性虚拟现实世界已经在试验相关的概念，比如"礼物经济"，即人们不出售别人想要的商品，而是把它们送给别人，以鼓励未来的互惠。事实证明，这是一个出人意料的成功的策略。

技术拯救？

如果我们能利用技术来测量我们自己的dACC何时处于超速状态，从而很可能暴露出我们的阴暗面，那不是很棒吗？或者更好的是，如果有一种技术可以干预，从而在我们的社会关系受到威胁时实际改变这些大脑区域的反应，那会怎么样呢？

物联网是一场试图将科技融入一切事物的运动。传感器被安装在衣服上，用来测量诸如心率和体温等生理反应。这些信息可以输入蓝牙设备，这样我们就可以持续监测我们的生命体征。不久之后，屏幕上的一个图标会提醒我们在脱水时喝水，另一个图标会在血糖过低时推荐合适的零食。已经有"智能帽子"可供劳累过度的消费者使用，他们不用再担心自己的压力过大、工作过度。脑电图技术已经存在几十年了，它通过连接在头皮上的电极来监测大脑产生的电活动。在此期间的大部分时间里，由于需要庞大的设备来放大大脑产生的微弱电信号，并将数据存储、消噪和压缩成可从中提取有用信息的形式，因此它只能在实验室中使用。随着技术的提高，功能相当强大的设备已经变小很多，电极也得到了调整，使得日常的头饰，如棒球帽、自行车头盔和安全帽都能与之配套，使用日常设备持续监控移动中的dACC活动的想法不再是未来派的白日梦。

想象一下，在你的周边视觉中闪过一道警示灯，告诉你，你的大脑目前处于一种让你容易做出草率决定的状态，这种状态是由社会痛苦的感觉驱动而不是冷静的理性分析驱动的，这将是多么有用。你可以采取措施把自己从这种情况中解脱出来，诸如吃一片水果、小睡10分钟、进行一些正念冥想，一旦你的dACC活动水平下降，你就可以回到之前的争执中，而不是在口头或其他方面屈服于愤怒的诱惑。起初，人们很可能会在最生气的时候忽视警告信号，而选择屈服于愤怒的诱惑，以牙还牙。最终，他们可能会发现自己更经常注意到dACC超负荷运转的警告，因为他们已经通过反复试验了解到，这通常会导致更有利的结果。在经历过多次dACC的过于活跃，以及在这种情况下悬崖勒马的好处之后，完全抛弃"智能帽"成为可能。人们可能会对标志着这种精神状态的微妙感觉产生敏感性，而不需要进一步的技术干预。要实现这些目标，基本上需要将上一章描述的神经反馈训练带出实验室，进入现实世界。要实现这一目标需要克服一些主要的技术障碍，但这些障碍并非无法克服。

下一个合乎逻辑的步骤是研制一种设备，该设备可以根据与最佳目标水平相比是过度刺激还是不活跃来干预特定的大脑区域，以使其平静和兴奋。有效经颅磁刺激（Transcranial Magnetic Stimulation,TMS）所需磁场的线圈目前太重，体积太大，无法在移动中实现。即使未来的技术进步可以使TMS便携化，也不可能精确地影响颅骨深处的大脑区域。但令人兴奋的是，新解决方案即将出现。

像暂时性干扰刺激（Temporally Interfering Stimulation, TIS）这样的新兴技术，有一天可能会经过足够的试验，精确定位过度活跃的dACC组织，以帮助缓解那些令人烦恼的社会痛苦。尽管最新的研究仅在实验鼠身上进行，但它们预示着精心安排的双脉冲电能爆发的令人兴奋的前景，能帮助我们在感觉自己即将做可能会后悔的事情时自我安慰。只要按一下按钮，我们就可以避免做出草率的决定。TIS天才之处在于，高频电刺激不会影响大脑功能，但当两个电场交叉时就会产生干扰，从而将电刺激的频率降低到影响大脑活动的程度（这要归功于一对高频电场在头骨上发出的光芒，通过将电极放置在头皮表面上的两个不同的位置，暂时只在两个电场相交初期击穿背侧前扣带皮层回路，从而将电刺激的频率降低到影响大脑活动的水平）。

目前该技术还处于概念验证阶段，它们只在实验室动物身上进行了测试。要将其应用于人类并非易事。首先，需要制订方案来确定电极之间的距离，以及在不干扰非目标大脑区域功能的情况下，改变目标大脑区域活动的最佳电子波形。但不可避免地会有一些并发症和副作用需要处理。最终，这种技术将被用于提高各种大脑能力，同时减少那些不受欢迎的能力。

问题是，如果一个TIS帽在2025年上市，你会买吗？我们已经确定，一点点的傲慢、暴食、色欲、懒惰、贪婪、嫉妒和暴怒是可以接受的。我们最不愿意做的事情就是冒险彻底消除这些行为。然后还有与犯罪相关的风险，非法侵入他们的TIS帽，干扰他们正常的功能模式。我们将如何应对重新编程TIS帽的计算机病毒？如果不能解决病毒问题，每当我们按下按钮激活电场时，它非但没有减轻我们想要攻击的欲望，反而刺激了它。这可能会带来迫使某人实施冷血谋杀的风险，而不是在正常情况下真正无辜的言语攻击的爆发，这都是可能发生的被黑客入侵的TIS帽的恶意影响。这种不太可能但合理的担忧必须在技术可用之前得到解决，以便建立保障措施。

任何有希望帮助我们做出更好生活决定的神奇技术，都必须证明自己有能力帮助我们的大脑找到致命罪行支配的冲动，从而找到"宜居带"。与其完全消除冲动，还不如将诱惑降低到更易于控制的水平：不要太多，也不要太少，而是恰到好处。它必须温和地把我们从反社会行为中潜伏的极端行为里推离出来，同时又不能剥夺我们最本质的人性。

道德雷区

一旦这种技术创新成为现实，就会有许多与滥用这种技术的可能性有关的伦理问题。其中之一是，假设它被证明在帮助人们表现得更亲社会方面是有效的，如果这种设备违背人们意愿被强加在他们身上，会发生什么？如果有人被要求在他们不愿意的情况下戴上一顶TIS智能帽，那该怎么办？相反，如果一个职业罪犯在监狱内外自愿选择余生都在头皮上植入一对电极作为释放的条件，那还会有那么糟糕吗？如果英国女王陛下的假释委员会负责管理囚犯的大脑活动，使他们最大限度地抑制反社会冲动，而不是任由其自生自弃，那么即使在得到犯人同意的情况下，这种做法也是能被接受吗？还是说这有点"老大哥"的味道？毫无疑问，对许多人来说，这样严厉的措施无疑是一个可怕的前景，然而，如何帮助那些无法自救的人这一古老的问题，解决方案可能就在眼前。

至关重要的是，我们应尽早考虑与此类干预相关的神经伦理问题。已经有提供不那么复杂的大脑刺激工具 [1] 给消费者在家使用。全球热衷于电脑游戏的玩家都在免费试用这些游戏工具，以期获得超越竞争对手的竞争优势。问题是，免费实验总是要求人们把刻度盘调到11度 [2]。有很多关于实验者被强电流灼伤前额的描述，以至于任何头脑正常的科学家都不会想要使用它们。一旦这些不成熟的技术经过磨炼，在试图调节人类行为时开始发挥真正的作用，我们就需要制订指导方针，就应该为如何、何时、何地使用这些技术提供建议。如果我们等到这项技术上市后才去考虑即将发生的挑战、陷阱和灾难，那可能已经太晚了。

1　目前这些只会影响到头骨下的大脑区域，而不是像dACC这样的深层区域。

2　源自有史以来第一部伪纪录片Spinal Tap——一个虚构的重金属摇滚乐队，他们痴迷于尽可能地大声，认为可以通过重新设计他们的放大器来实现这一点：将音量表盘设置为11度，而不是通常的10度。

静待解决方案

与此同时，我们或许可以利用本书来帮助我们改变对人性某些重要方面的看法。圣雄甘地的思想曾多次被转述，但在他让人们关注的所有洞见中，最能抓住本书主旨的是："和平不是没有冲突，而是有能力应对冲突。"这不仅适用于我们头骨内部发生的，也适用于发生在我们身体外部的人类互动。冲突是不可避免的，但我们如何应对冲突是由我们自己控制的。

当人们知道他们做了不应该做的事情时，通常是由情感痛苦引起的。支持这一观点的最好的例子是，自恋的人所经历的社会痛苦的强度反映在他们的dACC激活的强度上，这反过来又与首先让他们遭受排斥的人所受到的惩罚程度成正比。起初，那些与不正常的傲慢斗争的人对拒绝极为敏感，导致社会痛苦的扩大，他们试图用反社会行为来平息这种痛苦。不可否认的是，在其他致命之罪里，支持类似因果关系链的证据是稀少的，因为没有一项神经科学研究开始了解罪恶本身的神经关联。dACC在许多相关研究中的持续参与是引人注目的，并且有合理的理由来解释，它以反社会的方式行为的冲动是作为对强烈的社会痛苦的回应和努力减少该体验的努力。

为了支持这一解释，请考虑这一点。人们为使自己在外表上看起来更有吸引力而付出的大量努力和支出——也就是虚荣心——可能是出于一种渴望,渴望得到别人的赞美,以消除感觉自己毫无价值的痛苦。无休止地追求更多的钱,即贪婪——可以被看作是一种手段,通过这种手段,账户余额正在不断增加,从而减轻社会脆弱的不安情绪。那些似乎永远懒洋洋缺乏动力的人——也就是懒惰——可能是一种保护自己免受失败经历带来的社会痛苦的方式(如果你一开始就不去尝试,就没有人会指责你失败)。恶意嫉妒行为的目的是通过将对手打倒在地,来减轻社会自卑的痛苦。不断追求新的性伴侣可以被看作是一种试图通过一夜情造成的情感亲密的幻觉来减轻社会痛苦的行为。众所周知,人们很容易在愤怒中发泄——也就是暴怒——以暂时缓解因感到被社会轻视而带来的社会痛苦。而"安慰性食物"在消除情绪冲突方面的力量意味着,过度依赖这种方法可能会导致暴饮暴食的习惯,这是显而易见的。从这个角度来看,所有致命的罪恶都是反社会行为,其最终动机是减少个人痛苦。

这种观点比传统的将这些人标记为注定要被扔进地狱火坑的罪人的方法更有帮助。一个人想要减少他们的社会痛苦并不是没有道理的,哪怕选择实现这一目标的方法是不理想的。如果一个人反社会行为的根本原因是情感上的痛苦，那么将他们的行为描述为邪恶或魔鬼只会加剧他们的自我厌恶，甚至可能加剧他们屈服于任何能带给他们暂时解脱的诱惑的倾向。但宗教的观点也并非完全错误。

内心的混乱是生活的一个事实。其实对大多数人来说，试图完全消除内心的混乱是完全错误的。一个更容易实现的目标是更好地管理冲突，无论是在我们头脑中的私人世界还是在外部的公共世界。我们选择对自己内心冲突的感受做出何种反应，以及我们决定在与自己的内心冲突作斗争时如何处理他人的挣扎，这些可能创造地球上的天堂或地狱。

每个人都想减轻自己的情感痛苦，没有人能否认这一点。然而，减少困惑和冲突的最好方法并不总是那些我们的直觉指引我们去做的事情。社会痛苦的缓解可以通过亲社会和反社会的手段来实现。问题是，对于那些过去有过这种经历的人来说，亲社会的选择似乎并不现实。对于那些多次成为反社会经历的接收端的人来说，很难想象亲社会的道路可能会带来什么好处。对于那些已经感到被社会孤立的人来说，亲社会的做法似乎完全是徒劳的。在过去，团队似乎从不关心你发生了什么，你是成功还是失败，是生还是死？那么为什么要做对团队最有利的事？

那些有过最糟糕的团队合作经历的人，最有可能不信任相互照顾或相互帮助这种不言而喻的社会契约。一旦一个人的信任被背叛了好几次，他们就很难让自己脆弱地面对这种社会痛苦了。反社会的习惯是人们通过不断地陷入这种恶性循环的错误而养成的，而这些行为恰恰增加了他们被可能会有联系的群体拒绝的可能性。

如果社会中最脆弱的人能够接触到某些群体，那么他们可能也会体验到某种安全感，这种安全感来自某个群体中其他成员对他们的重视。群体成员这个身份可能有助于减少社会痛苦，而社会痛苦是导致人们选择反社会行为的首要原因。所以成为群体成员至少能使他的身心受益。

在你的社区里，一个人可以去哪里寻找即时的群体成员，在那里他们可以找到情感上的支持，而不管他们过去有过什么过错？什么样的人鼓励宽恕他人，即使是对那些名声不好的人同样如此？谁会积极主动地对那些最需要帮助的人伸出援助之手呢？哪个俱乐部或集体会要求其社员定期积极参与慈善活动？

科学或许有足够的能力去探究，为什么人们会做他们知道不应该做的事情，但当涉及给日常生活中的人们提供一种集体感时，科学却给出了一个空白。相反，宗教已经开发出奇妙的设施，为当地社区成员提供归属感、即时获得情感支持、每周互动仪式和参加慈善志愿工作的机会。如果有一天当宗教被彻底废除，就像因噎废食一样，将是人类最怀念之处。世俗世界距离复制这些古老的社区建设体系还有很长的路要走。每周都会有酒吧小测验、体育比赛或爱好小组组织与志同道合的人见面，但与宗教选择提醒人们从宏观看待生活和善待他人的重要性相比，这些相对肤浅和不温不火的选择，在缓解社会痛苦的能力方面相形见绌。

永远放弃宗教之前，我们必须首先建立合适的综合社区，让人们明白处理内部冲突的最好方法是去接触别人，而不是屈服于冲动做事，最终将他人推离开来。这将有助于产生这样的社区，在这些社区中，人们感到他们真正属于自己，并且在其中人们经历较少的会导致社会不和谐的社会痛苦。如果我们想让人们积极地投入他们的时间和精力去帮助整个社会，就需要用科学证据说服他们相信利他主义行为会给个人带来巨大好处。世俗世界必须找到有效的方法来激励所有的行为，宗教已经发现，社会痛苦的有毒影响的解毒剂是工作，而非天堂和地狱的神话。建立这样的社区的第一步当然是确保成员们认识到，人们的反社会行为是他们努力应对内心混乱的症状，而不是他们在绝望地崩溃或生来就很糟糕。

在我看来，这个项目应该得到最优先的考虑。因为在后宗教世界，如果人们觉得没有其他地方可以求助，他们将越来越多地退回到社会孤立这种明显的情感安全中。这样一来，他们一眼就会发现自私的选择最吸引人，尽管从长远来看，这通常会导致负面的社会后果。像这样的错误方法最终会剥夺他们身上真正让地球上的生命值得活下去的东西：与他人紧密相连的感觉。毕竟，有意义的关系不仅仅是美好的，它们对我们的幸福感和生存都至关重要。

附录

生命所渴求 Desiderata

—马克斯·厄尔曼（Max Ehrmann）
（我的行为以此为准则）

在喧闹和匆忙中平静地走吧，记住在沉默中可能会有怎样的平静。

在不屈服的情况下，尽可能与所有人和睦相处。

安静而清晰地说出你的真相；倾听别人的话，即使是那些迟钝无知的人；他们也有自己的故事。

避免吵闹和好斗的人，他们是精神上的烦恼。如果你把自己和别人比较，你可能会变得虚荣和痛苦，

因为永远会有比你更伟大和更渺小的人。

享受你的成就和规划。

对自己的事业保持兴趣，无论它多么卑微；在斗转星移间，这是一种真正的财富。

谨慎经营你的事业，因为世事多诡诈。

但不要让这蒙蔽了你，使你看不到什么是美德；许多人都在为崇高的理想而奋斗，

生活处处有英雄。

做你自己。尤其不要装出爱意。不要对爱冷嘲热讽；因为在所有的

干旱和幻灭面前，它就像青草一样常年不衰。

请接受岁月的忠告，优雅地放弃青春的事物。

培养精神力量，在突如其来的不幸中保护自己。

但不要用黑暗的想象折磨自己；许多恐惧皆源于疲劳和孤独。

除了有益健康的自律，对自己要温柔。

你是宇宙的孩子，就像树木和星星；你有权利在这里。不管你是否

清楚，毫无疑问，宇宙正在按照它自己的方式展开。

因此，无论你认为上帝是什么，都要与他和睦。

无论你的努力和愿望是什么，在嘈杂混乱的生活中，与你的灵魂保

持和平。即使它虚伪、单调和粉碎梦想，

这仍然是一个美丽的、愉快的世界。努力让自己快乐。

术语表

杏仁核 Amygdala

杏仁核是大脑的探测危险的中枢，位于颞叶向内的前部。当检测到危险时，杏仁核会触发血压和氧气的升高，将血液引向大脑和肌肉。激素的释放和神经元的激活调动了额外的资源来帮助处理感知到的问题。

前扣带皮层 Anterior cingulate cortex（ACC）

前扣带皮层是扣带皮层最前面的部分，位于每个大脑半球的内表面，即胼胝体的上方。

前岛叶 Anterior insula（AI）

前岛叶是岛叶皮层的前半部分，位于脑谷（也称脑沟）的底部。脑谷将左右脑的颞叶与额叶分开。

基底神经节 Basal ganglia（BG）

这是一组位于丘脑两侧的深核，负

责启动一些至关重要的功能。最大的结构群被称为纹状体，包括壳核、尾状核、苍白球和伏隔核。

脑干 Brain stem

脑干由脑桥和髓质组成，位于脊髓上方，并与其相连。它维持基本的生理过程，如通过调节肺、心、肾等的活动来维持适当的氧合、酸度和血压。

认知失调 Cognitive dissonance

认知失调指的是当我们同时持有两种或两种以上相互矛盾的信念或想法时，通常会感到的心理不适。

胼胝体 Corpus callosum

该部分大约有2.5亿个神经纤维束，在扣带皮层之下运行，连接左右大脑半球。如此多的瞬间互动发生在大脑左右半球之间，以至于流行的"左脑"或"右脑"概念是荒谬的。多亏了胼胝体，每个人都可以自信地宣称自己是惯用右脑或惯用左脑（除了切除了大脑半球或胼胝体的患者）。

背侧前扣带皮层 Dorsal anterior cingulate cortex（dACC）

该部分是扣带皮层前部扣带皮层的上部，与直接毗邻胼胝体的扣带皮层的部分相对。在一个人感到社会痛苦的情况下，背侧前扣带皮层始终与之相关。

背侧纹状体 Dorsal striatum

这是纹状体上部，由尾状核和壳核组成。背侧纹状体的头部钳住丘脑的左右两侧，而尾端向后绕成圆形，跟随颞叶的内轮廓。该结构执行各种计算，这些计算对于选择和执行实现特定目标的操作非常重要。

背外侧前额叶皮质层 Dorsolateral prefrontal cortex（dlPFC）

这是左额叶和右额叶向外表面的上部。在要求参与者控制自己的某些不受欢迎的行为的研究中，这部分前额叶皮层的离散斑块经常被牵涉进来。

功能性磁共振成像 Functional Magnetic Resonance Imaging (fMRI)

这包括扫描许多不同人的大脑，每个人都执行一套相同的实验程序，并寻找在不同的环境下，大脑持续激活或关闭的区域。然后，统计技术被用来比较这些大脑中一致的相对活动水平。

海马体 Hippocampus

在左右颞叶的核心深处，这些密集的神经组织中枢从根本上参与了新记忆的创造和检索，以及我们探索和想象未来的能力。

下丘脑 Hypothalamus

这是大脑制造荷尔蒙的地方，并通过脑垂体将荷尔蒙释放到血液中。它还向整个大脑的结构，尤其是脑干发送和接收信息。

核磁共振成像 Magnetic Resonance Imaging（MRI）

核磁共振成像是一种医学成像设备，用于测量大脑结构和功能。用液氦冷却的超导线圈的迅速打开和关闭，向大脑薄片发射射频脉冲，有效地将所有的水分子(偶极子)以垂直于磁场方向旋转。这些偶极子与磁场重新组合所需的时间受到大脑每一小块血液含氧量的影响，这表明大脑活动的不同程度。每隔几秒钟，就可以将大脑中每一片区域的测量值叠加起来，得到整个大脑活动水平的快照。核磁共振成像也可以用来观察大脑区域的结构，而不是功能，因为自旋偶极子与磁场集合的时间在灰质、白质和充满液体的空间中是不同的。因此，使用相同的核磁共振扫描仪，以不同的方式，你既可以测量大脑功能，也可以测量大脑结构(但不能同时测量两者)。

内侧眶额皮质 Medial orbitofrontal cortex（mOFC）

这是眶额皮质的一部分——位于眼窝(眼眶)上方的大脑部分——直接毗邻大脑的内表面(内侧)。

神经元 Neuron

这是一种细长的线状脑细胞，通过离散的电脉冲(动作电位)将信息从一端传递到另一端。当它们到达远端时，就会触发化学信使(神经递质)的释放，这些化学信使(神经递质)会溢出并穿过间隙(突触)，将一个神经元与另一个神经元分隔开来。每个神经元都有专门的受体，神经递质与这些受体结合可以改变神经元的活动。

神经可塑性 Neuroplasticity

在很长一段时间内，若通过有规律地、集中地、持续地做某件事，人类大脑就会发生变化。伦敦功能成像实验室的埃莉诺·马圭尔博士及其同事进行了一项开创性的工作，这是一项考试，要求实验对象记住伦敦市中心方圆6英里内的所有主要路线和地标，才能获得他们的黑色出租车牌照。平均而言，这一令人难以置信的记忆和导航壮举需要两年多的时间才能成功完成，而且由于神经元间突触(神经元之间的连接)的大量增加，大脑中被称为海马体的部分在生理上变得更大。随后的研究表明，退休的出租车司机的海马体大小恢复到正常范围。这表明，由神经可塑性引起的大脑变化在引起这种变化的行为存在的情况下得以维持;这是用它还是失去它的问题。

神经递质 Neurotransmitter

把信息从一个神经元传递到下一个神经元的电脉冲触发了一种叫作神经递质的化学信使，这种化学信使被释放到间隙(突触)中，使第一个神经元通过发出自己的电脉冲对第二个神经元产生影响。

伏隔核 Nucleus accumbens

伏隔核是腹侧纹状体的一部分，腹侧纹状体负责大脑的奖励系统，负责接收中脑腹侧被盖区输入的信息，并将信息输出发送到眶额皮质。在决策过程中，它似乎会给每个选项分配一个"预测值"，并根据决策结果是否如预期的那样进行更新。

眼眶前额皮质 Orbitofrontal cortex（OFC）

眼窝前额皮质描述了位于眼窝上方的左右额叶的部分。

前额叶皮层 Prefrontal cortex（PFC）

前额叶皮层是额叶的外表面，包括向内表面和向外表面。

头端前扣带皮层 Rostral anterior cingulate cortex（rACC）

前扣带皮层的最前面的部分。

纹状体 Striatum

所谓纹状体，是因肉眼看起来有条纹而得名，主要由伏隔核(腹侧纹状体)和尾状核/壳核(背侧纹状体)组成。腹侧纹状体负责计算，为每个选项分配一个"预测值"，形成决策的基础，而背侧纹状体负责选择和触发自主运动，使决策得以执行。

亚属前扣带皮层 Subgenual anterior gulate cortex(sgACC)

亚属前扣带皮层是扣带皮层的一部分，位于胼胝体最前端的下方。

丘脑 Thalamus

大脑的主要接线盒，通过四个脑叶(额叶、颞叶、顶叶、枕叶)的外皮层的不同部分相互连接。它通过感觉器官(眼睛、耳朵等)从外部世界获取信息，并通过脊髓与更深层次的大脑中枢和身体的其他部分共享信息。

心智理论 Theory of Mind(ToM)

心智理论是指一种从他人的角度理解情况，并推断出他们可能的想法和感受的能力。

腹侧纹状体 Ventral striatum

纹状体的底部或下部，在为某一项目、想法或选择分配"预测值"时起着至关重要的作用。伏隔核和其他一些结构位于纹状体的这一部分。

中脑腹侧被盖区 Ventral tegmental area（VTA）

中脑分为上部(顶盖)和下部(被盖)。腹侧被盖区位于被盖区下方，所有大脑中含有多巴胺的神经元都从被盖区投射到大脑的其他部分(主要是伏隔核和内侧眶额皮质)。

部分参考书目

Bartra et al. (2013). The valuation system: a coordinate-based metaanalysis of BOLD fMRI experiments examining neural correlates of subjective value. Neuroimage 76: 412-27.

Baum et al. (1986). Unemployment stress: loss of control, reactance and learned helplessness. Social Science Medicine 22 (5): 509-16.

Beyer et al. (2014). Emotional reactivity to threat modulates activity in mentalizing network during aggression. Social Cognitive and Aff ective Neuroscience 9 (10): 1552-60.

Bryan et al. (2016). Harnessing adolescent values to motivate healthier eating. Proceedings of the National Academy of Sciences USA 113 (39): 10830-5.

Burns and Swerdlow (2003). Right orbitofrontal tumor with pedophilia symptom and constructional apraxia sign. Archives of Neurology 60 (3): 437-40.

Campbell et al. (2000). Narcissism and Comparative Self-Enhancement Strategies. Journal of Research in Personality 34: 329-47.

Cantor et al. (2008). Cerebral white matter deficiencies in pedophilic men. Journal of Psychiatric Research 42 (3): 167-83.

Cantor et al. (2016). Independent Component Analysis of Resting-State Functional Magnetic Resonance Imaging in Pedophiles. Journal of Sexual Medicine 13 (10): 1546-54.

Cascio et al. (2015). Narcissists' social pain seen only in the brain. Social Cognitive and Aff ective Neuroscience 10 (3): 335 -41.

Chester and DeWall (2016). Sound the Alarm: The Effect of Narcissism on Retaliatory Aggression Is Moderated by dACC Reactivity to Rejection. Journal of Personality 84 (3): 361-8.

Chivers et al. (2007). Gender and sexual orientation differences in sexual response to sexual activities versus gender of actors in sexual fi lms. Journal of Personality and Social

Psychology 93 (6): 1108-21.

Christov-Moore et al. (2016) Increasing generosity by disrupting prefrontal cortex. Social Neuroscience 12 (2): 174-81.

Dewall et al. (2010). Acetaminophen reduces social pain: behavioral and neural evidence. Psychological Science 21 (7): 931-7.

Edelstein et al. (2010). Narcissism Predicts Heightened Cortisol Reactivity to a Psychosocial Stressor in Men. Journal of Research in Personality 44 (5): 565-72.

Eisenberger et al. (2007). Neural pathways link social support to attenuated neuroendocrine stress responses. Neuroimage 35: 1601-12.

Eisenberger and Cole (2012). Social neuroscience and health: neurophysiological mechanisms linking social ties with physical health. Nature Neuroscience 15 (5): 669-74.

Fisher et al. (2006). Romantic love: a mammalian brain system for mate choice. Philosophical Transactions of the Royal Society of London B: Biological Sciences 361 (1476): 2173-86.

Foster et al. (2003). Individual differences in narcissism: Infl- ated selfviews across the lifespan and around the world. Journal of Research in Personality 37 (6): 469-86.

Gabay et al. (2014). The Ultimatum Game and the brain: a meta-analysis of neuroimaging studies. Neuroscience and Biobehavioral Reviews 47: 549-58.

Georgiev et al. (2013). When Violence Pays: A Cost-Benefit Analysis of Aggressive Behavior in Animals and Humans. Evolutionary Psychology 11 (3): 678-99.

Hawkley and Cacioppo (2010). Loneliness matters: a theoretical and empirical review of consequences and mechanisms. Annals of Behavioral Medicine 40 (2): 218-27.

Heider and Simmel (1944). An experimental study of apparent behavior. American Journal of Psychology 57: 243-9.

Hennenlotter et al. (2009). The link between facial feedback and neural activity within central circuitries of emotion-new insights from botulinum toxin-induced denervation of frown muscles. Cerebral Cortex 19: 537–42.

Holt-Lunstad et al. (2010). Social relationships and mortality risk: a meta-analytic review. PLoS Medicine 7 (7): e1000316.

House et al. (1988). Social relationships and health. Science 241 (4865): 540–5.

Lee et al. (2012). Effect of physical inactivity on major non-communicable diseases worldwide: an analysis of burden of disease and life expectancy. Lancet 380 (9838): 219–29.

Levy and Dubois (2006). Apathy and the functional anatomy of the prefrontal cortex-basal ganglia circuits. Cerebral Cortex 16 (7): 916–28.

Mansouri et al. (2017). Monitoring Demands for Executive Control: Shared Functions between Human and Nonhuman Primates. Trends in Neurosciences 40 (1): 15–27.

Micanti et al. (2016). The relationship between emotional regulation and eating behaviour: a multidimensional analysis of obesity psychopathology. Eating and Weight Disorders 22 (1): 105–15.

Miller (1956). The Magic Number Seven Plus or Minus Two: Some Limits on our Capacity for Processing Information. Psychological Review 101 (2): 343–52.

Nguyen et al. (2014). Obesity and cognitive decline: role of infl-ammation and vascular changes. Frontiers in Neuroscience 8: 375.

Piff et al. (2012). Higher social class predicts increased unethical behavior. Proceedings of the National Academy of Sciences USA 109 (11): 4086–91.

Rand et al. (2012). Spontaneous giving and calculated

greed. Nature 489 (7416): 427-30.

Ronan et al. (2016). Obesity associated with increased brain age from midlife. Neurobiology of Aging 47 : 63-70.

Singer et al. (2006). Empathic neural responses are modulated by the perceived fairness of others. Nature 439 (7075): 466-9.

Slavich et al. (2010). Neural sensitivity to social rejection is associated with inflammatory responses to social stress. Proceedings of the National Academy of Sciences USA 107 : 14817-22.

Takahashi et al. (2009). When your gain is my pain and your pain is my gain: neural correlates of envy and schadenfreude. Science 323 (5916): 937-9.

Tang et al. (2015). The neuroscience of mindfulness meditation. Nature Reviews Neuroscience 16 (4): 213-25.

Thomas et al. (2000). Preferential loss of visceral fat following aerobic exercise, measured by magnetic resonance imaging. Lipids 35 (7): 769-76.

Tromholt et al. (2016). The Facebook Experiment: Quitting Facebook Leads to Higher Levels of Well-Being. Cyberpsychology, Behavior, and Social Networking 19 (11): 661- 6.

Voon et al. (2014). Neural correlates of sexual cue reactivity in individuals with and without compulsive sexual behaviours . PLoS One 9 (7): e102419.

Wallace and Baumeister (2002). The Performance of Narcissists Rises and Falls With Perceived Opportunities for Glory. Journal of Personality and Social Psychology 82 (5): 819-34.

Xiang et al. (2017). Examining brain structures associated with dispositional envy and the mediation role of emotional intelligence. Scientific Reports 7 : 39947.

致　谢

本书献给爱丽丝·格利。

首先也是最重要的一点，我必须感谢我的父母菲尔·刘易斯和维吉尼亚·刘易斯。非常感谢你们一直以来给予我的无条件的爱和支持，不管我是一个多么夸夸其谈的小暴发户，至少在你们眼中，我是值得被爱的。这一认识一直帮助我度过迄今为止最具挑战性的考验和磨难（包括这本书的写作）。

我也非常感谢戴夫·阿莫和梅兰妮·克雷格，他们在早期的证明研究上给了我宝贵的反馈。当然，非常感谢我的经纪人乔·沃德和萨拉·卡梅伦，他们说服我把这个想法从电视剧的剧本变成了一本书的提案，也非常感谢布鲁姆斯伯里出版公司西格玛丛书的吉姆·马丁的委托。编辑安娜·麦克迪尔米德和编辑凯瑟琳·贝斯特在整部手稿中都提出了许多出色的改进意见，非常感谢他们分享了帮助完成这本书的专业知识。

我要感谢朗姆特制作公司的奥利·泰特，让我一直忙于拍摄《大脑的秘密2》，以至于这本书花了两年的时间才完成，而不是一年。我必须感谢我最好的朋友乔治·沃尔斯特克洛夫特（在我们自己的敲击测试中和我交换拳头的家伙！），提供给我高原上平静的绿洲，在那里我可以休息、恢复和执行许多天的艰苦劳动，在截止日期之前使这个手稿适合出版商的胃口。

接下来是所有那些给我提供了一种非常现代的友谊形式的人。三家咖啡馆、两家图书馆和一家酒店大堂的员工分布在泰晤士河沿岸，从黑修士桥到塔桥，一直到我在布鲁姆斯伯里攻读博士学位的地方。特别是我和罗西、埃莉以及咖啡馆的伙计们的日常交流；梅芙、艾莉、凯伦、TJ和莉莉在河岸边的市民M；那些可爱的工作人员，他们的名字我从来没有在访客咖啡厅（肯定是伦敦拍照最多的咖啡馆?!）、欢迎收藏图书咖啡馆、英国电影学院图书馆和伯蒙德西广场酒店听过；他们都让我觉得自己是他们各自团体中一个很小但完全被接受的部分。这些互动对我来说是无价的，因为我加入了越来越多的数字游牧民的行列——他们是专业人士，只要能找到好的无线网和源源不断的咖啡供应，他们就会在任何地方工作——否则很容易感到社交孤独。

我非常感谢艾德里安·韦伯斯特，我和他一起写了我的第一本书《整理你的大脑》。每次我给他发一章，他都会删掉三分之二，然后把剩下的全部重写一遍。它被交还给我时，总是会完全改变。看到我的作品被切割、切块和重新混合，我感到很痛苦；我对他的聪明切割的反应并不总是很好，但他耐心地忍受了我的脾气，悄悄地为我的初稿编了一些咒语，他的魔法触碰的结果是一本畅销书的诞生。人们经常评论阅读是多么的轻松，他们是如何快速地读完它的。我尽了我最大的努力，用我的第一本个人作品，来创造一种类似的魔法。我希望我已经取得了一定的成功。

最后，我要感谢数以百计的科学家、心理学家、精神病学家、哲学家和宗教思想家，他们的实验、思想和发现是本书的基础。每年在学术期刊上发表的大量论文总是让我惊叹不已。如果没有那些聪明的头脑，没有他们构建的关于大脑如何工作的假设，开发出独创性的研究来测试它们，煞费苦心地收集和分析海量数据，然后忍受同行评审过程中的考验、磨难和不确定性；这本书就只能是纯粹的猜测。有些人可能觉得他们的工作被歪曲了。我只能表示歉意，并保证这不是我的本意。

我已经尽我最大的努力去阅读尽可能多的相关文献，但我不能读完所有。我试图确保我的描述是准确的，但是有那么多的材料要读，我很可能有时理解错了。我认为这是许多人努力的结果，但错误都是我的。

如果你对如何提高科学的严谨性有任何建议，请登录我的网站与我联系。这本书只是我所希望的很长一段对话的开始，所以请务必让我知道你的想法。

致谢

剩下要感谢的只有你——读者——感谢你愿意花时间。

图书在版编目（ＣＩＰ）数据

我们为什么控制不了自己：诱惑的科学 / （英）杰
克·刘易斯（Jack Lewis）著.曾早垒，王远双译.-- 重庆：重庆
大学出版社，2021.9（2021.12重印）

书名原文：The Science of Sin: Why We Do The
Things We Know We Shouldn't

ISBN 978-7-5689-2723-9

Ⅰ.①我… Ⅱ.①杰… ②曾… ③王… Ⅲ.①社会心理学－通俗
读物 Ⅳ.①C912.6-0

中国版本图书馆CIP数据核字(2021)第100573号

我们为什么控制不了自己：诱惑的科学

WOMEN WEISHENME KONGZHI BULIAO ZIJI: YOUHUO DE KEXUE

[英]杰克·刘易斯　著

曾早垒　王远双　译

责任编辑：李佳熙　　　　书籍设计：M^{oo} Design
责任校对：谢　芳　　　　责任印制：张　策

重庆大学出版社出版发行

出版人：饶帮华

社址：（401331）重庆市沙坪坝区大学城西路 21 号

网址：http://www.cqup.com.cn

印刷：重庆俊蒲印务有限公司

开本：787mm×1092mm　1/32　印张：12.75　字数：208 千

2021 年 9 月第 1 版　　2021 年 12 月第 2 次印刷

ISBN978-7-5689-2723-9　　定价：58.00 元

版贸核渝字（2019）第107号